Uwe Markus *Waffenschmiede DDR*

Der Autor
Uwe Markus, Jahrgang 1958, promovierter Soziologe, war bis 1990 am Institut für Sozialwissenschaftliche Studien in Berlin tätig, seither als Marktforscher, Marketingberater und Dozent beschäftigt.

Das Buch
In der DDR wurden Waffen und Rüstungsgüter hergestellt. Das war kein Geheimnis. Unverändert aber ist kaum bekannt, was und wo produziert wurde. Der Autor hat jahrelang recherchiert und legt mit dieser Arbeit die erste Überblicksdarstellung eines Sektors der DDR-Volkswirtschaft vor, der bis 1990 zu den größten Staatsgeheimnissen des Landes gehörte. Und nebenbei erfuhr er, dass die DDR zwar ihre Bündnisverpflichtungen erfüllte, aber nie mehr tat als notwendig. Denn auch Panzer waren Volkseigentum, das anderswo fehlte.

Uwe Markus

Waffenschmiede DDR
Ein Überblick

MILITÄRVERLAG

Mein Dank gilt allen, die, genannt oder ungenannt, durch Ratschläge, die Weitergabe persönlicher Erlebnisse, durch die Überlassung von Fachliteratur und Archivmaterial oder durch die Vermittlung von Gesprächskontakten dieses Buch möglich gemacht haben. Nur durch ihre vertrauensvolle Kooperation konnte dieses Kapitel der DDR-Geschichte dargestellt werden.
Insbesondere danke ich Oberst a. D. Dipl.-Ing. Ralf Rudolph für die umfangreiche, engagierte und fachlich fundierte Unterstützung.

Uwe Markus

Inhalt

Ein Land als potentieller Kriegschauplatz 7

VEB Kombinat Carl Zeiss Jena
Hightech für moderne Waffen 19
   Klaus-Dieter Gattnar, Ex-Generaldirektor:
   »Es begann mit den Reparationsleistungen« 29

VEB Bekleidungswerke Seifhennersdorf
Fallschirme für Elite-Kämpfer 47
   Harald Wallroth*, Entwicklungsingenieur:
   »Unsere Fallschirme waren international konkurrenzfähig« 53
   Horst Wegner*, Antiterrorspezialist:
   »Wir waren die GSG 9 der DDR« 56

VEB Reparaturwerk Neubrandenburg
Facelifting für Kampfpanzer 65
   Henry Ludwig*, Panzerkommandeur:
   »Der T-55 war effektiver als der Leopard 1« 77

VEB Geräte- und Werkzeugbau Wiesa
Sturmgewehre für den Export 85

VEB Mechanische Werkstätten Königswartha, VEB Spreewerk Lübben
Munition für den Ernstfall 99
   Gottfried Nenndorf*, Berufsschullehrer:
   »Wir waren Devisenbringer« 106

VEB Motorenwerk Wurzen
PS für die Truppe 110
   Ernst Pauli*, Ingenieur und Firmengründer:
   »Wegschmeißen, aufarbeiten oder wieder verwenden« 113

VEB ROBUR-Werke Zittau, VEB IFA Automobilwerke Ludwigsfelde
Fahrzeuge für Extrembedingungen 116
   Peter Proll*, Ingenieur:
   »Nee, die sollen mal ihre alten Maschinen reparieren« 126
   Was möglich gewesen wäre 135
   Dietrich Carl, Vertriebsmanager:
   »Unser W 50 fuhr im Vietnamkrieg« 137

VEB Peene-Werft Wolgast
Kampfschiffe für den Ostseeeinsatz 143
   Bernd Velske*, Kommandant von U-Boot-Abwehr-Schiffen:
   »Im Kriegsfall hätten wir Probleme miteinander gehabt« 159

VEB Instandsetzungswerk Pinnow
Raketen für die Panzerjagd 166

VEB Flugzeugwerft Dresden
Fluggerät für das Selbstbewusstsein 190

SDAG Wismut
Uran für das Gleichgewicht 207

Alimente für den Großen Bruder
Der zweite Verteidigungshaushalt 214

Von der Kriegsbeute zum Juniorpartner
Waffenschmiede DDR? 221

Wie das NVA-Arsenal verkauft wurde
Cash für den Bund 247

Übersicht aller Rüstungsbetriebe der DDR 267
Begriffserklärungen 275
Quellennachweis 277

Die Namen der mit * markierten Personen sind verfremdet, aber dem Verlag bekannt. Aus persönlichen Gründen haben die Gesprächspartner darum gebeten, nicht mit ihrem Klarnamen genannt zu werden.

Ein Land als potentieller Kriegsschauplatz

Torgelow-Spechtberg, ein verlorener Ort im äußersten Nordosten der DDR. Eine Gegend, die unter Soldaten wegen ihrer Abgeschiedenheit berüchtigt ist. Standort zweier Panzerrregimenter der 9. NVA-Panzerdivision. Es ist 2.00 Uhr. In der Kaserne des Panzerregiments 22 zerreißt ein gellender Ton die Nachtruhe. Gefechtsalarm! Schlaftrunken hetzen Gestalten, an ihren Kampfanzügen nestelnd, über die Gänge der Kaserne. Der allgegenwärtige Geruch nach Schuhcreme, Bohnerwachs, Waffenöl und Reinigungsmitteln liegt wie eine Glocke über dem Geschehen.

Die Diensthabenden öffnen die Waffenkammern. Nacheinander empfangen die Soldaten ihre persönlichen Waffen. Draußen schwillt das Getrappel vieler Stiefel an. Kompanieweise laufen die Panzerbesatzungen zum Gefechtspark. Befehle hallen durch die Nacht. Siegel werden gebrochen und die Fahrzeughallen des Gefechtsparks geöffnet. Luken werden entriegelt und Ausrüstung verstaut. Die Kampfpanzer des Gefechtsparks sind bereits voll aufmunitioniert. Die Vorwärmanlagen der Dieselmotoren springen an. Inzwischen munitionieren die Besatzungen der Lehrgefechtspanzer hastig ihre Fahrzeuge auf.

Nach einer Stunde haben die letzten Panzer das Objekt verlassen. Das typische Rasseln der Ketten ist kilometerweit zu hören. Die einhundert Kampfpanzer des Regiments fressen sich über vorbereitete Schneisen durch den Wald, Richtung Westen. Ein Geruch nach Harz, aufgerissener Erde und verbranntem Diesel hängt in der Luft.

Im Morgengrauen erreicht die Kolonne das erste Etappenziel. Nach dem Halt wird abgesessen. Die vom Marsch erschöpften Besatzungen tarnen ihre Fahrzeuge. Feldwachen ziehen auf und sichern die Kolonne. Von LKW W 50 werden Einsatzrationen verteilt. Jede der Panzerbesatzungen erhält einen in Wachspapier wasserdicht verpackten Karton mit Wurstbüchsen, Marmeladetuben und dem in der Dose gebackenen Vollkornbrot, das nach dem Verzehr wie ein Stein im Magen liegt.

Auf zivilen LKW treffen Reservisten ein. Sie wurden in der Nacht durch die Wehrkreiskommandos mobilisiert. Vor allem die Sanitätseinheiten werden personell aufgefüllt. Den Reservisten steht der Ärger über das plötzliche Ende des

Zivillebens ins Gesicht geschrieben. Niemand weiß, ob es sich bei diesem Mobilmachungsfall um eine Übung oder um den Ernstfall handelt.

Die Politoffiziere verteilen Handzettel mit Informationen über Panzerverbände der NATO-Armeen. Die Kompaniechefs informieren die Besatzungen bei der Befehlsausgabe, dass die NATO ihr jährliches Herbstmanöver in der Lüneburger Heide durchführe, stellenweise nur wenige Kilometer von der Staatsgrenze West der DDR. Die amerikanischen, britischen und bundesdeutschen Manövereinheiten seien voll aufmunitioniert und könnten jederzeit aus dem Manöver in den Krieg rollen.

Die Lage sei ernst und könne schnell eskalieren.

Ab sofort ist die 9. Panzerdivision einer Garde-Armee der Gruppe der sowjetischen Streitkräfte in Deutschland (GSSD) unterstellt.

Am zweiten Marschtag werden die Panzer bei strömendem Regen aufgetankt. Die Panzerstrecke verwandelt sich in eine endlose Abfolge von Schlammlöchern. Die Dieselmotoren heulen, Rußwolken ausstoßend, beim Durchqueren dieser Löcher auf. Die Strecke verlangt den Fahrern alles ab. Die anderen Besatzungsmitglieder hoffen auf ein Ende der Schaukelei. In den Kampfräumen der Panzer stinkt es nach Schweiß, Motorenöl und Diesel.

Nach zwei Tagen erreichen sie den befohlenen Bereitstellungsraum in der Nähe der Elbe. In ihren schmutzigen, durchnässten Uniformen sehen die Besatzungen abgerissen aus. Doch für eine Veränderung dieses Zustandes fehlt die Zeit. Eine Befehlsausgabe jagt die nächste. Hektisch eilen die Techniker von Fahrzeug zu Fahrzeug. Die Panzer werden für die Unterwasser-Forcierung des Flusses vorbereitet. Sie müssen dicht sein, damit die Fahrzeuge nicht während der Flussunterquerung liegen bleiben und die Furt blockieren.

Ein Panzer nach dem anderen rollt in den Fluss und versinkt im Wasser. Die Ketten wühlen sich durch das Flussbett. Die Besatzungen in den Fahrzeugen sehen, wie das grünlich-trübe Elbwasser über die Höhe der Winkelspiegel steigt. Nur noch die Luftansaugrohre ragen aus dem Wasser.

Nach der Durchquerung des Wasserhindernisses geht das Regiment mit massiver Unterstützung durch Artillerie, Jagdbomber und Kampfhubschrauber zum Angriff über. Entfaltet zur Gefechtsordnung, rasen die Panzer, die Kanonen in Gefechtslage, über das Gelände. Die Ketten werfen Staubwolken auf.

Eine riesige Explosion unterbricht jäh den Angriff.

Kernwaffeneinsatz!

In der Enge der Panzer, eingezwängt zwischen Granaten, Kassetten mit MG-Munition und Ausrüstungsgegenständen, legen die Besatzungen ihre Schutzanzüge an. Unter den Truppenschutzmasken wird der Atem knapp. Die Panzer setzen sich wieder in Bewegung. Für jene Besatzungen, deren Gefechtsfahrzeuge noch einsatzfähig sind, erfolgt schließlich die Entaktivierung. In einem ausgedehnten Waldstück versucht man, mittels Speziallösungen und Sprühgeräten den radioaktiven Staub von den Fahrzeugen zu spülen. Soldaten verschwinden in Duschzelten. Verwundete werden in Feldlazaretten versorgt.

Keine echten Verwundeten, sondern nun angenommene. Denn es war nur eine Übung, keine ungewöhnliche in den 70er Jahren. Doch sie verdeutlicht, dass die DDR im Kriegsfall sofort zum Schlachtfeld geworden wäre. Es war die Zeit militärischer Machtdemonstrationen auf beiden Seiten der Grenze. Es war die Zeit vor einem für möglich gehaltenen Krieg in Mitteleuropa. Eine Zeit der Angst vor dem finalen Schlagabtausch der Systeme. Eine überinterpretierte Manöverhandlung des potentiellen Gegners, ein Schusswechsel an der Grenze zwischen beiden deutschen Staaten hätten das beschriebene Manöverszenario zum Ernstfall werden lassen können.

Und die DDR war exponierter Teil dieses Geschehens. Das kam sie teuer zu stehen. Auch ohne dass der Ernstfall eintrat.

Panzer T-55 der NVA auf dem Marsch

Der Durchschnittsbürger bekam davon jedes Jahr am 7. Oktober, zum Nationalfeiertag der DDR, etwas mehr als in seinem normalen Alltag mit. Wenn Paradetruppen der Nationalen Volksarmee im Exerzierschritt auf dem Marx-Engels-Platz in Berlin oder in der Karl-Marx-Allee an der politischen Führungsriege der DDR vorbeidefilierten und mit ihren Panzern und Selbstfahrlafetten ihre Spuren im Asphalt hinterließen, fragten sich nicht wenige Zuschauer am Straßenrand und am Fernsehschirm, was dieses martialische Spektakel und die Ausrüstung der Truppen wohl gekostet haben mochten.

Die alljährliche Vorführung des in Militärtechnik investierten Volksvermögens offenbarte nicht nur die Befürchtungen der DDR-Führung vor einem Angriff des Westens. Vielmehr war bei diesen Gelegenheiten auch zu erahnen, welche Belastungen der Volkswirtschaft zugemutet werden mussten, um das für notwendig erachtete Abschreckungspotential zu erhalten und den Bündnisverpflichtungen gegenüber der Schutzmacht Sowjetunion und dem Warschauer Pakt zu entsprechen.

Unbestreitbar bleibt, dass die militärökonomischen Anstrengungen der DDR zum Erhalt des strategischen Gleichgewichts und zur Verhinderung eines Krieges in Mitteleuropa beigetragen haben. Die DDR war neben der UdSSR aus strategischer Sicht der wohl militärpolitisch wichtigste Staat des Warschauer Vertrages. Ihre spezielle Rolle im östlichen Bündnis erwuchs aus den geostrategischen Interessen der UdSSR nach dem Ende des Zweiten Weltkriegs. Nie wieder wollten die Militärs der UdSSR von einem Angriff überrascht werden, und nie wieder sollte ein konventioneller Krieg auf sowjetischem Territorium wüten. Vielmehr wollte man nach der bis in die 80er Jahre gültigen Militärdoktrin einen möglichen Angreifer auf seinem eigenen Territorium schlagen, und zwar vernichtend.

In dieser Logik wird der Stellenwert der DDR für sowjetische Militärstrategen und Politiker deutlich. Dem von der Kriegsbeute zum Juniorpartner gewandelten ostdeutschen Staat war eine militärische Pufferfunktion zugedacht. Das Staatsgebiet der DDR war aus Sicht sowjetischer Generäle Bereitstellungsraum für ihre Truppen und potentielles Schlachtfeld eines Dritten Weltkrieges. Diese Sicht der Dinge unterschied sich nicht wesentlich von den Planungen westlicher Stäbe für die Bundesrepublik. Beide deutsche Staaten waren fest in die jeweiligen Blöcke integriert und in ihren militärpolitischen Entscheidungen den gültigen Militärdoktrinen der jeweiligen Führungsmächte verpflichtet.

Daher wurde die Militärpolitik der DDR nicht in Berlin konzipiert. Hatte zunächst die UdSSR – und zwar über den Generalstab der sowjetischen Armee – unmittelbar darüber bestimmt, welche Anstrengungen die DDR für die Landesverteidigung erbringen musste, so erfolgte das seit der Aufnahme in den Warschauer Vertrag durch vertraglich untersetzte Empfehlungen des Oberkommandierenden der Vereinten Streitkräfte. Der aber war immer ein sowjetischer Marschall. Alle wichtigen Führungspositionen im Vereinten Oberkommando waren mit sowjetischen Offizieren besetzt. Vermittels dieser Struktur entschied die Führungsmacht über Anzahl und Stärke der Verbände und Truppenteile ebenso wie über deren Ausrüstung mit Waffen und sonstiger Technik.

Als Beispiel sei hier der Zeitraum von 1971 bis 1975 genannt.

Für diese Jahre war festgelegt, dass die NVA in Friedenszeiten 145.000 bis 150.000 Mann unter Waffen halten sollte und im Kriegsfall Truppen in Stärke von 340.000 bis 360.000 Mann zu stellen hatte.

Auch andere von sowjetischen Militärs und Politikern mit Nachdruck geforderte Vorbereitungen für den Verteidigungsfall (die sogenannte B-Planung) banden Kräfte und Mittel. Fuhr man mit der Deutschen Reichsbahn durch das Land, fielen immer wieder an bestimmten ausgebauten Verladepunkten große Mengen an Waggons auf, die offenbar für die Verlegung von Truppen im Mobilmachungsfall vorgehalten wurden. Damit die Verbände der Zweiten Staffel des Warschauer Vertrages und Nachschub an die Fronten des Dritten Weltkrieges im deutschen Kriegsgebiet hätten nachgeführt werden können, bereitete die DDR sieben Eisenbahnstrecken in Ost-West-Richtung vor, schuf Umgehungen von im Kriegsfall durch Luftangriffe gefährdeten Eisenbahnknotenpunkten und baute prophylaktisch Ersatzbrücken für den Fall, dass die vorhandenen zerstört würden. Autobahnabschnitte mit betonierten Mittelstreifen sollten im Krieg zu Flugplätzen umfunktioniert werden. Überall im Land gab es Mobilmachungslager, Technik und Ausrüstung wurde für den Verteidigungsfall bevorratet und mit erheblichem Aufwand gewartet.

Die DDR musste nach Festlegungen aus der ersten Hälfte der 70er Jahre in Friedenszeiten eine Bevorratung mit Munition, Treibstoffen und Lebensmitteln für die ersten 45 bis 75 Kriegstage sichern. Dann wäre Ostdeutschland wohl bereits entvölkert gewesen und auf den Trümmern wären die Reserven des Bündnisses zur Wirkung gekommen. Die Mobilität der Koalitionstruppen sollte durch die Einlagerung von zusätzlichen 74.000 Tonnen Treibstoff gewährleistet werden.

Diese Aufwendungen wurden von einem Land erbracht, wo in der Nachkriegszeit im Rahmen der Demontagen die zweiten Gleise der Reichsbahn entfernt worden waren und das Streckennetz wegen fehlender Investitionen nach wie vor in zum Teil desolatem Zustand war.

Die logistischen Vorbereitungen für den möglichen Kriegsfall auf deutschem Boden umfassten auch die Verbreiterung strategischer Straßen auf sechs Meter, die Erhöhung der Tragfähigkeit der Brücken und die Modernisierung des Nach-

Parade am 7. Oktober 1984. Offiziersschüler marschieren mit der AK-74 auf der Berliner Karl-Marx-Allee

richtennetzes. Allein das geheime Programm der DDR zur Errichtung kernwaffenresistenter Führungs-, Nachrichten- und Logistikbunker verschlang 1,24 Milliarden Mark. Für die Versorgung der Verwundeten, mit denen in den ersten Kriegstagen gerechnet wurde, hatte die DDR 25.000 Lazarettbetten, 85.000 Betten in Reservelazaretten sowie 10 Lazarett- und 20 Verwundetentransportzüge bereitzuhalten. Ein Netz von Bluttransfusionsstationen entstand.

Diese Zahlen verdeutlichen nebenbei, von welch extrem hohen Verlusten das Oberkommando der Vereinten Streitkräfte in einem Schlagabtausch mit der NATO ausging.

Mit Eintritt in den Verteidigungszustand wären nicht nur die DDR-Kampfdivisionen sowjetischem Kommando unterstellt worden, vielmehr hätte die DDR die Gruppe der sowjetischen Streitkräfte in Deutschland (GSSD) mit 30 zusätzlichen Kfz-Transportbataillonen, vier Sanitätstransportkompanien und 400 Kraftfahrzeugen inklusive Fahrer unterstützen müssen.

Manche Forderungen des von sowjetischen Offizieren geführten Oberkommandos der Vereinten Streitkräfte zur Vorbereitung der DDR-Infrastruktur auf einen möglichen Krieg wurden jedoch nicht erfüllt. So wurde zum Beispiel auf den Bau von Erdölproduktenleitungen für die Versorgung der Truppen verzichtet. Die DDR sperrte sich immer dann, wenn die Vorschläge der Führungsmacht eindeutig überdimensioniert, zu teuer und für die Volkswirtschaft der DDR nutzlos waren.

Die für das Militär und die Landesverteidigung insgesamt aufgewendeten Mittel fehlten für Investitionen in der Wirtschaft und die Erhöhung des Lebensniveaus der Bevölkerung. Jeder Blick in die Läden und Industriebetriebe offenbarte die empfindlichen finanziellen und materiellen Defizite. Aber ungeachtet dieser Entnahme von Mitteln aus der Wirtschaft für die Rüstung blieben sowohl quantitativ als auch qualitativ viele Wünsche der Militärs offen. Auch hinsichtlich der Landesverteidigung lebte die DDR wirtschaftlich fast immer am Limit.

Neben der materiellen Sicherstellung für die Gruppe der sowjetischen Streitkräfte in Deutschland, neben den immensen Aufwendungen für die Uran-Förderung, neben der Bevorratung für einen möglichen Kriegsfall, neben dem Ausbau und dem Erhalt der Logistik für die Landesverteidigung, neben der Finanzierung von Waffenimporten aus der Sowjetunion, Polen, der Tschechoslowakei, Bulgarien und Rumänien musste die DDR-Führung dafür Sorge tragen, militärisch nutzbare Technik und Ausrüstungen selbst zu produzieren, um die Kosten für Waffenimporte zu verringern.

Der Umfang dieser sogenannten Speziellen Produktion wurde als Staatsgeheimnis gehütet. Es handelte sich um Güter und Leistungen mit ausschließlich oder vorwiegend militärischer Verwendung für die Landesverteidigung, vor allem für den Bedarf der Streitkräfte. Schätzungen des Dresdner Militärökonomen Siegfried Schönherr zufolge machte der Anteil der Lieferungen und Leistungen für die ökonomische Sicherstellung der Landesverteidigung inklusive der Produktion von Rüstungsgütern in der DDR etwa 4,5 Prozent des DDR-Nationaleinkommens aus. Der Anteil der Rüstungsproduktion an der industriellen Warenproduktion der DDR schwankte in den 40 Jahren ihrer Existenz und lag durchschnittlich bei etwa vier Prozent.

1988 betrug der Wertumfang der Produktion von Rüstungsgütern in der DDR 4,49 Milliarden Mark.

60 Prozent aller Güter und Leistungen für die Streitkräfte der DDR wurden durch die eigene Wirtschaft erbracht. Dazu zählten Bauleistungen, industrielle Instandsetzungen und die Versorgung der Truppe. Die Aufwendungen für die Streitkräfte und die anderen Elemente des DDR-Sicherheitsapparates, den Unterhalt der sowjetischen Truppen und die Uranförderung machten nach neueren Schätzungen zehn bis elf Prozent des Nationaleinkommens aus.

Dass dieses Land angesichts solcher Belastungen, die auch im Interesse des östlichen Bündnisses insgesamt getragen wurden, trotzdem ein – verglichen mit anderen sozialistischen Staaten – recht hohes Lebensniveau erreichte, spricht für das Leistungsethos und und das Leistungsvermögen der Ostdeutschen.

Doch die Produktion von Rüstungsgütern erwies sich volkswirtschaftlich nicht ausschließlich als Zuschussgeschäft. Die ostdeutsche Rüstungsindustrie trug mit ihren Exportleistungen zur Verbesserung der Außenhandelsbilanz des Staates bei. Art und Umfang dieser Exporte waren allerdings ein streng gehütetes Geheimnis.

Nur wenige Beteiligte wussten, dass in Wolgast vom Stapel gelaufene Kriegsschiffe im Bestand der sowjetischen Ostseeflotte fuhren, oder dass ungarische Spezialeinheiten mit Fallschirmen aus Seifhennersdorf über den Weiten der Puszta absprangen, um den militärischen Ernstfall zu üben. Weitgehend unbekannt blieb der ostdeutschen Öffentlichkeit, dass sowjetische Luft-Luftraketen mit Zielsuchköpfen aus dem Kombinat Carl Zeiss Jena bestückt waren, dass die DDR Feuerleitanlagen für Panzer und Panzerabwehrlenkraketen exportierte. Lastkraftwagen des Typs W 50 transportierten Munition und Truppen im Vietnamkrieg und im Mittleren Osten. Sturmgewehre aus dem Erzgebirge bewährten sich nicht nur in Manövern der NVA, sondern auch in Äthiopien, Nicaragua oder Mocambique.

Welches Ziel und welchen Stellenwert hatten die Waffenexporte der DDR?

Zunächst exportierte der ostdeutsche Staat Wehrmaterial ausschließlich in das Bündnisgebiet des Warschauer Vertrages und im Rahmen von Solidaritätsleistungen an Staaten und Befreiungsbewegungen, die man als ideologisch nahe Bündnispartner betrachtete. Erst Ende der 70er und Anfang der 80er Jahre, als die DDR auch international zunehmend selbstbewusster aufzutreten begann und sich zugleich die wirtschafts- und sozialpolitischen Gestaltungsspielräume verringerten, stellte man fest, dass die Produktion wehrtechnischer Güter und

LKW W 50 in einer NVA-Einheit bei der Wartung

die Erbringung damit zusammenhängender Dienstleistungen lukrative Devisenquellen sein können. Die DDR begann nun mit dem Ausbau ihrer Rüstungsindustrie als Zweig der Exportwirtschaft.

So stiegen die über den Ingenieur-Technischen Außenhandel (ITA) realisierten Erlöse durch die Vermarktung wehrtechnischer Güter und Leistungen von 105 Millionen Mark im Jahr 1974 auf etwa 1,6 Milliarden Mark im Jahr 1987, wobei der offenbar durch den ersten Golfkrieg zwischen Iran und Irak im Jahr 1980 ausgelöste Sprung in den Exporterlösen auf 500 Millionen Mark besonders auffällt. Die zum Bereich Kommerzielle Koordinierung des Ministeriums für Außenhandel gehörende Firma Import-Export GmbH (IMES) soll in diesem Marktsegment in den 80er Jahren zusätzlich einen Gewinn von 318 Millionen US-Dollar erwirtschaftet haben.

Allerdings waren auch noch in den 80er Jahren zwei Drittel des militärischen Exports der DDR (häufig auf der Basis sowjetischer Lizenzen produziert) für die UdSSR bestimmt.

Waffenschmiede DDR? Die systembedingte Geheimniskrämerei und die öffentliche Selbstinszenierung des ostdeutschen Staates als moderne Militärmacht ließen schon vor 1989 Spekulationen über unbekannte Rüstungsprojekte und Forschungen an innovativer Waffentechnologie ins Kraut schießen. Besuchte man Industriebetriebe, stieß man immer wieder auf Bereiche, die völlig abgeschottet waren, weil hier unter strikter Geheimhaltung für die Landesverteidigung produziert wurde. In etwa 70 bis 80 Unternehmen der DDR-Industrie produzierten 41.000 bis 44.000 Mitarbeiter Rüstungsgüter für die Streitkräfte und den Export. Mitte der 80er Jahre lieferten die Betriebe der Speziellen Produktion beispielsweise jährlich 1.200 Nutzkraftfahrzeuge, 630.000 Handgranaten, 31 Millionen Patronen. Hinzu kamen Sturmgewehre, Zielsuchköpfe für Raketen, Panzerabwehrlenkraketen, Panzerfäuste, Laserentfernungsmessanlagen und Kampfschiffe.

25 dieser Rüstungsbetriebe führten hauptsächlich industrielle Instandsetzungen von Militärtechnik durch. So wurden jährlich etwa 240 Kampfpanzer und Schützenpanzer, 300 Schützenpanzerwagen, 60 Kampfflugzeuge und Hubschrauber sowie 2.300 Kraftfahrzeuge, 350 Panzermotoren, 135 Geschütze und Geschosswerfer und 195 Strahltriebwerke industriell instandgesetzt.

Die Unternehmen der Speziellen Produktion waren auf Leistungen von etwa 2.300 Zulieferbetrieben angewiesen. Groben Schätzungen zufolge waren damit in der Industrie der DDR bis zu 100.000 Mitarbeiter zumindest partiell in die Produktion und Instandsetzung militärisch nutzbarer Güter eingebunden.

Offizielle Berichte über die vom Kombinat Carl Zeiss Jena entwickelte Multispektralkamera für die Fernerkundung der Erde aus dem Weltraum nährten

Eine MiG-21 der Luftstreitkräfte/Luftverteidigung der DDR beim Start

auch im Westen Gerüchte über verborgene Hightech-Waffenschmieden östlich der Elbe. Und in der Tat erhöhte sich mit dem technologischen Wandel zu einer qualitativ hochwertigen Rüstung in den 70er und 80er Jahren der Anteil der Speziellen Produktion im Kombinat Carl Zeiss. Die massenhafte Herstellung von Zielsuchköpfen für Luft-Luft-Raketen und Laserentfernungsmessanlagen für Panzer war eine Zäsur in der wehrtechnischen Industrie der DDR. Durch die von der UdSSR forcierte stärkere Einbindung der DDR in die Rüstungsanstrengungen des östlichen Bündnisses wurde nicht nur die sowjetische Rüstungsindustrie entlastet – vielmehr erhöhte sich dadurch auch das politische und militärökonomische Gewicht der DDR, was den Interessen ihrer Führung durchaus entgegenkam.

So entstand der Eindruck einer konsequent auf die Sicherung des militärischen Bedarfs ausgerichteten Volkswirtschaft und einer militarisierten Gesellschaft. Die DDR erschien als realsozialistisches Abziehbild des friderizianischen preußischen Staates, als ein Land, das sich in der Geiselhaft des Militärs befindet. Dieses Bild der DDR als Heerlager und Waffenschmiede wurde nach 1990 von den Medien gepflegt, weil es geeignet schien im Nachhinein die Außenpolitik des untergegangenen Staates zu delegitimieren.

Aber was hat sich in diesem Bereich der Volkswirtschaft wirklich abgespielt? Wie stellt sich im Rückblick das militärökonomische Potential der DDR dar? War die DDR in wirtschaftlicher Hinsicht ein Militärstaat? Bestimmten die

Militärs den Umfang der Rüstung? Gab es – ähnlich wie in den USA und der Sowjetunion – einen Militärisch-Industriellen Komplex, der Einfluss auf die Politik ausübte? Welche Unternehmen in der DDR lieferten militärisch nutzbare Güter für die Landesverteidigung und den Export? War dieser Bereich der DDR-Volkswirtschaft marode und unter marktwirtschaftlichen Bedingungen nicht wettbewerbsfähig? Welche zusätzlichen wirtschaftlichen Belastungen ergaben sich für die DDR aus der Stationierung der sowjetischen Truppen und dem nuklearen Rüstungsprogramm der UdSSR?

Und: Wo ist das in militärischen Gütern geronnene Volksvermögen der DDR nach 1990 geblieben?

Das vorliegende Buch geht diesen Fragen nach. Es stützt sich nicht nur auf wissenschaftliche Studien und Archivmaterial, sondern lässt auch Zeitzeugen zu Wort kommen, die in den Industrieunternehmen für die Versorgung der Streitkräfte mit Technik und Ausrüstung tätig waren oder die diese Ausrüstungen in den Streitkräften nutzten. Sie berichten aus eigener Erfahrung, welchen Stellenwert die Produktion militärisch nutzbarer Güter im Alltag der DDR-Wirtschaft hatte. Sie haben erlebt, unter welchen zum Teil extrem schwierigen Bedingungen die Vorgaben der politischen Führung in diesem Bereich erfüllt wurden. Sie erzählen die Geschichten hinter den Statistiken.

Die Kompetenz, das Improvisationstalent, das Arbeitsethos und die Haltung der Menschen in den Unternehmen der Speziellen Produktion waren die entscheidenden Voraussetzungen für die Ausstattung der Streitkräfte mit moderner Ausrüstung, die in der Regel einen internationalen Vergleich nicht scheuen musste und teilweise besser als entsprechende Erzeugnisse westlicher Hersteller war. Den Ingenieuren, Technikern, Arbeitern und Führungskräften, die das mit viel Engagement ermöglichten, und jenen Militärs, die in bester soldatischer Tradition ihrem Volk dienten, soll dieses Buch Gerechtigkeit widerfahren lassen.

Qui desiderat pacem, praeparet bellum
(Wenn du den Frieden willst, sei bereit für den Krieg.)

Flavius Vegetius Renatus,
römischer Militärtheoretiker, um 400

VEB Kombinat Carl Zeiss Jena
Hightech für moderne Waffen

Mitte der 70er Jahre landete das Kombinat VEB Carl Zeiss Jena einen forschungsstrategischen Coup. Der staunenden Fachwelt und den überraschten Geheimdiensten der westlichen Welt präsentierten die Thüringer Opto-Elektroniker die Multispektralkamera MKF 6, ein bis dato einmaliges Instrument zur Fernerkundung der Erde. Dank einer Kombination von Photogrammetrie und Spektrometrie konnte man mit diesem Hightech-Gerät die Erdoberfläche aus 350 Kilometer Höhe auf einem 225 Kilometer breiten Geländestreifen auf das Genaueste in jeder beliebigen Farbgebung ablichten. An Bord eines sowjetischen Flugzeuges war das künftige Weltraumauge auf einer speziellen Route erprobt worden, beim Orbitalflug des Raumschiffes SOJUS 22 kam es erstmals zum kosmischen Einsatz. 1978 arbeitete damit auch Sigmund Jähn, der aus der DDR stammende erste deutsche Kosmonaut, und zwar auf seinem Flug mit SOJUS 31.

Selbstverständlich war den Militärstrategen in aller Welt sofort klar, dass die MKF 6 nicht nur bei der Suche nach Bodenschätzen, bei der Kartographierung der Erde, bei der Beurteilung von land- und forstwirtschaftlichen Kulturen und der Wasserqualität der Ozeane, in der Umweltforschung und bei der Gewinnung meteorologischer Aussagen wertvolle Dienste leisten könne, sondern auch interessante Einsatzfelder bei der strategischen militärischen Aufklärung finden werde, so bei der Erfassung von Raketensilos, Waffendepots und Bunkern. Vor allem die Möglichkeit zur Beobachtung von Truppenbewegungen machte die MKF 6 zu einem idealen militärischen Frühwarnsystem. Die neue Aufklärungstechnologie milderte so die Ängste sowjetischer Militärs vor einem Überraschungsangriff der NATO.

Wegen Eignung für Aufklärungszwecke war der Export der Weltraumkamera ins westliche Ausland verboten.

Für die DDR brachte die Kamera nicht nur wirtschaftliche, sondern auch politische Rendite. Die Jenaer Leistung erhöhte das Gewicht der DDR als Partner der Sowjetunion in der wehrtechnischen- und Raumfahrtforschung.

Die Firma Carl Zeiss Jena war immer auch ein Rüstungsunternehmen. Seit der Zeit des Ersten Weltkrieges erzielte man dort mit Wehrtechnik große

Umsätze. Ob es sich um Feldstecher, Zielfernrohre, Scherenfernrohre, Richtkreise, Flugzeugvisiere, Entfernungs- und Höhenmessanlagen für die Fliegerabwehrbatterien der Luftverteidigung, Signalgeräte, optische Instrumente und Messgeräte oder Sehrohre für die U-Boote der Marine handelte – immer waren die Qualitätserzeugnisse aus Jena dabei. Im Jahr 1918 lag der Anteil der Wehrtechnik an der Gesamtproduktion bei 93 Prozent. In den Folgejahren, bis zur deutschen Aufrüstung vor dem Zweiten Weltkrieg, agierte das Unternehmen am internationalen Wehrtechnikmarkt unter Umgehung der Festlegungen von Versailles über die in Holland angesiedelte Tarnfirma Nedinsko.

Ohne die optischen Präzisionsinstrumente und Kommandogeräte aus dem Hause Carl Zeiss wären weder die Vorbereitung noch die Führung des deutschen Angriffskrieges ab 1939 möglich gewesen. Die Technisierung des modernen Krieges und die bis dahin völlig unbekannte Dynamik der Kampfhandlungen erhöhten die Bedeutung optischer und elektronischer Beobachtungs- und Führungsinstrumente.

Nach dem Ende des Zweiten Weltkrieges schien das wehrwirtschaftliche Engagement von Zeiss beendet zu sein. Jena wurde zunächst von der US-Armee besetzt. Als gemäß den Vereinbarungen der Alliierten auf der Jaltaer Konferenz sowjetische Truppen in Thüringen einmarschierten, kehrten viele Fachleute und die Geschäftsleitung Jena den Rücken – ein von der US-amerikanischen Armeeführung geförderter Brain Drain, bei dem auch wichtige Patent- und Produktionsunterlagen den Weg nach dem neuen Zeiss-Standort Oberkochen in Baden-Württemberg fanden. Unmittelbar danach erlitt das Unternehmen einen zweiten Aderlass, als die Sowjetische Militäradministration mit der Entnahme von Reparationsgütern begann. Das Werk wurde in den Jahren 1946 bis 1947 zu einem großen Teil demontiert. Von der ursprünglichen Produktionssubstanz blieben nur sechs Prozent übrig. In der Sowjetunion wurde erbeutete Zeiss-Technik, Augenzeugenberichten zufolge, bis in die 80er Jahre bei Rüstungsunternehmen eingesetzt.

In Jena selbst begann man 1949 mit der Entwicklung und Fertigung von Trainingsgeräten für sowjetische Piloten. Das war der erste Wehrtechnikauftrag nach dem Krieg. Die Zeiss-Werke, im Jahr 1948 enteignet und zum VEB Carl Zeiss Jena umgewandelt, stiegen schnell zum führenden feinmechanisch-optischen Unternehmen der DDR auf. Ab 1965 bildeten sie den Stammbetrieb des Zeiss-Kombinates, das in den 80er Jahren 25 Betriebe der feinmechanischen und optischen Industrie umfasste und 70.000 Mitarbeiter beschäftigte.

Die Einbindung des Unternehmens in die Spezielle Produktion der DDR war vielgestaltig und anspruchsvoll.

Tab. 1: Übersicht über die Betriebe des VEB Kombinates Carl Zeiss Jena mit Spezieller Produktion

Betriebscode	Standort	Erzeugnisse
E	Eisfeld	Ferngläser und Zielfernrohre
D	Gera-Bieblach	TPD-K1, Bastion, UMG-Pi, EM-BLP
G	Gera	klassische optische Militärgeräte, Industrielle Instandsetzung
G-Betrieb Werk II	Jena	Zielsuchkopf INEJ-70
JGW	Jenaer Glaswerk	Lichtleiter-Nachrichtentechnik
P	Suhl	Kerntechnik, Vorrichtungen, Werkzeuge, Justier- und Prüfmittel für Militärobjekte
PKD	Dresden	Starteinrichtungen für PALR
ROW	Rathenow	Zieltrainingsgeräte
U	Jena-Göschwitz	Kosmostechnik, Lasertechnik

Das Jenaer Kombinat lieferte der NVA unter anderem ein Universalmessgerät für die Pioniereinheiten, Atomschutzbrillen, Entfernungsmesser für Brückenlegepanzer, Zieltrainings-, Justier- und Prüfgeräte und in den 60er und 70er Jahren auch das komplett bei Zeiss Jena entwickelte Nachtsichtgerät NSG-66. Zugleich war man in Jena zuständig für die industrielle Instandsetzung sowjetischer Militäroptik.

Bereits Anfang der 60er Jahre hatte das Institut für Optik und Spektroskopie der Akademie der Wissenschaften das Muster eines Laserentfernungsmessers für die Artillerie entwickelt. Diese innovative Entwicklung wurde bei Carl Zeiss bis Ende der 60er Jahre fortgesetzt und führte schließlich zu guten Ergebnissen bei der Erprobung im Panzer T-55 und bei Panzerabwehrkanonen.

Aber die Entwicklungsarbeiten mussten abgebrochen werden. Die Autoren Wolfgang Neidhardt und Ludwig Marum berichten, dass dieses zukunftsorientierte Projekt auf Weisung Walter Ulbrichts eingestellt wurde, und zwar nach einer Intervention des damaligen Verteidigungsministers der UdSSR, Marschall Gretschko. Der Marschall soll sich enttäuscht geäußert haben, dass die DDR nicht an der Entwicklung von Laserwaffen forsche. Eigentlicher Grund für die Intervention Gretschkos dürfte gewesen sein, dass die UdSSR nur die (Lizenz-)Produktion solcher kampfkraftbestimmender Wehrtechnik in anderen Staaten des Warschauer Vertrages akzeptierte, die bereits in der sowjetischen Armee eingesetzt wurde. Die Bemerkung des sowjetischen Marschalls auf höchster Ebene führte zur Entwertung von Forschungsleistungen mehrerer

Jahre, die aus dem Volksvermögen der DDR finanziert worden waren. Der einige Jahre später zuerst von der Sowjetunion allein und dann als Gemeinschaftserzeugnis mehrerer Länder des Warschauer Vertrages produzierte Kampfpanzer T-72 wurde mit einem Laserentfernungsmessgerät ausgestattet, das Carl Zeiss Jena nun in Lizenz fertigte und an die Finalproduzenten des Panzers (UdSSR, Polen und CSSR) lieferte.

Rückblickend wirkt es immer wieder erstaunlich, wie unbekümmert und selbstgerecht die östliche Führungsmacht ihre Dominanz ausübte und in wirtschaftspolitische Vorteile umwandelte. Während die UdSSR beispielsweise ihre militärtechnische Forschung auch gegenüber den Partnerländern des Bündnisses radikal abschottete und bis in die 80er Jahre hinein nur geringes Interesse an gemeinsamen Forschungsprojekten zeigte, wurden technologische Innovationen etwa von Unternehmen der DDR in diesem sensiblen Bereich mit offizieller Billigung ausgeforscht, kopiert und produziert. Dieses Ungleichgewicht verringerte sich erst in den 80er Jahren schrittweise. So hatte die Orientierung auf eine einheitliche technische Ausrüstung der Streitkräfte des Bündnisses zwar einerseits ihre unbestreitbaren logistischen und gefechtstaktischen Vorteile – sie zementierte aber auch die Dominanz der Führungsmacht im Bündnis, die diese Rolle vor allem in den Anfangsjahren recht robust spielte.

Selbstbewusstsein Made in GDR: Ersttagsbrief sowie Sondermarke und -stempel zum Geburtstag der NVA 1981

Für Carl Zeiss Jena war ungeachtet solcher Erfahrungen die Entwicklung zum Wehrtechnikproduzenten von unbestreitbarem Vorteil, weil der zivile wissenschaftliche Gerätebau mit seinen geringen Stückzahlen und dem schwankenden Bedarf ein schwieriges Geschäftsfeld darstellte. Von der Produktion qualitativ hochwertiger militärisch nutzbarer Technik in Großserien versprach man sich die Erwirtschaftung eines Grundumsatzes von 20 bis 30 Prozent. Die Wissenschaftler und Ingenieure des Unternehmens erwarteten zudem von der Fertigung qualitativ hochwertiger Wehrtechnik neue Impulse für die technologische Entwicklung in den zivil ausgerichteten Unternehmenssparten.

Das betriebswirtschaftliche Interesse der Entscheider bei Zeiss an einer Ausweitung der Wehrtechnikfertigung war daher größer als das der verantwortlichen Politiker in Berlin, die zunächst nicht verstanden, dass mit Wehrtechnik im Export Geld verdient werden kann und dass auf der Basis wehrtechnisch relevanter Technologien auch im zivilen Bereich qualitative Sprünge möglich sind. Erst als sich diese Einsicht bei den DDR-Wirtschaftspolitikern in den 70er und 80er Jahren durchgesetzt hatte, wurde es Grundsatz, dass Investitionen in die wehrtechnische Forschung, Entwicklung und Fertigung immer auch für die Herstellung hochwertiger ziviler Produkte nutzbar sein mussten.

Die 70er Jahre brachten eine generelle Aufwertung des Unternehmens Carl Zeiss Jena als Hersteller militärisch nutzbarer Technik. Die Position im Rüstungswettlauf der Supermächte wurde nicht mehr durch schiere Größe, durch die Anzahl der Divisionen und Panzer entschieden, sondern durch die Fähigkeit, computergestützte, sogenannte intelligente Waffensysteme mit hoher Wirksamkeit zu entwickeln. Der Trend zu solchen qualitativ hochwertigen Waffen mit neuen Einsatzoptionen stellte die sowjetische Rüstungsindustrie vor erhebliche Probleme. Der Druck auf die kleineren Partner im östlichen Bündnis zur Schaffung einer technologisch anspruchsvolleren Rüstungsproduktion nahm deutlich zu und das vergleichsweise hohe technologische Niveau der optoelektronischen Industrie der DDR und das qualitativ hochklassige Forschungspotential solcher Unternehmen wie Carl Zeiss wurden im wehrtechnologischen Wettlauf immer wichtiger. Die speziellen Fähigkeiten der ostdeutschen High-Tech-Schmiede brauchte man vor allem für die Entwicklung von Waffenleit- und Führungstechnik, Lichtleitertechnik, für die Hochleistungs- und Infrarotoptik, für die digitale und optische Bildbearbeitung, für die optoelektronische Sensorik und für die Lasertechnik.

Der DDR-Führung kamen die sowjetischen Kooperationswünsche recht, denn sie stützten die Bemühungen um eine partielle Aufwertung der DDR und milderten ihr tiefsitzendes Minderwertigkeitsgefühl gegenüber der Schutzmacht

UdSSR. Das beschämende Gefühl der Abhängigkeit, das nach den Ereignissen des Sommers 1953 von politischen Entscheidungsträgern verinnerlicht wurde, und die Tatsache, dass die Truppen der UdSSR in der DDR Sonderstatus hatten und – vor dem Hintergrund des Potsdamer Abkommens – auch noch in den 80er Jahren teilweise sich wie Besatzer gerierten, vertrugen sich nicht mit dem Selbstbild eines souveränen, leistungsstarken Staates. Das Interesse der UdSSR an einer Neuverteilung der Rüstungsaufgaben im Hightech-Bereich schien die Möglichkeit zu bieten, zukünftig mit sowjetischen Entscheidern auf Augenhöhe verhandeln und eigene Interessen besser durchsetzen zu können. Hinzu kam, dass die wehrwirtschaftliche Aufwertung der DDR in diesem Segment auch neue Exportchancen für das Nichtsozialistische Wirtschaftsgebiet (NSW) eröffnen und lukrative Deviseneinnahmequellen erschließen könnte.

Insbesondere für die Zusammenarbeit mit der UdSSR im Bereich der militärtechnischen Forschung galten in Jena unternehmensintern strenge betriebswirtschaftliche Regeln, die die Wirtschaftsinteressen der DDR in den Vordergrund stellten. Während die UdSSR daran interessiert war, die Ergebnisse militärtechnischer Forschungen der Zeiss-Entwickler zu günstigen finanziellen Konditionen und möglichst sogar ohne eigene Gegenleistung nutzen zu können, achteten die Entscheider bei Zeiss darauf, dass ein ungeschriebenes Gesetz eingehalten wurde, das seit der Zeit der Demontage des Werkes bestand: Für jede von der DDR in solche Projekte investierte Mark waren über die Preispositionierung von der UdSSR mindestens drei Mark an Erlös zu realisieren. Zeiss war grundsätzlich immer sehr rentabilitätsorientiert und produzierte Militärtechnik nur dann, wenn abzusehen war, dass sich damit zumindest mittelfristig Gewinne erwirtschaften ließen. Für die Preispositionierung von in Lizenz gefertigten Produkten galt, dass innerhalb der ersten fünf Jahre nach Beginn der Serienfertigung alle Kosten der DDR für den Aufbau der Produktion gedeckt sein mussten. Danach konnte dem Kunden auch hinsichtlich der Preisbildung entgegengekommen werden.

Also wurden manche wehrtechnisch interessanten Projekte nicht realisiert – weil die UdSSR die von der DDR geforderten Preise nicht zahlen konnte oder wollte und die DDR nicht das Tafelsilber der Forschung verschleudern mochte. Das führte bisweilen zu Verstimmungen auf sowjetischer Seite. Manche Politiker und Militärs der Weltkriegsgeneration verstanden nicht, warum man sich bei den Produktionskapazitäten und Forschungsleistungen der ostdeutschen Hightech-Firma nicht mehr so ungeniert bedienen konnte wie in der Nachkriegszeit. Für die unbefristete Inanspruchnahme dieses ideologisch verbrämten Gewohnheitsrechts hatten ihrer Meinung nach schließlich sowjetische Soldaten im Zweiten Weltkrieg mit ihrem Leben bezahlt.

Ungeachtet dieser historischen Hypothek ergaben sich im Laufe der Jahre durch die gemeinsame Arbeit an für die Sicherheit beider Staaten wichtigen Projekten von gegenseitigem Respekt geprägte Beziehungen, die oft zu engen und belastbaren Freundschaften wurden. Probleme gab es weniger in der Zusammenarbeit der Wissenschaftler und Wirtschaftsführer beider Länder, als vielmehr dann, wenn die insgesamt recht konservativ denkenden sowjetischen Militärs der höheren Befehlsebenen in die Entscheidungsfindung über die Brauchbarkeit neuer Militärtechnologien einbezogen werden mussten. Mancher ältere sowjetische Militär überblickte die Konsequenzen des qualitativen Sprungs in der Entwicklung der Wehrtechnik für den Ablauf zukünftiger militärischer Konflikte zwischen den Blöcken nicht.

Die Zeiss-Entwickler konnten in ihrer Arbeit – ähnlich wie ihre sowjetischen Partner – auf Zuarbeit der im Westen sehr erfolgreich agierenden Hautverwaltung Aufklärung (HV A) des MfS zurückgreifen, welche dafür eigens einen Sektor Wissenschaft und Technik (SWT) unterhielt. Das war einer realistischen Wettbewerbsanalyse durchaus zuträglich und weitete den Blick für die Bedeutung einzelner Basistechnologien. Solches Wissen ermöglichte in Jena eine an der internationalen Marktentwicklung im Wehrtechniksegment ausgerichtete Forschungs- und Entwicklungsarbeit, die nicht erst in der Wendezeit auf westlicher Seite massive Begehrlichkeiten weckte.

Sicherheitsbedenken gegen eine Vergabe sowjetischer Lizenzen an DDR-Unternehmen gab es seitens sowjetischer Partner nicht, solange die auch für entsprechende Unternehmen in der UdSSR geltenden Standards eingehalten wurden. Was wegen der völlig anderen Rahmenbedingungen die DDR allerdings häufig vor große Probleme stellte.

Kernstück solcher Lizenzprogramme war die Qualitätssicherung zur Vermeidung der vertraglich festgeschrieben Gewährleistungen bei Fertigungsfehlern. So betrug der Kostenanteil qualitätssichernder Maßnahmen bei der Fertigung der Zielsuchköpfe für die Luft-Luft-Rakete K13-M1 etwa 10 Prozent der Gesamtkosten.

Die DDR hätte nach dem Willen sowjetischer Politiker und Militärs in den 70er und 80er Jahren gerade im Hightech-Bereich mehr für die Rüstung des Bündnisses tun sollen, als sie zu leisten bereit war. Wenn jedoch absehbar war, dass die technischen und wirtschaftlichen Rahmenbedingungen einer Lizenzübernahme für die DDR ungünstig sein würden, verweigerte sich die DDR solchen Projekten oder stoppte sie.

Allerdings sind bei nachträglichen Bewertungen der Kooperation mit der UdSSR im Wehrtechnikbereich die unterschiedlichen Dimensionen zu berücksichtigen. Die Masse der innovativen Rüstungstechnologien wurde in der

UdSSR entwickelt und nur die Führungsmacht war in der Lage in allen für die Sicherheit des Bündnisses relevanten Forschungsfeldern zu agieren. Das mindert nicht den großen Beitrag der Zeissianer, verdeutlicht aber, wer letztlich in dieser Kooperation den Ton vorgab. Dass die Massenfertigung bestimmter, bereits bei den eigenen Streitkräften eingeführter Waffen an die jeweiligen Juniorpartner auf Lizenzbasis abgegeben wurde, war ein Verfahren, das nicht nur die UdSSR hinsichtlich der DDR praktizierte. Die USA agierten mit Blick auf die Bundesrepublik ähnlich.

Das Jenaer Unternehmen wurde Anfang der 80er Jahre zum Exporteur von in sowjetischer Lizenz gefertigten Zielsuchköpfen INEJ-70 für die Luft-Luft-Rakete K13-M1. Diese (Mitte der 60er Jahre modernisierte) Rakete mit dem NATO-Code AA2-Atoll war seit 1960 bei den sowjetischen Luftstreitkräften eingesetzt und – so berichten Fachleute – zunächst eine Kopie der amerikanischen Sidewinder-Rakete.

Der ehemalige Hauptkonstrukteur und Projektleiter für die Entwicklung militärischer Erzeugnisse, Dr. Klaus-Dieter Gattnar, beschreibt, wie es zu dieser Lizenzproduktion kam: »Die Geschichte der Produktion des Zielsuchkopfes begann im März 1976, als ein Leitungsmitglied der Staatlichen Plankommission der UdSSR den VEB Carl Zeiss besuchte. Anliegen dieses Besuches war es, deutlich zu machen, dass man in der DDR mehr für die Verteidigung des sozialistischen Lagers zu leisten hätte. Er hatte dazu den Auftrag, den VEB Carl Zeiss Jena mit der Zielstellung der Regierung der UdSSR bekannt zu machen, dass man vorgesehen habe, bei Zeiss in Kooperation mit einem sowjetischen Finalproduzenten die Serienfertigung eines Zielsuchkopfes für eine Luft-Luft-Rakete auf der Grundlage einer sowjetischen Lizenz aufzubauen und durchzuführen. Er schätzte damals ein, dass dazu etwa 700 Beschäftigte erforderlich sind und rechnete mit einem Jahresumsatz von etwa 80 Millionen Mark. Zur Realisierung dieses Projektes erhob die sowjetische Seite strenge und umfassende Sicherheitsanforderungen, insbesondere forderte sie von Zeiss für diese Produktion den Aufbau eines separaten Werkes mit einem eingegrenzten Geländeabschnitt. Es konnte das Zugeständnis erreicht werden, dass gestattet wurde, diese neue Fertigung innerhalb des G-Betriebes/Werk II aufzubauen, allerdings mit einer vom zivilen Bereich strikt abgegrenzten Sicherheitszone. Darüber hinaus wurde die Aufnahme der Militärproduktion mit der Forderung verbunden, diese Fertigung speziell mit dafür nach Sicherheitsgesichtspunkten ausgewähltem Personal zu organisieren.«

Dieses Zitat zeigt nicht nur, wer in dieser Rüstungskooperation Koch und wer Kellner war. Es wird auch deutlich, welche betriebswirtschaftlich kaum seriös darstellbaren Aufwendungen die DDR leisten musste, um den Forderungen der UdSSR zu entsprechen. Sowohl die Sicherheitsanforderungen, als auch die extrem restriktiv durchgesetzten Qualitätsstandards waren für die Mitarbeiter des Traditionsunternehmens mit großen technischen, arbeitsorganisatorischen und logistischen Herausforderungen verbunden.

Die Mitarbeiter von Carl Zeiss Jena lösten diese Aufgabe mit professioneller Kreativität. 1.021 Verbesserungen an der Lizenzdokumentation, sechs erzeugnisspezifische Patente und die Substitution in der UdSSR verwendeter Materialien und Bauelemente machten aus den Zielsuchköpfen letztlich ein Zeiss-Erzeugnis. Zulieferunternehmen für diese Hightech-Produktion waren der VEB Messelektronik Dresden, der VEB Keramische Werke Hermsdorf, der VEB Wetron Weida, der VEB Halbzeugwerk Auerhammer, der VEB Kabelwerk Oberspree und der VEB Stahlgießerei in Silbitz. In den Jahren 1978 bis 1988 wurden 21.250 dieser Zielsuchköpfe an die UdSSR geliefert. Damit realisierte das Unternehmen einen Gesamtumsatz von 1,375 Milliarden Mark.

Auch das für die Modernisierung des Panzers T-55AM vorgesehene lasergestützte Feuerleitsystem Bastion und Starteinrichtungen für die Panzerabwehrlenkraketen Konkurs und Fagot wurden von Carl Zeiss-Mitarbeitern hergestellt. Der Lieferumfang der bei Carl Zeiss gefertigten Feuerleiteinrichtung TPD-K1 für den Panzer T-72 an die CSSR, Polen und die UdSSR betrug 6.200 Stück.

Der Anteil der Speziellen Produktion an der Gesamtfertigung des Unternehmens erreichte in den 80er Jahren 20 bis 30 Prozent und sollte internen Planungen zufolge in den 90er Jahren weiter steigen. Diese Vorstellungen erwiesen sich jedoch angesichts der zunehmend schwierigen wirtschaftlichen Entwicklung in der DDR schnell als unrealistisch und wurden verworfen. Bereits 1987 verfügte der Minister für Elektrotechnik/Elektronik eine Reduzierung der militärischen Produktion, was auch das Aus für die Herstellung des Zielsuchkopfes INEJ-70 bedeutete. Die Kapazitäten des Unternehmens wurden in stärkerem Maße für das zivile Mikroelektronikprogramm der DDR benötigt.

Weil erkennbar war, dass neue Entwicklungen im Wehrtechnikbereich ohne Grundlagenforschung nicht zu haben sind, wurde in den 80er Jahren ein spezielles Forschungsprogramm aufgelegt, das formal in Kooperation mit der UdSSR realisiert wurde, bei dem die Federführung aber bei Carl Zeiss lag.

Die Sicherheitsstandards für dieses Grundlagenforschungsprogramm und die wehrtechnischen Fertigungslinien waren extrem hoch. Damals war Zeiss das Ziel etlicher westlicher Auspähversuche. Dem Unternehmen galt daher naturgemäß die besondere Aufmerksamkeit der entsprechenden Abteilungen des Ministeriums für Staatssicherheit. Diese Abwehr westlicher Spionage ist auch unter heutigem Blickwinkel legitim, weil es um die Sicherung von Forschungs-

und Produktionsgeheimnissen und die Gewährleistung der Verteidigungsfähigkeit des Landes ging. Nach wie vor unterliegen die in den 80er Jahren bei Carl Zeiss entwickelten wehrtechnisch relevanten Zukunftstechnologien der Geheimhaltung.

Die Jenaer Entwickler leisteten mit den Ergebnissen ihrer Forschung einen Beitrag für den Erhalt des militärischen Gleichgewichts zwischen den Machtblöcken. Das Wissen darum, dass beide Militärblöcke an diesen Technologien arbeiteten, war für viele Zeiss-Ingenieure, die in der Wehrtechniksparte des Unternehmens tätig waren, die ethische Legitimation für ihre Arbeit. Jedem Verantwortlichen war klar, dass in dem Moment, in dem eine der Seiten glaubte in diesem sensiblen Bereich einen Vorteil realisieren zu können, mit einer Verschärfung der Konfrontation und der Katastrophe eines Krieges zu rechnen wäre. Sensible Unterlagen über Forschungen an modernen wehrtechnisch relevanten Technologien wurden in der Wendezeit in Absprache mit sowjetischen Partnern gesichert, damit sich aus einer Übernahme dieses Wissens für die USA keine einseitigen Vorteile schlagen ließen, die der damals scheinbar noch haltbaren strategischen Parität abträglich gewesen wären.

Wenn im Bereich der Wehrtechnik Grundlagenforschung betrieben wurde, drangen die Zeiss-Manager darauf, dass diese Forschung entweder strikt anwendungsorientiert, mit Blick auf bestimmte konkrete Produkte, erfolgte oder aus dem Staatshaushalt der DDR finanziert wurde, um die betriebswirtschaftliche Bilanz des Unternehmens zu entlasten. In den 80er Jahren lagen diese staatlichen Subventionen für die Hightech-Forschungsprogramme bei Zeiss in einem jährlichen Rahmen von 50 bis 100 Millionen Mark. Das Budget wurde vom Unternehmen in eigener Regie verwaltet und eingesetzt. Die damals entwickelten Zukunftstechnologien sichern in den Nachfolgeunternehmen des einstigen VEB Kombinat Carl Zeiss Jena heute noch mehrere hundert Arbeitsplätze und teilweise die internationale Marktführerschaft in den wehrtechnisch relevanten Technologien für innovative Hochleistungsmaterialien, Opto-Elektronik, Luft- und Raumfahrttechnik.

Der gesellschaftliche Umbruch beendete zwar die Existenz des VEB Kombinat Carl Zeiss Jena, nicht jedoch die Tätigkeit vieler Mitarbeiter im Segment Wehrtechnik. Das Nachfolgeunternehmen Jenoptik verweist auf seiner Internetseite auf die traditionelle Kompetenz im Bereich optischer Sensoren und Informationssysteme, bodengestützter Beobachtungsplattformen für die Nachrichtengewinnung und Aufklärung. Stabilisierungstechnik für Waffen findet sich ebenso im Produktportfolio wie militärische Beobachtungsgeräte, Laserentfernungs-/-distanzmessgeräte und Multispektralkameras für Luft- und Raumfahrt. Insbesondere die Entwicklung der MKF-6 in der DDR wirft heute noch Rendite ab. »Die damals erworbene Raumfahrtkompetenz und die Entdeckung des Aufnahmestandorts Weltall bildeten die Voraussetzung für unser heutiges Produktportfolio« –, zitiert die Internetseite des Jenoptik-Konzerns den Geschäftsführer des Jenoptik-Tochterunternehmens Jena-Optronik.

Insofern profitiert der Jenoptik-Konzern heute noch von den Investitionen, die vor 1989 aus dem Volksvermögen der DDR, also durch das Kapital ihrer Bürger, finanziert wurden.

Klaus-Dieter Gattnar, Ex-Generaldirektor:
»Es begann mit den Reparationsleistungen« *

Im Abschlussprotokoll der Potsdamer Konferenz der Regierungschefs der Anti-Hitler-Koalition vom 2. August 1945 wurde die Entmilitarisierung Deutschlands beschlossen. In der sowjetischen Besatzungszone wurde mit Befehl der Sowjetischen Militäradministration Deutschlands (SMAD) die Entwicklung und Produktion von militärischen Waffen und Geräten verboten. Auf Anordnung des Chefs der Sowjetischen Militäradministration für das Land Thüringen (SMATh), Gardegeneralmajor Iwan S. Kolesnitschenko, hatte die Firma Carl Zeiss Jena alle Lagerbestände an Militärerzeugnissen im Rahmen der Reparationsleistungen an die Sowjetunion auszuliefern, die Produktionsrestbestände fertig zu stellen, exakt festgelegte Militärprodukte weiter zu produzieren und mit den Reparationen abzurechnen. Die Entwicklung von Erzeugnissen mit militärischem Charakter wurde verboten. Das betraf insbesondere die Erzeugnisgruppen Bildmessgeräte, Fernrohre und Vermessungsgeräte. In diesem Rahmen entwickelte sich die Militärproduktion bei Zeiss in diskontinuierlichen Schritten.

1946 erhielt das Zeisswerk im Rahmen des sowjetischen Reparationsprogramms NARJAD den Auftrag in kürzester Zeit die Entwicklung und Produktion eines Simulators zum Training von Jagdfliegerpiloten, Gerät A 1, aufzunehmen. Das war der Beginn der Entwicklung und Produktion von Zeiss-Gerätetechnik für den Einsatz in militärischen Bereichen nach dem Zweiten Weltkrieg. Nach Fertigstellung von vier Mustergeräten (1949) und deren Erprobung durch die sowjetischen Auftraggeber begann die Serienfertigung im Jahr 1950.

* Gekürzte Fassung einer unveröffentlichten Studie mit dem Titel »Die Produktion militärischer Geräte im VEB Carl Zeiss Jena«. Der Autor war im Kombinat für die Spezielle Produktion verantwortlich, später stellvertretender Kombinatsdirektor für Forschung und 1990 von den Betriebsdirektoren gewählter letzter Generaldirektor des Kombinats Carl Zeiss Jena

Von 1950 bis 1956 wurden zirka 500 Geräte an die Sowjetunion ausgeliefert (Umsatzvolumen zirka 40 Millionen Mark).

Ab Anfang der 50er Jahre wurden die ausgesprochenen Entwicklungsverbote für militärische Geräte und Erzeugnisgruppen schrittweise aufgehoben. Es galt jedoch offiziell noch der von Dr. Hugo Schrade, dem ersten Betriebsdirektor nach dem Krieg und ersten Generaldirektor nach der Kombinatsbildung, für das Zeisswerk formulierte Grundsatz: »Nie wieder Zeissgeräte für den Krieg.«

Ab Mitte der 50er Jahre begannen im Zeisswerk, neben Lieferungen von klassischen Geräten des Zeiss-Programms, erste Auftragsentwicklungen für die NVA und die Polizei auf dem Gebiet der Sonderoptiken für optische Messgerätetechniken. So erhielt der VEB Carl Zeiss Jena vom Ministerium für Nationale Verteidigung (MfNV) den Auftrag für die Marine der Nationalen Volksarmee einen Raumbild-Entfernungsmesser zu entwickeln. Mit Hilfe dieses Messgerätes sollten Entfernungen von See-, Luft- und Erdzielen innerhalb eines Messbereiches von ein bis 40 km ermittelt werden. Zur Bedienung dieses EM-2RL waren drei Personen erforderlich (Messung, Seitenausrichtung, Ablesung). Von diesen Entfernungsmessgeräten wurden bis 1960 an die Volksmarine 40 Stück ausgeliefert.

Im Zeitraum von 1957 bis 1959 wurde das Zeisswerk mehrfach kritisiert zu wenig für den Aufbau und die Ausrüstung der NVA zu leisten. Zur Lösung dieses Problems fand im April 1959 unter Leitung von Dr. Schrade eine Beratung mit hochrangigen Offizieren des MfNV und Führungskräften von Zeiss statt. Im Ergebnis wurde für die Entwicklung und Produktion militärischer Geräte bei Zeiss die Bildung des Bereiches Sondergeräte-SonV und 1960 mit dem MfNV ein »Perspektivprogramm zur Bedarfsbefriedigung« vereinbart, das bis Mitte der 70er Jahre mehrfach aktualisiert wurde. Im Zeitraum 1960 bis 1989 wurden auf dem Gebiet der klassischen militäroptischen Geräte im Wesentlichen folgende Erzeugnisse entwickelt und produziert:

- Pionier-Raumbild-Entfernungsmesser EMK-0,4
- Artillerie-Raumbild-Entfernungsmesser EM-61 mit mechanischem Koordinatenrechner
- Artillerie-Raumbild-Entfernungsmesser OEM-2
- Universalmessgerät für Pioniere UMG-Pi
- Entfernungsmessgerät für Brückenlegepanzer
- Nachtsichtgerät NSG 66
- Doppelfernrohr DF 7x 40, Enheitsdoppelfernrohr EDF 7x 40
- Peng-Brille (Messung des Nystagmus beim Pilotentraining)
- Atomschutzbrille Schutzbrille auf LSD-Basis für Piloten)

- diverse Zieltrainingsgeräte (Schützenpanzer, Laser-Trainingsgewehr)
- diverse Justier- und Prüfgeräte für militäroptische Geräte (UJG1...4, JG-OEM)

Eine besondere Stellung nahmen Arbeiten zum Einsatz von Lasern in Militärgeräten ein. Sie begannen bereits 1963. Die Anforderungen dazu kamen vom MfNV der DDR. Der VEB Carl Zeiss Jena wurde beauftragt, Laserentfernungsmesser für Panzerabwehrkanonen zu entwickeln und zu produzieren. Es sollte sich dabei um ein tragbares Gerät handeln, das zu jeder Tageszeit und unter allen Gelände- und Witterungsbedingungen eingesetzt werden konnte. Schwierigkeiten traten bei der Beschaffung der erforderlichen Bauelemente, insbesondere der Rubin-Kristalle, auf. Anfang 1965 durchgeführte Tests mit Labormustern des Geräts waren nicht erfolgreich. Erst 1967 wurden die Tests erfolgreich absolviert. Danach wurden ab 1968 folgende Entfernungsmesser auf Laserbasis (EML) entwickelt:

- für Panzerabwehrkanonen (EML 10)
- für Schützenpanzerwagen (EML 11)
- für tragbare Anwendungen (EML 12) und
- für Panzer (EML 13).

In den Jahren von 1968 bis 1972 wurden im Auftrag des Ministeriums für Nationale Verteidigung Laserentfernungsmesser für die Panzerabwehrkanone Pak T-12 vom Typ USG 10 und für die 100mm-Panzerkanone (USG 14) entwickelt. Trotz positiver Anwendererprobung war das Ministerium mit dem erreichten Stand der Entwicklung nicht zufrieden, da vor allem das Gerät USG 14 noch zu groß war und Probleme beim Einbau in den Panzer bereitete. Außerdem war die bis dahin erreichte Zuverlässigkeit für einen Militäreinsatz noch nicht ausreichend. Die Arbeiten wurden abgebrochen. Da die Sowjetunion im Rahmen des Warschauer Vertrages nur solche Ausrüstungen in den Mitgliedsländern fertigen ließ, die bereits in der UdSSR selbst produziert wurden, hätte das für Panzer entwickelte USG 14 auch später wohl keine Chance einer wirtschaftlichen Serienfertigung gehabt. Der Aufbau einer erfolgreichen Militärproduktion für Kampftechnik im VEB Carl Zeiss Jena konnte deshalb nur über Produktionslizenzen im Rahmen zweiseitiger Verträge mit der UdSSR erfolgen.

Ein weiteres wehrtechnisches Tätigkeitsfeld des Zeiss-Kombinates war die Instandsetzung von Militäroptik. Anfang der 70er Jahre erhielt Zeiss den Auftrag, im Falle einer militärischen Auseinandersetzung die Instandsetzung optischer Militärgeräte vorwiegend sowjetischer Produktion (Entfernungsmesser,

Zielfernrohre, Nachtsichtgeräte) vorzubereiten und zu organisieren. Grundlage für diese Instandsetzungen bildeten die sowjetischen Vorschriften. Die technische Produktionsvorbereitung wurde dem Kombinatsbetrieb U und die fertigungsseitige Realisierung dem Bereich Sondergeräte des Kombinatsbetriebes G übertragen.

Außerdem entwickelte der VEB Carl Zeiss Jena auf der Grundlage einer Aufgabenstellung aus der UdSSR und eines Ministerratsbeschlusses von 1975 Komponenten für Fertigungsanlagen zur Herstellung von Brennelementen zum Einsatz in den sowjetischen Druckwasserreaktoren vom Typ WWR 400 und WWR 1000 als Sonderobjekt 05. Bei diesem in Kooperation mit anderen DDR-Unternehmen realisierten Auftrag handelte es sich um die Konstruktion, Fertigung und Montage von drei verketteten Messkomplexen zur Pellet-, Rohr- und Brennstoffelementeprüfung im Gesamtkomplex einer Anlage zur automatischen Herstellung nuklearer Brennelemente in der UdSSR. Die Arbeiten waren mit einem hohen Entwicklungsrisiko verbunden, da ein hoher Automatisierungsgrad bei voller Verkettung der Ausrüstungen erreicht werden musste. Die Fertigung der Anlagen erfolgte im Anlagenbau des VEB Feinmess Suhl (Kombinatsbetrieb P). Die eigentliche Baustelle befand sich in der UdSSR, zirka 60 km östlich von Moskau.

Zielsuchkopf INEJ-70 an einer Luft-Luft-Rakete, der seit 1978 in Lizenz in Jena produziert wurde

Der VEB Carl Zeiss belieferte auch das Ministerium für Staatssicherheit der DDR mit Geräten zur Infrarot-Kommunikation (Lichtsprechgeräte) für kurze und mittlere Entfernungen, Infrarot-Optiken (auch miniaturisiert) sowie mit Geräten zur Raum- und Objektüberwachung auf Infrarotbasis.

Objekt 02/IR-Zielsuchkopf für die Luft-Luft-Rakete K13-M1

Mitte der 70er Jahre forcierte die Sowjetunion ihre Forderungen an die DDR, mehr Leistungen für die Verteidigungsbereitschaft der sozialistischen Länder zu erbringen. Einflussreiche Kreise aus Politik und Wirtschaft der DDR zeigten darüber hinaus Interesse an einem gezielten Aufbau einer Militärproduktion. Damit war die Absicht verbunden, über einen hochwertigen Wehrgüterexport mit hohen Devisen-Ertragskennziffern die sich in der DDR-Außenhandelsbilanz zuspitzenden Probleme zu mindern. Nach den Besuchen von hochrangigen sowjetischen Militärdelegationen in den Jahren 1974/74 begannen im März 1976 Verhandlungen mit der Staatlichen Plankommission der UdSSR zur Übernahme militärischer Lizenzproduktionen durch den VEB Carl Zeiss Jena.

Das erste Lizenzprojekt war das Objekt 02, der Infrarot-Zielsuchkopf INEJ-70 für die Luft-Luft-Rakete K13-M1. Diese Rakete diente der Bekämpfung von Bedrohungen im sogenannten Nahbereich. Der Zielsuchkopf INEJ-70 war für die Erfassung von Luftzielen und die Zielführung der Rakete K13-M1 auf Jäger, Jagdbomber, taktische und strategische Bomber, Militärtransporter, Flügelraketen und Hubschrauber vorgesehen. Diese Raketenvariante war bereits 1973 als funktionsfähige Waffe bestätigt und in der sowjetischen Luftwaffe eingeführt worden.

Nach Konsultationen der Zeiss-Spezialisten Mitte 1978 im Ministerium der Verteidigungsindustrie in Moskau, wo man sich mit den Konstruktionsunterlagen des Zielsuchkopfes vertraut machen konnte, fiel die Entscheidung zur Aufnahme der Lizenzproduktion im VEB Carl Zeiss Jena. Nach Abschluss eines Regierungsabkommens zwischen der UdSSR und der DDR wurde die Lizenz zur Produktion des Zielsuchkopfes nach Jena vergeben.

Die Dokumentation zur Lizenz wurde im ersten Halbjahr 1977 übergeben. Im Kombinatsbetrieb G wurde der Fertigungsbereich unter Bedingungen des Geheimnisschutzes mit speziell verpflichtetem Personal aufgebaut und Ende 1978 in Betrieb genommen. Fertigungskooperationspartner waren der Kombinatsbetrieb O und der Kombinatsbetrieb Z in Jena sowie zahlreiche andere Unternehmen in der DDR. Zum gesamten Fertigungskomplex gehörte auch

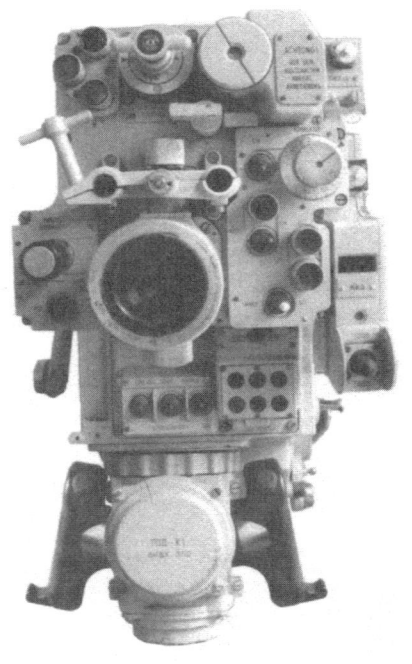

Feuerleitsystem TPD-K1 (Objekt 09), ebenfalls eine sowjetische Lizenzproduktion in Jena, die 1979 aufgenommen wurde. Es handelte sich um eine Kombination aus einem Zielfernrohr mit vertikaler Blickfeldstabilisierung und einem Laserentfernungsmesser für den Kampfpanzer T-72

ein neu errichtetes Testzentrum. Für den Fertigungsbereich und das Testprojekt im Kombinatsbetrieb G wurden 41,7 Millionen Mark investiert, darunter 9,5 Millionen Mark für Bauleistungen, 13,8 Millionen Mark für Fertigungsausrüstungen und 13,8 Millionen Mark für Vorrichtungen, Werkzeuge sowie Justier- und Prüfmittel (VWJP), die speziell dafür vom Entwicklungsbereich in Gera konstruiert und produziert wurden.

In der langfristigen Entwicklungskonzeption des VEB Carl Zeiss Jena war für die Zeit nach Auslauf der Fertigung des INEJ-70 die Weiterführung der Produktion auf der Grundlage der Lizenz für einen Folgetyp vorgesehen. Ab 1986 wurden jedoch an Zeiss erhebliche Anforderungen zur Erweiterung des Elektronikmaschinenbaus für die Mikroelektronik gestellt, was staatliche Entscheidungen zur Reduzierung der Militärproduktion initiierte. Davon war auch die Weiterführung der Produktion des Zielsuchkopfes betroffen. Die Verfügung des Ministers für Elektrotechnik zur Produktionseinstellung kam Ende 1987. Im Zeitraum Dezember 1988 bis Februar 1989 erfolgte die Beräumung der Produktionsstätte von allen Produktionsausrüstungen. Im Februar 1989 wurde sie dem optischen Präzisionsgerätebau zur Nutzung für neue wichtige Produktionsvorhaben übergeben.

Mit der Aufnahme dieser Lizenzproduktion waren auch die in der UdSSR geltenden Sicherheitsvorschriften auch für Jena verbindlich. Für die Entwicklung, Überleitung und Fertigung militärischer Erzeugnisse galt somit eine Reihe von Besonderheiten, die sich aus den speziellen militärischen Anforderungen an deren Zuverlässigkeit und aus den jeweiligen Einsatzbedingungen dieser Objekte ableiteten. Darüber hinaus wurden an den VEB Carl Zeiss Jena zur Produktionsaufnahme des Zielsuchkopfes sicherheitstechnische Anforderungen gestellt, die Maßnahmen zum Schutz des Erzeugnisses gegen Spionage, Sabotage, Diversion und Diebstahl einschlossen.

Aus diesen Vorgaben wurde im Zeisswerk unter der Bezeichnung Definierte Produktionsbedingungen ein eigenständiges Organisationssystem für die Entwicklung, Überleitung und Produktion militärischer Erzeugnisse entwickelt und umfassend erstmals bei der Lizenzproduktion des Objektes 02 angewendet.

Um den wachsenden Anforderungen auf den Gebieten Militärproduktion, Kosmostechnik und Sonderobjekte zu entsprechen, wurde zudem mit der am 1. Januar 1977 erfolgten Gründung des Forschungszentrums im Kombinatsbetrieb U erstmalig bei Zeiss eine strikte Trennung von zivilen Forschungs- und Entwicklungsaufgaben und von Forschungs- und Entwicklungsaufgaben mit besonderer Geheimhaltung durchgesetzt.

Objekt 09/Laser-Feuerleitsystem TPD-K1
zur Modernisierung des Kampfpanzers T-72

Ab 1979 begannen die Arbeiten zur Lizenzfertigung des Feuerleitsystems TPD-K1 für den sowjetischen Kampfpanzer T-72 unter der Codebezeichnung Objekt 09 auf der Grundlage eines Regierungsabkommens zwischen der UdSSR und der DDR.

Das Feuerleitsystem TPD-K1 ist eine Kombination aus einem Zielfernrohr mit vertikaler Blickfeldstabilisierung und einem Laserentfernungsmesser. Es dient im Kampfpanzer T-72

- zum Richten der Panzerkanone und des Panzer-MG auf das Ziel in horizontaler und vertikaler Ebene,
- zum Messen der Entfernung zu unbeweglichen und beweglichen Zielen aus dem Stand und der Bewegung,
- zur Feuerführung mit der Panzerkanone und dem Panzer-MG und
- zur Gefechtsbeobachtung.

Die Dokumentation für diese Fertigung wurde von der UdSSR bereitgestellt. Die Umsetzung bei Zeiss erforderte aber, wie bereits beim Objekt 02, eine umfassende konstruktive, technologische und VWJP-seitige Überarbeitung des Systems und die Umstellung auf DDR-Bauelemente. Außerdem wurde der gesamte Materialbedarf auf Bezug von in der DDR verfügbaren Werkstoffen umgestellt, was bei den Zulieferern oft größte Anstrengungen zu Erfüllung der technischen Bedingungen erforderte.

1979 wurden erste Funktionsmuster hergestellt, 1980 erfolgte die Atelierproduktion, und 1981 wurde die Serienproduktion vorbereitet, mit der 1982 im Kombinatsbetrieb D in Gera begonnen wurde. Dafür wurden umfangreiche Investitionen getätigt. So wurden eine mit NC-Maschinen ausgerüstete Vorfertigungshalle, ein Montage- und Prüfgebäude und ein Verwaltungsgebäude errichtet. Mit der Produktion des Objektes 09 begann die Entwicklung des Kombinatsbetriebes D in Gera zu einem Militärgeräteproduzenten mit hohen Qualitätsmaßstäben und stetig steigendem Produktionsvolumen. Bis Ende 1989 wurden zirka 6.000 Feuerleitsysteme produziert (ab 1987 etwa 1.000 Stück pro Jahr) und direkt an die UdSSR sowie an die CSSR und Polen geliefert.

Zielgerichteter Ausbau der Militär- und Sonderproduktion in den 80er Jahren

In den Jahren 1980 bis 1982 errichtete das Kombinat auf der Fläche des Kombinatsbetriebes I in Jena Göschwitz für den Kombinatsbetrieb U einen Forschungskomplex. Nach Gründung dieses Forschungszentrums U wurden von 1978 bis 1982 in diesem strategisch wichtigen Unternehmensbereich 254 Millionen Mark investiert, wovon 84 Millionen für Bauleistungen und 145 Millionen für Ausrüstungen aufgewendet wurden. Im Jahr 1980 begann zudem der zielgerichtete Ausbau des Geländes Kepplerstraße in Gera für die Militärproduktion. Dafür wurden von 1978 bis 82 175 Millionen Mark (51 Millionen für Bauleistungen und 108 Millionen für Ausrüstungen) aufgewendet.

1983, die Produktion der Zielsuchköpfe INEJ-70 lief bereits und die Serienproduktion der Feuerleitanlagen TPD-K1 hatte gerade begonnen, besuchten die Verteidigungsminister der DDR und der UdSSR, Hoffmann und Ustinow, das Zeisswerk in Jena. Ziel des Besuches war es, sich vom Stand der Militärproduktion bei Carl Zeiss ein Bild zu machen und Möglichkeiten einer weiteren Entwicklung und Produktion modernster Militärtechnik auszuloten.

Vor dem Hintergrund des wachsenden Militärpotentials der NATO erwartete man vom VEB Carl Zeiss Jena eine Steigerung der Militärproduktion um das Drei- bis Vierfache. Ergebnis dieser Erwartungen war ein ausgesprochen ambitioniertes Forschungs- und Technologieprogramm für Carl Zeiss. Eine vom Vorsitzenden der Staatlichen Plankommission, Gerhard Schürer, erarbeitete Beschlussvorlage für das SED-Politbüro vom 24. Mai 1983 mit dem sperrigen Titel »Komplexe Konzeption zur weiteren Entwicklung des Forschungs-, Produktions- und Exportprofils einschließlich der Entwicklung der speziellen Produktion bis 1985 und für den Zeitraum 1986 bis 1990 des Kombinates VEB Carl Zeiss Jena« stellte die wirtschaftspolitischen Weichen in Richtung einer Ausweitung der wehrtechnischen Produktion bei Zeiss.

Zwar wurde in dem Beschluss auf die Bedeutung der Versorgung der Bevölkerung und die Erhöhung des Exportes von Gütern mit hohem Veredelungsgrad bzw. des wissenschaftlichen Gerätebaus hingewiesen, doch die Komplexe Konzeption war offenkundig kein ziviles Programm. Dass dieses Programm von sowjetischen Interessen infolge des NATO-Doppelbeschlusses und insbesondere des SDI-Programms der USA (das zwei Monate zuvor angekündigt worden war) beeinflusst wurde, dürfte unbestritten sein und spiegelt sich in zahlreichen Dokumenten wider.

Der Politbürobeschluss war gleichzusetzen mit der Beauftragung des Zeiss-Kombinates zur erheblichen Steigerung der Produktion von Militärgeräten für die Landesverteidigung, für die weitere Regierungsabkommen und militärische Lizenzprojekte mit der UdSSR in Vorbereitung waren. Die außerordentlich hohen wissenschaftlich-technischen Anforderungen, die gestellt wurden, machten eine extensive Entwicklung unumgänglich, da andererseits sonst mit beträchtlichen Einschränkungen der laufenden zivilen Forschung und Entwicklung hätte gerechnet werden müssen. Weitere Baumaßnahmen im Kombinatsbetrieb U in Jena-Göschwitz sowie Umstrukturierungen innerhalb des Kombinats waren zur Bewältigung dieser Aufgaben unumgänglich. Damit wurden die Voraussetzungen für die Realisierung weiterer militärischer Forschungs- und Produktionsprogramme geschaffen.

Objekt 010/Laser-Feuerleitsystem Bastion zur Modernisierung des Kampfpanzers T-55A

Dieses Projekt diente der Aufwertung und Modernisierung des älteren Kampfpanzers T-55 auf der Grundlage eines Regierungsabkommens zwischen der UdSSR und der DDR vom 12. Juli 1984. Entwicklung und Fertigung der Laserleiteinrichtung erfolgte im Kombinatsbetrieb U in Jena-Göschwitz, während die Finalproduktion im Kombinatsbetrieb D in Gera angesiedelt wurde.

Laser-Leiteinrichtung 1K13 zur Modernisierung älterer Kampfpanzer des Typs T-55. Entwicklung und Fertigung erfolgte in Jena-Göschwitz, die Fertigung in Gera

Das Laser-Feuerleitsystem ist Bestandteil der Leiteinrichtung 1K13 des Lenkwaffenkomplexes 9K116 Bastion.

Die Anlage dient zum
- Beobachten des Gefechtsfeldes zu jeder Tageszeit,
- Führen des gezielten Feuers aus der Kanone mit ungelenkten Geschossen und aus dem mit der Kanone gekoppelten Panzer-MG,
- lasergeführten Fernlenken des Panzerabwehrflugkörpers 9M117, der aus der Panzerkanone verschossen wird und eine Reichweite von 4.000 m hat.

Die Feuerleiteinrichtung ist mit einem Zielfernrohr für die Tagsicht und einem aktiven und passiven Nachtsichtgerät ausgerüstet.

Der Entwicklungsabschluss für dieses Projekt wurde im Dezember 1988 erreicht. Bis 1989 wurden zirka 150 dieser Feuerleitanlagen ausgeliefert. Der vorgesehene Produktionsumfang von 1.000 Stück wurde nie erreicht, weil sich die politischen Rahmenbedingungen veränderten.

Objekt 016/Optoelektronischer Zielsuchkopf für eine Seezielrakete

Die Aufnahme der Entwicklungsarbeiten am Objekt 016 erfolgte auf der Grundlage eines Regierungsabkommens zwischen der UdSSR und der DDR zum militärischen Schiffbau, das am 29.04. 1981 abgeschlossen und am 28.04. 1983 präzisiert wurde. Dieses Abkommen beinhaltete die Entwicklung und Produktion eines Raketen-Artillerie-Schnellbootes (Projekt 151, NATO-Kennung: BALCOM-10) unter Federführung der Peene-Werft Wolgast. Dieses Boot sollte marinetechnisch zum Niveau dieser Schiffsklasse der NATO-Flotten aufschließen und es teilweise überbieten. Grundlage der waffentechnischen Ausrüstung sollte ein neues Raketensystem (Schiff-Schiff-

Rakete PKR 152) sein, das alle Vorteile aufwies, über die vergleichbare westliche Modelle damals schon verfügten.

Die in Containern gelagerten und daraus abzuschießenden Feststoffraketen sollten aus Entfernungen von zirka 120 bis 130 km zum Ziel abgeschossen werden und eine Marschgeschwindigkeit von etwa 1100 km/h entwickeln. Die Zielzuweisung sollte durch ein schiffsgebundenes Waffenleitsystem erfolgen. Gemäß dieser Zuweisung sollte die Rakete mit einem autonomen Bordrechner und Autopilot gesteuert werden. Nach dem Start war eine vorprogrammierte Flughöhe von 15 m über der Wasseroberfläche konzipiert. Auf den letzten 20 km vor dem Ziel sollte die Steuerung automatisch durch den Zielsuchkopf übernommen werden und der Zielanflug in einer Höhe von 3 bis 5 m über dem Wasserspiegel erfolgen. Außerdem sollte das Ziel während des autonomen Fluges der Rakete mehrfach verloren und wieder erfasst werden können, d. h., die Rakete musste über einen autonom arbeitenden Suchmodus verfügen und ihr Ziel selbst erkennen und von anderen Zielen unterscheiden können. Das ist für eine automatische Maschine, die fast mit Schallgeschwindigkeit knapp über einer bewegten Wasseroberfläche fliegt und ein sich bewegendes Ziel verfolgen soll, eine extreme Forderung. Dabei wurden zudem härteste Anforderungen zur Abwehr gegnerischer Störungs- und Täuschungsmaßnahmen gestellt. Die Rakete sollte außerdem 4,5 Jahre im gasdichten Startcontainer auf See, zehn Jahre auf Freiflächen und bis zu 15 Jahre in Lagerräumen ohne Wartung ein-

Raketenschnellboot der Volksmarine, deutlich erkennbar die Raketencontainer

39

satzbereit bleiben. Die zu entwickelnden Zielsuchköpfe sollten gegeneinander und gegen konventionelle Zielsuchköpfe auf Radar-Basis austauschbar sein.

Während die Entwicklung und Produktionsüberleitung des Zielsuchkopfes für die Luft-Luft-Rakete K13-M1 und des Zielfernrohres mit Laserentfernungsmesser für den Kampfpanzer T-72 ohne neue Basistechnologien möglich war, weil wichtige Bauelemente und Materialien dafür im Rahmen des Lizenzvertrages aus der UdSSR importiert wurden, war die eigenständige Entwicklung des optoelektronischen Zielsuchkopfes mit Grundlagenforschung für die Entwicklung neuer Basistechnologien, Werkstoffe und Fertigungsverfahren verbunden.

Insbesondere waren das spezielle optische Medien im Infrarot-Bereich, spezielle Technologien für Festkörperlaser, hochintegrierte Schaltkreise zur Messdatenverarbeitung, optoelektronische Sensoren, optische Kristalle, Sensoren zur Nachtsichtfähigkeit und Wärmebildverarbeitung, Komponenten für eine schnelle Bildverarbeitung sowie Elemente der miniaturisierten Leistungselektronik.

Durch diese neuen Basistechnologien sollten zugleich entscheidende Voraussetzungen für die weitere Erhöhung des wissenschaftlich-technischen Niveaus, der Effektivität der Produktion und der Exportfähigkeit der Erzeugnisse des wissenschaftlichen Gerätebaus in den 90er Jahren im zivilen Bereich geschaffen werden.

Für die Forschungs- und Entwicklungsarbeiten sowie die Investitionen (Labortechnik, Technika, Pilotanlagen, Produktionsstätten) wurden zirka 2,3 Milliarden Mark vorgesehen. Davon sollten etwa 70 Prozent für die Entwicklung multivalent verwertbarer Basistechnologien aufgewendet werden.

Im Rahmen dieses Vorhabens wurden folgende Investitionen im Kombinat vorgenommen:
- Neubau und Erweiterung eines Forschungsgebäudes im Kombinatsbetrieb U (Jena),
- Neubau eines Produktionsgebäudes in Gera-Bieblach,
- Neubau eines Produktionsgebäudes bei Pentacon in Dresden
- Gründung des Kombinatsbetriebes P in Suhl zur Produktion des Sonderobjektes 05 (Kerntechnik) sowie von VWJP für die Militärobjekte

Die Entwicklungsarbeiten zur Umsetzung dieses anspruchsvollen Programms gestalteten sich bis 1986 ausgesprochen schwierig.

Die Möglichkeiten der sowjetischen Seite zur Unterstützung der technisch-technologischen Entwicklungsarbeiten in der DDR wurden über mehrere Jahre hin mit Hartnäckigkeit und Aktivität zu erschließen versucht. 1986 musste jedoch resümierend festgestellt werden, dass durch die sowjetische Seite keine wesentliche Unterstützung zu erreichen war und sich für die DDR die nicht vorauszusehende Notwendigkeit ergab, alle neuen Basistechnologien ohne Übernahme eines Vorlaufs aus der UdSSR entwickeln zu müssen.

Daher musste nach gründlicher Analyse des erreichten Arbeitsstandes festgestellt werden, dass
- die UdSSR das Projekt nicht unterstützen kann und will,
- die DDR folglich das wirtschaftliche Risiko des Projektes allein trägt,
- die benötigten Arbeitskräfte nicht in ausreichender Zahl gewonnen werden können und
- eine Zersplitterung der Kapazitäten auf das Objekt 016 einerseits und das Mikroelektronikprogramm andererseits nicht zu vertreten ist.

Deshalb wurden staatliche Entscheidungen zur Einstellung der Arbeiten am Objekt 016 getroffen und verfügt, dass die eingesetzten Kräfte und Mittel für andere wichtige Aufgaben bereitzustellen sind.

Objekt 019/Tragbare Start- und Lenkeinrichtung
für die Panzerabwehrlenkraketen Konkurs und Fagot

Eine weitere Aufgabe für den militärischen Gerätebau leitete sich aus der Verteidigungsstrategie der Warschauer Vertragsstaaten ab, die ab Beginn der 80er Jahre einen erhöhten Einsatz von Panzerabwehrlenkraketen (PALR) vorsah. Auf der Grundlage einer UdSSR-Lizenz sollte im Zeisswerk die Bodenlenkeinrichtung 9S451 zum Richten, Starten und Lenken der PALR 9M111-2 (Fagot) und 9M113 (Konkurs) produziert werden.

Diese PALR wurden drahtgesteuert und über Infrarot-Sensoren geführt. Die Übertragung der Lizenzdokumentation erfolgte im Kombinatsbetrieb U (Jena-Göschwitz), die Serienproduktion war in dem neuen Fertigungsgebäude im Kombinatsbetrieb Pentacon Dresden vorgesehen. Die Bodenlenkeinrichtung sollte vorrangig an die NVA, die CSSR und die Volksrepublik Polen

Lenkeinrichtung 9 S451 mit Panzerabwehrlenkrakete »Fagot« bis 1989 wurden rund 150 Lenkeinrichtungen produziert und exportiert

geliefert werden. Bis 1989 wurden zirka 150 dieser Lenkeinrichtungen produziert und geliefert.

Die geplante Serienfertigung in Höhe von zirka 1.000 Geräten wurde nicht mehr aufgenommen. Auch die für eine Produktion nach 1990 vorgesehene Lenkeinrichtung für Rohrraketen vom Typ 9M120 (SWIR) als Objekt 012 kam nicht mehr zustande.

Objekt 013/Hochtechnologieprogramm Optoelektronik

Auf der Grundlage einer Übereinkunft der Generalsekretäre von KPdSU und SED über die beschleunigte Realisierung des Programms der Zusammenarbeit auf dem Gebiet von Wissenschaft, Technik und Produktion für den Zeitraum bis zum Jahr 2000 fand Ende 1985 eine Beratung zwischen dem Minister für Wissenschaft und Technik der DDR und seinem sowjetischen Amtskollegen statt. Dabei wurde ein Programm zur Vertiefung der Zusammenarbeit mit der UdSSR bei der Entwicklung fortschrittsbestimmender elektronischer und werkstofftechnischer Schlüsseltechnologien vereinbart.

Dieses Programm wurde mit Politbürobeschluss vom 28. Oktober 1985 verbindlich bestätigt. Es war das Ergebnis der bis dahin am Objekt 016, der Kosmostechnik und anderen Objekten durchgeführten Forschungs- und Entwicklungsarbeiten, die zu der Erkenntnis geführt hatten, dass langfristig gesehen zivile und militärische Erzeugnisse mit hoher Wertschöpfung nur auf der Grundlage der Verfügbarkeit optoelektronischer Basistechnologien in Zusammenarbeit mit der UdSSR geschaffen werden können. Dafür wurden mit diesem Programm die Weichen gestellt. Die damit verbundenen, sehr anspruchsvollen Forschungsaufgaben wurden auch nach der Einstellung der Arbeiten an Objekt 016 weiter realisiert. Die Konzentration erfolgte auf diese Schwerpunkte:
- Lasertechnik (Wellenleiterlaser, Deflektoren, laserfeste Schichten),
- optische Bearbeitungstechnologien,
- Technologie und Anlagen zur Herstellung von kohlefaserverstärkten Aluminiumblechen,
- piezoelektrische Stellelemente,
- Technologie und Anlagen zur Herstellung von polykristallinem Zinkselenit nach den CVD-Verfahren,
- Infrarot-Sensoren und –matrizen inklusive Micro-Kryotechnik sowie hochauflösende CCD-Matrizen für den sichtbaren Bereich,
- mobile elektronische Bildverarbeitungssysteme, optische Echtzeit-Bildverarbeitung,

- höchstintegrierte Schaltkreise inklusive Layoutkontrolle und Komplextester,
- Sternsensoren hoher Genauigkeit inklusive Prüftechnik.

Diese strategischen Forschungsthemen wurden bei breiter Mitwirkung der Akademie der Wissenschaften der DDR und der Universitäten sowie der Industrie bis 1989 erfolgreich bearbeitet. Die Ergebnisse der damaligen Forschungen bildeten 1989/90 für eine beachtliche Zahl von Mitarbeitern die Basis für Ausgründungen und den Aufbau noch heute prosperierender Unternehmen.

Die Ausgaben für militärische Forschung und Entwicklung und für die Militärproduktion der Jahre 1978 bis 1989 erreichten eine Höhe von knapp über zwei Milliarden Mark der DDR. In den Jahren 1980 bis 89 lag der Anteil der Investitionen für die Militärproduktion deutlich über den Investitionsanteilen für andere Sparten des Unternehmens.

Die offiziell gültige Planung für die Entwicklung des Wertumfangs der Produktion für die Landesverteidigung sah zudem eine deutliche absolute Steigerung für die Jahre 1991 bis 1995 vor. Hatte der Wertumfang dieser Produktion in den Jahren 1976 bis 1980 bei 520 Millionen Mark, von 1981 bis 1985 bei über vier Milliarden Mark und in den Jahren von 1986 bis 1990 bei 5,4 Milliarden Mark gelegen, war für die Jahre bis 1995 eine Steigerung auf knapp über zehn Milliarden Mark vorgesehen.

Tab. 2: Investitionsanteil der verschiedenen Unternehmenssparten des VEB Kombinats Carl Zeiss Jena in den Jahren 1980 bis 1990 in Prozent

Unternehmenssparte	Investitionsanteil in Prozent
Militärtechnik	33,9
Hochtechnologie	27,7
TSA/EMB-Mikroelektronik	15,2
Unipolare Schaltkreise	14,7
Foto-Kinotechnik	6,1
Weltraumtechnik	2,4

Die Spezielle Produktion im Kombinat Carl Zeiss Jena wurde jedoch (mit Ausnahme des Hochtechnologieprogramms Optoelektronik) vor dem Hintergrund des in der DDR favorisierten Mikroelektronikprogramms bereits mit dem Politbürobeschluss vom 20. Januar 1987 über weitere Maßnahmen zur Durchführung der Beschlüsse zur Profilierung des VEB Carl Zeiss Jena heruntergefahren, was die veränderte politische und wirtschaftliche Prioritätensetzung der DDR-Führung in einem schwieriger werdenden Umfeld verdeutlicht.

Die Projekte des Zeiss-Kombinates für die spezielle Produktion, die Sonderobjekte, die Geräte zur industrielle Instandsetzung sowjetischer Militäroptik zur Sicherstellung der Landesverteidigung

Die Projekte des ZEISS-Kombinates für die spezielle Produktion, die Sonderobjekte, die Geräte zur industriellen Instandsetzung sowjetischer Militäroptik zur Sicherstellung der Landesverteidigung

Industrielle Instandsetzung
Sowjetische Militäroptik

darunter folgende Geräte:
RbF-PG-AM; TKN-1, TKN-3;
KO-1...3,0; 9 SCH -18; TSCH 2B 32P;
IPN 22 M1; NSp4; NN-21; PWN-57 A;
NSPU; PP61 1; PP61 AM, ZP TchP;
9 SCH-16, ZP TchP-25;TNA - 2;
ZF - PU; ZF - T3; ZF - 2/ZF A 22; PG 4

Militäroptik aus DDR-Produktion

Spezielle Produktion
Klassische militäroptische Geräte

A1/A2 - Gerät / div. Studien /
EM-2 RL+PAG / DF 7 x 50 / EDF 7 x 50
EMK 0,4 / EM 61 / OEM - 2 / UMGPI /
USG 12 (EML 9...11) / Atomschutzbrille
/ Peng-Brille / Nachtsichtgerät NNG-61
/ EM für Brückenlegepanzer / diverse
Zieltrainingsgeräte / div. Justier- u.Prüf-
geräte u.a.

Moderne optische Komponenten zur
Ausrüstung von Kampftechnik:
Objekt 02 / IR-Zielsuchkopf für Luft-
Luft Rakete K 13 M
Objekt 09 / Laser-Feuerleitsystem
TPD - K1 zur Modernisierung T-72
Objekt 010 A /Laser-Feuerleitsystem
"Bastion" zur Modernisierung T-55
Objekt 016 / Zielsuchkopf für eine See-
zielrakete (Projekt 153)
Objekt 019 / Starteinrichtung für die
Panzerabwehr - Lenkrakete 9 K 113
"Konkurs"
Objekt 012 / (in Vorbereitung) Startein-
richtung für PALR 9 K 120 "Swir"

Geräte für MfS
IR-Optik / Gerät G 1 / Gerät T 1 u.a.

Sonderobjekt
Objekt 01 / Weltraumtechnik
MKF-6, MSP-4, MKF-4 /
OSD / OBD / ASTRO 1 /
FEAG, Spezialojektive
Meßeinrichtungen für CCD - Matrizen

Sonderobjekt
Objekt 011 / LLNÜ
Technologie und Anlagen zur
Herstellung von Preforms für die
Lichtleiter - Nachrichtentechnik

Sonderobjekt
Objekt 05 / Kerntechnik
Anlage und Technologie zur
automatischen Füllung von
Brennstäben für Kernreaktoren

Sonderobjekt
Objekt 013 / Aufgaben aus dem
Hochtechnologieprogramm, darunter:
spez. Vakuumbeschichtungsanlagen
IR - Gläser aus CVD - Verfahren
analoge+optisch-parallele Bildverarbtg.,
Laser, spez. optische Schichten u.a.

Sonderobjekt
Objekt 03 / Pharmoquant
Methode und Ausrüstung
zur Krebsfrüherkennung

Handelsübliche Geräte
aus dem Carl Zeiss-
Lieferprogramm für
die bewaffneten Organe
der DDR

Hochtechnologieprogramm mit Beteiligung Jenas
(Beschluss des Politbüros des ZK der SED vom 28. Oktober 1985)

Hochtechnologieprogramm
(Politbürobeschluss vom 28.10.1985)

Lasertechnologie	Vakuumtechnologie	Optoelektonik	IR-Sensoren Bildverarbeitung	Mikroelektronik	Weltraumtechnik
Entwicklung laserfester Schichten (Werkstoffe/Verfahren/Prüfung)	Rechnergestützte Vakuum-Beschichtungsanlagen (Optische Schichten bis Ø = 1500 mm)	Herstellung von optischen Bauteilen im CVD-Verfahren (Chalkogenidgläser/Zinksulfid, Zinkselfid)	Entwicklung IR - Sensor (8 - 14 µm, Zeile 128 / 256 Elemente Cadmium - Quecksilber - Tellurid)	Autom. Entwurfssystem für höchstintegrierte Schaltkreise (CMOS - Technologie)	Entwicklung eines optischen Sternsensors (Basis Festkörpersensoren)
Entwicklung Miniatur - Festkörperlaser (Erkundung neuer aktiver Medien Hz = 2 µm)	Entwicklung von Targets zur Herstellung optischer Schichten (Zirkon, Titan, Bleifluorid, Arsensulfid u.a.)	Prüfing optischer Eigenschaften von IR- und UV-Werkstoffen (Einwicklung autom. Meß- und Prüftechnik)	Entwicklung IR - Sensor (8 - 14 µm, Matrix 64 x 64 Elemente Cadmium - Quecksilber - Tellurid)	3 D - Computergraphik (Entwicklung Verfahren / Ausrüstungen)	Entwicklung eines optischen Orientierungsgebers für kosmische Plattformen
Entwicklung von Lasern mit frequenzstabiler Strahlung (Hohe Frequenzstabilität mit erhöhen Ausgangsleistung)	Entwicklung von Elektronenemissionstargets zur großer Abmessungen (für Laser mit großen Strahlungsquerschnitten)	Entwicklung piezoelektrischer Antriebssysteme (zur Steuerung großer Reflektorflächen)	Entwicklung IR - Sensor (3 - 5 µm, Zeile / Matrix / Metallsilizide)	Entwicklung von Komponenten der Bildverarbeitung (auf Rechnern der 5. Generation)	Entwicklung eines laserstrahlgesteuerten Kreiselsystems (Festlagung zur Lösung von Orientierungsaufgaben)
Herstellung asphärischer optischer Flächen (Verfahren / Ausrüstungen für Teile bis Ø 500 mm)	Fertigungslinie zur Beschichtung von optischen Flächen (Plasmabeschichtung / bis 1500 mm Breite)	Erweiterung der Nomenklatur der elektr. Bauelementgehäuse (Einhauslösung optoelektronischer Komponenten)	Erhöhung der Empfindlichkeit von CCD - Matrizen	Entwicklung von Rechnersystemen zur Wissensvermittlung (Algorithmen Programme Architekturvorschläge)	
Regenerierung von CO_2 im Laser (Erhöhung der Lebensdauer)	Beschichtung von Kohlenstofffasern (Verfahren / Ausrüstung) (Aluminium freie Silizumcarbid)		Entwicklung von Fotokathoden aus Galliumarsenid	Aufbau u. Montage von unverkappten höchstintegrierten Schaltkreisen auf Keramikunterlagen	
Herstellung piezoelektrischer Feinantriebe (für adaptive Optik)	Asphärische Formgebung optischer Flächen (Ionenstrahlbearbeitung)		Technologische Linie zur Herstellung von IR-Zeilen/ Matrizen (Cadmium - Quecksilber - Tellurid)	Entwicklung eines Komplextesters für höchstintegrierte Schaltkreise	
Entwicklung elektrooptischer Laserstrahlablenksteuerungen	Entwicklung von Ultrahochvakuumanlagen (incl. Montagetechnik für elektr. Bauelemente)		Prüftechnik für Mehrelement-Festkörpersensoren	Entwicklung Bildverarbeitungskomplexes für die Layoutkontrolle in der Schaltkreisentwicklung	
	Zustandskontrolle von UHV-gekapselten Bauelementen (zerstörungsfreie Prüfung)		Kältetechnische Kleinkompressoren für IR-Sensoren (für Temperaturen bis -250° C)	Digitale und optisch parallele Bildverarbeitung	
			Entwicklung sensorgekoppelter Spezialprozessoren	Entwicklung von optischen Prozessoren (Verarbeitungsgeschwindigkeit > 100 Mio Op./s)	
			Erfassung von Flugkörpern (Erkennen von Flugkörpern mit superlumina Winkelabmessungen, vom Boden aus)		

Aufgaben zur Vertiefung der Zusammenarbeit mit der UdSSR bei der Entwicklung fortschrittsbestimmender elektronischer und werkstofftechnischer Schlüsseltechnologien
GVS B105 - ZZ - 672 / 85   SAPMO-BArch, DY 30, J IV 2/2-2136, Bl 158-250

Direkte oder indirekte Mitwirkung durch VEB Carl Zeiss JENA

VEB Bekleidungswerke Seifhennersdorf
Fallschirme für Elite-Kämpfer

Zu den geheimsten und elitärsten Einheiten der NVA zählten die für Kommandoaktionen hinter den feindlichen Linien ausgebildeten Fallschirmjäger. Das ab 1962 aus dem Mot.-Schützen-Bataillon 5 hervorgegangene Fallschirmjägerbataillon 5 war zunächst in Prora auf der Insel Rügen stationiert.

Die Einheit galt als das ostdeutsche Gegenstück zum Special Air Service der britischen Armee und den Special Forces der US-Army. Die Kommandosoldaten sollten im Ernstfall in kleinen Gruppen hinter den feindlichen Linien gegnerische Kräfte aufklären, wichtige Objekte und Waffensysteme des Gegners angreifen, seine rückwärtige Logistik stören, Geländeabschnitte bis zum Eintreffen der Hauptkräfte sichern und Brückenköpfe bilden. Insbesondere sollten Kernwaffeneinsatzmittel des potentiellen Gegners zerstört werden. Bei speziellen Diversions- und Sabotageaufgaben war ein Einsatz in einer Tiefe von bis zu 150 Kilometern hinter den feindlichen Linien vorgesehen.

Dieser Aufgabenstellung entsprach die Ausbildung. Was heute in diversen Hollywood-Produktionen über Kommandounternehmen amerikanischer Spezialeinheiten häufig verkitscht dargestellt wird, wurde in dieser Elitetruppe der NVA bis zur Belastungsgrenze trainiert. Das Absetzen aus Flugzeugen und Hubschraubern, der Einsatz als Sprengtaucher, Nahkampftraining und Sprengmittelausbildung, die tagelange verdeckte Aufklärung hinter den feindlichen Linien, das Überlebenstraining unter widrigen Bedingungen machten die Fallschirmjäger nicht nur zu einer der kampfstärksten Einheiten, sondern auch zum Prestigeobjekt der NVA-Führung. Die Special Forces der NVA galten nicht zuletzt als Prätorianergarde und hatten in den 80er Jahren in Strausberg die Armeeführung zu bewachen.

Der besonderen Rolle dieser Truppe entsprach die Ausrüstung. Nach Aussonderung der in der DDR hergestellten Sturmgewehre AK-47/KMS erhielt die Einheit 1985 als erste das im VEB Geräte- und Werkzeugbau Wiesa in sowjetischer Lizenz produzierte Sturmgewehr AKS-74Nk des Kalibers 5,45 x 39 mm.

Vordergründig auf Druck der sowjetischen Militärführung wurde das Proraer Spezialkommando 1986 in ein gekadertes Luftsturmregiment (LStR-40) umstrukturiert. Standort der Truppe war nun der Ort Lehnin in Brandenburg.

Ungeachtet der damit verbundenen Veränderung der Einsatzkonzeption behielt die Einheit den Nimbus der verdeckt operierenden Kommando-Truppe.

Jährlich verließen zirka 100 ausgebildete Fallschirmjäger das Bataillon. Im Laufe der Jahre kam damit ein Reservistenpotential von 2.000 Mann zusammen. Der Ausbildungsstand dieser Spezialkommandos weckte Begehrlichkeiten der anderen bewaffneten Organe, die zum Ende der regulären Dienstzeit gerne in Prora auf Werbetour gingen.

Die Fallschirme kamen aus Seifhennersdorf. Die Firma BEWES in dieser malerisch gelegenen kleinen Stadt in der Oberlausitz nahe der tschechischen Grenze hatte bereits während des Zweiten Weltkrieges Rettungs- und Lastenfallschirme sowie die Rundkappenschirme RZ 1, RZ 16, RZ 20 und den Dreiecksfallschirm RZ 36 produziert. Im Jahr 1945 wurde der Betrieb sofort unter sowjetische Verwaltung genommen. In der Folgezeit stellte das Unternehmen bis 1954 Bettwäsche, Unterwäsche, Arztbekleidung und Oberhemden als Reparationsleistung für die Besatzungstruppen her. Nach Beendigung der Reparationslieferungen fertigte man in der ostsächsischen Kleinstadt Bettwäsche und Bekleidung für den zivilen Markt.

Parallel existierte eine zunächst unter Leitung sowjetischer Offiziere tätige, streng geheime Entwicklungsstelle fort. Ihr Auftrag: Vorbereitung der Produktion von Rettungsfallschirmen. Die Abteilung agierte abgeschottet vom

PD-47 mit quadratischer Fallschirmkappe aus Baumwolle (seit 1956 produziert)

übrigen Unternehmen und machte erst Ende der 50er Jahre mit dem Rettungsfallschirm S-27/2 für Segelflieger sowie durch weitere Rettungs- und Sportfallschirme (RL-1) auf sich aufmerksam. Bis 1961 entwickelten die Seifhennersdorfer Ingenieure mit dem RL-3/2 einen Sportfallschirm, der internationalem Spitzenniveau entsprach.

Die Fallschirmtruppe der NVA in Prora war zunächst auf Schirme sowjetischer Bauart (PD-47 und PS-41a) angewiesen, die leicht verändert in Lizenz nachgebaut wurden. In den 60er Jahren entwickelten die Seifhennersdorfer Ingenieure den wesentlich moderneren steuerbaren Rundkappenschirm RS-4/1 aus Baumwollbatist mit Stabilisierungseinrichtung und ab 1968 den RS-4/3 und RS-4/4 aus Dederon, der bis in die 80er Jahre bei den Fallschirmjägern im Einsatz blieb. Dann bekamen sie den Standardschirm RS-9/2-A, der auch beim Kampfschwimmerkommando (KSK-18) der Volksmarine und bei den Spezialeinheiten des Ministeriums für Staatssicherheit Verwendung fand.

Aus Seifhennersdorf kam auch der erste brauchbare Gleitschirm der Welt. Der RL-6 erlaubte wesentlich geringere Sinkgeschwindigkeiten als herkömmliche Rundkappenfallschirme, weil mit ihm gegen die Windrichtung gelandet wurde. Er wurde 1968 bei der Fallschirmsprungweltmeisterschaft in Graz der internationalen Fachwelt präsentiert, ging aber nie in die Serienproduktion.

Die für eine militärische Nutzung vorgesehenen Fallschirme mussten in der Truppe zunächst erprobt werden. Dieser Prozess verlief nicht problemlos und erforderte von den verantwortlichen Ingenieuren, dem Testspringer des Werkes und den Erprobungsspringern der Fallschirmtruppe Ausdauer und persönlichen Mut.

Der frühere NVA-Fallschirmjäger und spätere Leiter der Arbeitsgruppe Fallschirmdienst im Ministerium für Nationale Verteidigung, Oberstleutnant a. D. Gerhard Leutert, vergisst nie den dramatischen Zwischenfall bei der Entwicklung und Truppenerprobung verschiedener Entwicklungsstufen des Fallschirms RS-4, geschehen im Mai 1967:

»Für den Sprungdienst stand uns ein Hubschrauber MI-4 zur Verfügung. Um Zeit zu sparen, wählten wir als Sprungplatz eine landwirtschaftlich genutzte Fläche einer LPG auf Rügen. Zwei Springer, der Unteroffizier Weißbach und der Stabsgefreite Herold, kamen sich nach der Öffnung ihrer Schirme ziemlich nahe und unternahmen steuerseitig zu wenig, um sich voneinander zu entfernen. Die Folge: Der Stabsgefreite geriet auf die Fallschirmkappe des Unteroffiziers Weißbach und rutschte durch die hintere große Öffnung. Er zog seinen Fallschirm, der ihm wie eine Fahne folgte, hinter sich her, bis die Basis an der Öffnung des noch offenen Fallschirmes von Weißbach angelangt war. Dort blieb Herolds Fallschirm hängen. Eine höchst gefährliche Situation. Die Fallschirmkappe von Weißbach wurde nach hinten weg gezogen und durch die Deformierung verloren beide schnell an Höhe. Bis Weißbach seinen Rettungsfallschirm öffnete. Das war richtig, brachte aber nicht den gewünschten Effekt. Besser wäre gewesen, wenn Herold seinen Rettungsfallschirm geöffnet hätte.«

An drei Fallschirmen, von denen keiner mehr die volle Tragfähigkeit besaß, glitten die beiden Springer mit viel zu hoher Geschwindigkeit abwärts. Ein harter Aufschlag war unvermeidlich. Beide verletzten sich und wurden sofort in das Krankenhaus nach Bergen transportiert. Unteroffizier Weißbach hatte sich eine Beckenfraktur und eine Fraktur an einem Fuß zugezogen. Beim Stabsgefreiten Herold, der mit beiden Beinen aufgeschlagen war, wurden komplizierte Frakturen an beiden Beinen diagnostiziert.

Nach diesem Vorfall war es mit den großen Steueröffnungen für diesen Fallschirm RS-4/1 vorbei. Man entschied sich, die Steuerschlitze so klein wie möglich zu halten, um ein Durchfallen bei Kollisionen möglichst auszuschließen. Das Werk in Seifhennersdorf sollte so schnell wie möglich eine verbesserte Fallschirmkappe entwickeln.

Schon einen Monat später war es soweit. »In der Zeit vom 7. bis 14. Juni«, so berichtet der Oberstleutnant weiter, »führten wir mit einer Reihe von Funktionsmustern Fallschirmsprünge durch, die teilweise nur noch eine Fallschirmkappengröße von 73 Quadratmetern hatten. Das Material war Dederon mit unterschiedlicher Luftdurchlässigkeit. Eine für die Verwendung durch uns Militärs besonders gute Eigenschaft war, dass dieses Gewebe nicht so stockanfällig wie Baumwollbatist ist. Deshalb konnte die Lagerungszeit im gepackten Zustand von bisher nur 14 Tagen auf 30 Tage verdoppelt und nach Langzeitpackversuchen sogar auf drei Monate erhöht werden.«

Der Zwischenfall gab der Fallschirmproduktion in der DDR gleichsam einen Innovationsschub. In den Jahren 1965/66 wurde auf dem Gebiet der Veredelung von Dederongewebe sehr viel getan. Das Werk in Seifhennersdorf stellte einen diplomierten Physiker ein. Helmut Hentschel sollte einen Gleitfallschirm entwickeln. Dazu war es notwendig, das Dederongewebe so zu veredeln, dass es gleichermaßen brandfest wie luftdurchlässig wurde.

In den Arsenalen der Armeen des Warschauer Pakts gab es zu dieser Zeit schon den sowjetischen Fallschirm D-3 aus Kaprongewebe. »Bei der ersten Erprobung erhielten wir über den Ing.-Technischen Außenhandel (ITA) ein Muster des D-3 zur Überprüfung und weiteren Verwendung zur Verfügung gestellt«, berichtet Leutert. »Am 14. Juni 1967 machte ich damit meinen ersten Sprung. Da ich aber bereits fünf Sprünge mit den Mustern des RS-4/3 durchgeführt hatte und bei den letzten drei Sprüngen mich sogar freiwillig mit dem Fallschirmjägertornister belastet hatte, stand fest: Der RS-4/3 wird unser Fallschirm. Das war die Meinung aller, die schon damit gesprungen waren und auch derjenigen, die unsere Sprünge beobachtet hatten.«

Von da an gönnten sich die Testspringer kaum noch eine Pause. Sie erhielten eine Reihe weiterer Fallschirme und sprangen bis Ende Juli alle möglichen Einsatzvarianten bei Tag und Nacht und besonders mit Ausrüstung. Danach wurde der Abschlussbericht gefertigt und mit der Serienproduktion begonnen. Als erstes Bündnispartnerland interessierte sich Ungarn für den RS-4/3 und rüstete seine Aufklärungsbataillone mit dem Rettungsfallschirm BE-3D aus. »Ich hatte 1968 das Glück und konnte in Ungarn in einer Woche diese Einführung ausbildungsmäßig unterstützen«, schwärmt Leutert. »Übrigens springt die ungarische Armee heute noch die Fallschirmkappe des RS-4/3.«

Mit dem sowjetischen D-3 trat nun der RS-4/3 aus Seifhennersdorf in Konkurrenz. Das hatte merkwürdige Folgen. Plötzlich stellte die Sowjetunion die Lieferung der unverzichtbaren Doppelkegelschlösser ein. Die Begründung: Die Schlösser seien nur für den Eigenbedarf der NVA bestimmt gewesen, nicht aber nicht für den weiteren Export. Ungarn solle sowjetische Fallschirme kaufen.

Fortan bezog die DDR über ITA Doppelkegelschlösser aus der CSSR. Doch das hatte eine tragische Folge. Im Jahre 1969 stürzte ein Fallschirmspringer ab, weil es ihm nicht gelang, das Schloss zu öffnen. Ursache des tödlichen Unfalls war Leutert zufolge der zu geringe Härtegrad des Doppelkegelschlosses: »Durch derartigen Pfusch verloren wir einen jungen Menschen, dem wir sein Leben nicht wiedergeben konnten.«

Danach wurden Doppelkegelschlösser aus Polen eingeführt, die keinerlei Unterschiede zum sowjetischen Original aufwiesen. Ob diese aus polnischer oder sowjetischer Produktion stammten, erfuhren die NVA-Leute nie. »Ich weiß nur«, so Leutert, »dass man bei ITA über die Höhe des Preises für die Schlösser gewaltig gestöhnt hat. Wenn wir aber die Fallschirme weiter in der Ausrüstung haben und auch nach Ungarn exportieren wollten, mussten wir wirtschaftlich unabhängig werden.«

Tatsächlich hat man dann in der DDR-Industrie nach Kapazitätslücken gesucht und viel Geld investiert, um eine eigene Produktion dieser Doppelkegelschlösser in Gang zu setzen. Dieser Aufwand wurde für eine jährliche Auflage von nicht mehr als 300 Stück betrieben. Tröstlich daran war nur, dass die DDR mit der Fallschirmproduktion im Export recht hohe Gewinne erzielen konnte. Der Rentabilitätsfaktor für Fallschirme lag zwischen 2,6 und drei, bei Bettwäsche – zum Vergleich – blieb er unter eins. »Man erklärte mir«, so erinnert sich der spätere Arbeitsgruppenleiter im Verteidigungsministerium, »dass man mit dem Export eines Fallschirmes mehr Gewinn für die Volkswirtschaft erzielen kann, als beim Export von 10.000 Esda-Damenstrümpfen.«

Angehörige des KSK-18 mit Fallschirm vorm Absprung über der See

Gleitfallschirme des Typs RL-10/2ST wurden ab 1985 den DDR-Spezialeinheiten (z. B. dem KSK-18) zugeführt und bewährten sich unter den oft sehr schwierigen Einsatzbedingungen hervorragend. Neben diversen Rettungsfallschirmen wurden in Seifhennersdorf Bremsschirme für die Luftstreitkräfte entwickelt und hergestellt (BB-1, KB-2 bis KB-5). Damit konnten teure Importe aus der UdSSR für die Maschinen MiG-21, MiG-23, SU-22 und MiG-29 ersetzt werden, wobei sich allerdings die Hersteller wenig kooperativ zeigten. Die Schirme wurden so beinahe zu kompletten Neuentwicklungen, weil keine Angaben der sowjetischen Hersteller über die verwendeten Materialien und keine Konstruktionsunterlagen zu bekommen waren. Der Bremsschirm KB-5, der in der MiG-29 eingesetzt wurde, ermöglichte schließlich 50 Einsätze bei maximal 310km/h und erlaubte die Ablösung überteuerter Importe zu Monopolpreisen.

Die Einstufung der Seifhennersdorfer Fallschirmhersteller als Betrieb der Speziellen Produktion und der Export von Fallschirmen in das Nichtsozialistische Wirtschaftsgebiet ermöglichten schließlich eine bessere Versorgung der NVA mit Importmaterial wie Geweben und Fangleinen, die im RGW-Raum nicht zu bekommen waren. Die Unternehmenschronik berichtet, dass entgegen allen offiziellen Freundschaftsbekundungen keinerlei Kontakte zu Fallschirmherstellern der Sowjetunion existierten. Auch Informationen über die internationale Marktentwicklung im Segment militärisch nutzbarer Fallschirme waren kaum zu bekommen. Die Marktanalyse erfolgte auf der Grundlage dessen, was im Rahmen von Weltmeisterschaften der Fallschirmspringer an Informationen zu erhalten war.

Bis 1990 blieb das Oberlausitzer Unternehmen als führender Hersteller militärischer und ziviler Fallschirme im RGW-Raum etabliert und bestimmte mit seinen Erzeugnissen den internationalen Entwicklungsstand auch außerhalb des Bündnisgebietes mit. Nach 1990 wurde das Traditionsunternehmen privatisiert und umbenannt (SPEKON). Heute stellt es neben technischen Textilien wieder Fallschirme her – auch für den militärischen Gebrauch.

Die Fallschirme der Typen RS-4 und RS-9 werden von Mitgliedern des Fallschirmjäger-Traditionsverbandes Ost e.V. nach wie vor gesprungen.

Harald Wallroth, Entwicklungsingenieur: »Unsere Fallschirme waren international konkurrenzfähig«

Ich war seit 1976 in Seifhennersdorf beschäftigt. Gleich nach dem Studium fing ich als Entwicklungsingenieur in der Abteilung Forschung und Entwicklung an – eine sehr interessante, ingenieurtechnisch anspruchsvolle Arbeit.

Für die Fallschirme hatten wir in der DDR drei Kunden: die NVA, die GST und das MfS. Mehr nicht. Man konnte sich als Privatperson keinen Fallschirm

Kampfschwimmer der NVA bei der Landung mit RS-9/2A

kaufen und eigenmächtig springen. Das musste zumindest über die GST organisiert sein.

Mit diesen drei Kunden gab es eine effektive Zusammenarbeit. In der ständigen Arbeitsgruppe Fallschirmtechnik waren alle drei Bedarfsträger vertreten, dazu die staatliche Luftfahrtinspektion und das Textilkombinat Cottbus, dem wir unterstanden. Alles Leute mit Entscheidungsbefugnis. Und wenn es dann einen Erprobungstermin bei der NVA oder auch bei der GST oder beim MfS gab, dann haben sie das gecheckt und gesagt: Okay, auf dem Flugplatz Halle, GST, oder auf dem Flugplatz Eilenburg, MfS, oder am NVA-Flugplatz Kamenz ist das möglich. Wir erschienen dort mit Erprobungsmustern und mit Erprobungsspringern, und dann wurde das durchgeführt.

Wir hatten relativ wenig Möglichkeiten, uns international zu vergleichen, das konnten wir erst nach 1990. Aber wir kannten schon zu DDR-Zeiten die Parameter von den Truppenfallschirmen der Bundeswehr. Über welche Wege diese Kenntnisse zu uns gelangten, weiß ich nicht. Die Parameter des T 10 konnten uns nicht beeindrucken. Wir wussten ja, dass wir da schon ein Stück weiter waren mit unseren eigenen Produkten.

Unser größtes Problem war die Materialbeschaffung.

Für mich war relativ unwichtig, dass wir für den militärischen Bedarf produzierten, aber stolz war ich schon, wenn ich sehen konnte: Hier hast du ein Erzeugnis mitentwickelt, das eingeführt wird bei der NVA und den überteuer-

MiG-29 mit Bremsschirm aus Seifhennersdorf

ten Import aus der Sowjetunion überflüssig macht. Zum Beispiel den Bremsschirm für die MiG-29. Wir wussten nichts von der Herstellerfirma, nicht einmal, wo sie angesiedelt ist. Es gab keine Zusammenarbeit, stattdessen Versuche der sowjetischen Seite, unser Substitutions-Projekt zu torpedieren. Da hieß es: »Wenn ihr jetzt den anderen Bremsschirm einsetzen wollt und nicht mehr den, den ihr von uns gekauft habt, dann könnte das dazu führen, dass die Garantieleistungen von uns nicht mehr erbracht werden oder dass wir den Garantievertrag kündigen.«

Wir haben trotzdem unser eigenes Produkt entwickelt und etliche hundert Bremsschirme jedes Jahr ausgeliefert. Davon profitierte nach 1990 auch die Bundeswehr, als sie die MiG-29 übernahmen. Ein Bremsschirm für diese Maschine kostete umgerechnet 2.000 Euro.

Zu DDR-Zeiten blieben die Exporte von Fallschirmen aus Seifhennersdorf ein großes Geheimnis. Es gab nur zwei oder drei Leute in der Firma, die wirklich wussten, wo denn dieses oder jenes Los von 100 Fallschirmen letztendlich hingeht. Relativ unkritisch war es mit den Lieferungen an Ostblock-Armeen, damals in großen Stückzahlen. Aber es gab auch Aufträge von 20 oder 30 Stück. Darauf stand nur NSW, Nichtsozialistisches Wirtschaftsgebiet. Anfang der 80er Jahre, während des Iran-Irak-Krieges, wurden wohl beide Länder beliefert. Das hat die Firma selber nicht so mitgekriegt. Es lief alles über die offizielle Außenhandelsfirma ITA und eventuell über Schalck-Golodkowski.

Unsere Produkte waren international konkurrenzfähig. Die aerodynamischen Parameter des Truppenfallschirms RS-9 nutzen wir jetzt noch für Nachfolgemodelle. Spitzenprodukte waren auch die Sportfallschirme der Baureihe RL. Damit wurden zahlreiche Weltmeistertitel ersprungen. Der Bedarf an Fallschirmen ging jedoch 1989/90 schlagartig zurück. Das sozialistische Ausland hatte kein Geld mehr, auf D-Mark-Basis etwas bei uns einzukaufen. Und an der Technik, die wir damals anboten, war in der Bundesrepublik zunächst keiner interessiert.

Bei der Bundeswehr sind wir anfangs nicht mit offenen Armen empfangen worden. Die Ausrichtung der Fallschirmtruppen in der NVA und in der Bundeswehr war völlig unterschiedlich. Bei uns sprangen nur Leute, die mindestens drei Jahre dienten und entsprechend qualifiziert werden konnten. In der Bundeswehr war das Konzept ganz anders. Dort brachte man Wehrpflichtigen, die nur zehn Monate zur Verfügung standen, das Springen innerhalb von sechs Wochen bei. Das erforderte einen Fallschirm, der sehr einfach zu handhaben ist. Wir bekamen Anfang der 90er Jahre allerdings erheblichen Gegenwind. In einem Bericht der Bundeswehr über die NVA-Fallschirmtechnik wurden unsere Schirme gnadenlos schlecht gemacht. 1991 erhielten wir dennoch einen ersten

Auftrag: Komponenten für den Bremsschirm der Phantom. Wir haben dann Schritt für Schritt unser Sortiment erweitern können.

Mittlerweile hat es in der Bundeswehr eine Spezialisierung gegeben. Die regulären Fallschirmtruppen springen nach wie vor mit einem nichtsteuerbaren oder einem steuerbaren Rundkappen-Fallschirm. Aber es gibt auch die Spezialeinheiten des Kommandos Spezialkräfte (KSK). Das sind Freifall-Springer, die in der Regel Flächen-Fallschirme benutzen. Die sind natürlich entsprechend ausgebildet. Anfang der 90er Jahre wurde nur geschaut, was in den USA dafür verfügbar ist. Mittlerweile hat man erkannt, dass es in Deutschland auch leistungsfähige Firmen gibt und greift mehr und hat mehr auf deutsche Firmen und deutsche Produkte zurück. Wir sind dabei. Unser eigentlich als Sportfallschirm entwickelter RL-16/3 wird jetzt auch als militärischer Präzisionsfallschirm genutzt.

Ein großes Thema ist für uns in naher Zukunft das Projekt Ablösung des jetzigen Truppen-Fallschirms der Bundeswehr und Ersatz durch ein Nachfolgemodell. Ich denke, wir sind auch da nicht chancenlos. Es gibt in diesem Markt eine Premium League. Das sind ein paar Firmen aus den USA, England und Frankreich. Dort spielen wir nicht mit.

Wir stehen eine Liga darunter mit unserer Betriebsgröße. Davon gibt es sechs, acht, maximal zehn Firmen in der ganzen Welt. Der Markt ist relativ überschaubar. Dort sind wir gut aufgestellt mit unserem Hauptprodukt Fallschirm in seinen verschiedenen Ausführungen.

Horst Wegner, Antiterrorspezialist:
»Wir waren die GSG 9 der DDR«

Ich komme aus einer Bergarbeiterfamilie. Bei uns wurde immer Klartext gesprochen. Mein Vater hatte im Krieg ordentlich gelitten und war gegen jeden Militärdienst. Deshalb musste ich mit der Mutter konspirieren, als ich zur GST wollte. Vorher war ich beim Judo, dann beim Boxen. Aber irgendeiner sagte dann: Weißt du was, ich habe was ganz Geiles, wir gehen zum Fallschirmspringen. Ich fragte: Was willst du machen? Fallschirmspringen? Aus einem Flieger raus? Da kriegst du mich nie raus. Du hast wohl einen an der Tonne?

Doch dann habe ich es mir überlegt. Ich verpflichtete mich zu drei Jahren Dienstzeit bei der Armee und kam ins Fallschirmjägerbataillon (FJB) auf der Insel Rügen. Dort blieb ich von 1970 bis 1973.

Im FJB haben sie uns ordentlich rundgemacht. Das war der erste Meilenstein in meiner militärischen Entwicklung. Die mich damals ausgebildet haben, gibt es noch. Zu denen habe ich immer noch einen hervorragenden Kontakt.

Als die Dienstzeit in Prora herum war, kam das Ministerium für Staatssicherheit. Dort gab es Spezialkräfte, Kommandoeinheiten, für die man sich nicht bewerben konnte. Die suchten sich ihre Leute selbst aus und sagten zu mir: Du kommst aus einer guten Truppe und bringst ein paar Grundkenntnisse mit.

Da war ich erst einmal beleidigt. Als junger Mann, Fallschirmjäger, rotes Barett – da hätte man die Welt eingerissen, niemand konnte dir was. Und die sagten nur: Hast ja schon ein paar gute Grundkenntnisse. Ich dachte, ich habe mich verhört. Also habe ich gefragt, wie sie das meinen.

Ja, das wirst du schon merken, meinten sie. Dir fehlt noch einiges, da müssen wir noch an bestimmten Dingen arbeiten.

Ich sagte: Wie? Was? Bevor ich hier irgendwas unterschreibe …

Sagte der: Erst mal wollen wir hier ein bisschen Papierkram machen und dann sehen wir weiter, es wird aber interessant.

Okay, das Abenteuer hat gelockt, in dem Alter ganz logisch. So bin ich in dieser Spezialtruppe gelandet. Die nannte sich AGMS – Arbeitsgruppe des Ministers für Staatssicherheit. Wir waren diejenigen, die man einsetzte, wenn das Leben von DDR-Bürgern im Ausland in Gefahr war. Wir waren die GSG 9 der DDR, die immer dann geholt wurde, wenn terroristische Angriffe abgewehrt werden mussten. Wir waren die Feuerwehr für alle Probleme, die es für die DDR auf dieser Welt zu geben schien. Insofern haben wir das gemacht, was auch heute noch Spezialeinheiten tun.

Uns gab es schon, als im Westen noch nicht mal über ein Kommando Spezialkräfte nachgedacht wurde. Wir haben unsere Leute geschützt, Menschenleben gerettet und nichts getan, dessen wir uns schämen müssten. Über Details unserer Einsätze kann und werde ich mich nicht äußern.

Meinen Dienst habe ich mit voller Überzeugung geleistet. Bei uns ging es nicht um irgendwelche Überwachungsmaßnahmen gegen die eigenen Bürger, sondern um die Abwehr von Angriffen. Es ist die legitime Pflicht jedes Staates, im Ausland seine Einrichtungen und Bürger zu schützen.

Unsere Abteilung wurde mehrfach umgruppiert. Ich habe tatsächlich eine Menge dazugelernt. Das begann schon bei der Weiterentwicklung der Fallschirmtechnik. Dazu die Spezialausbildungen in Sprengen, Schießen, Nahkampf. Also alles, um irgendwo in der Welt zu überleben und sich den Aufgaben zu stellen, die einem übertragen worden sind, um das Leben von Menschen zu retten. Und das mit Bravour, ansonsten gab es keinen Einsatz.

Nahkampfausbildung allein, mit einem Partner oder in der Gruppe. »Wir haben das gemacht, was auch heute noch Spezialeinheiten tun. Uns aber gab es schon, als im Westen noch nicht mal über ein Kommando Spezialkräfte zur Terrorabwehr nachgedacht wurde. Wir haben unsere Leute geschützt, Menschenleben gerettet und nichts getan, dessen wir uns schämen müssten. Über Details unserer Einsätze kann und werde ich mich nicht äußern. Meinen Dienst habe ich mit voller Überzeugung geleistet. Es ging um die Abwehr von Angriffen. Es ist die legitime Pflicht jedes Staates, im Ausland seine Einrichtungen und Bürger zu schützen.«

Wer dort durchgefallen ist – und es sind viele durchgefallen –, der wurde vorsichtig wieder ausgegliedert. So arbeiten viele Geheimdienste. Das gehört zu den Regeln dieses Metiers.

Die AGMS hatte die Stärke eines leichten Bataillons, das nach Spezialisierungsrichtungen, nach Referaten gegliedert war. Da war jeder für sein Teil verantwortlich. Man machte seine eigene Arbeit, und etwas anderes hatte nicht zu interessieren. Das war der Schutz, deswegen sind wir auch so weit gekommen. Deswegen hat uns der BND nach 1990 als einzigartige Truppe eingeschätzt.

Bis 1989 war ich für diese Truppe im Einsatz. Das hat mich persönlich meine Familie gekostet. Die Kinder sind groß geworden, aber ich war eben nie da. Trotzdem sage ich heute: Ich würde das wieder machen, weil es ein ganz kleines Stückchen dazu beigetragen hat, dass der Frieden erhalten werden konnte.

Mittlerweile sind unsere Leute, die Fallschirmjäger und wir von der AGMS, bei den Spezialeinheiten anderer Länder anerkannt. Viele von uns springen auch mit anderen Eliteeinheiten zusammen. Es hat sich dort eine respektvolle Beziehung entwickelt. Spezialeinheiten werden in Krisenherde geschickt, denn sie verfügen über einmalige Fähigkeiten, spezifische Probleme mit spezifischen Mitteln zu lösen. Das galt für uns und das gilt für das KSK der Bundeswehr oder den SAS der Briten ebenso, wie für die Fallschirmjäger der Fremdenlegion. Das sind Soldaten, die mit hoher Professionalität das lösen, woran Politik und Diplomatie scheitern.

Gut ist, dass die Spezialeinheiten der verschiedenen Bündnisse nie gegeneinander antreten mussten. Darauf bin ich stolz. Ich kann heute überall erscheinen und sagen: Das ist mein Teil gewesen, egal was Sie von mir denken und glauben. Und der Dreck, der in den Zeitungen gegen uns geschleudert wird, das ist Stimmungsmache.

Wir hatten eine Hauptabteilung Personenschutz (PS). Dort habe ich Spezial-Fahrkurse gemacht. Die ganze Technik, die man braucht, um sich zu spezialisieren, also Schießen aus dem Auto – was da eben so anliegt. Die Ausbildung war schon hart, muss ich sagen. Da hat mir manchmal der Arsch voll Tränen gestanden, weshalb ich mir gesagt habe, es wird langsam knapp.

Nebenbei gesagt: Vor einiger Zeit war ich in München zu einer Wahlveranstaltung. Drei Meter weg, am Nachbartisch, saß Frank-Walter Steinmeier. VIP-Bereich: hier zwei Mann Personenschutz, dort zwei Mann. Absolut schwach. Ich habe die Bilder auf dem Handy. Da hätte unser Chef gesagt: Was ist denn da los? Das geht doch gar nicht. Der wäre verrückt geworden.

Aber nun ein paar Worte zu den Fallschirmen aus Seifhennersdorf. Es gibt bis heute keinen besseren auf der Welt als den RS-9/2B. Wir von der Fallschirmjägerkameradschaft sahen das vor ein paar Jahren beim Sprungtag in Udersleben. Dort sprangen Bundeswehroffiziere mit unseren Schirmen, weil sie alle das NVA-Sprungabzeichen haben wollten. Und das bekamen sie von uns nur, wenn sie mit unserer Technik sprangen. Die sind gelandet, waren fix und fertig und sagten: Das ist ja ein Schirm, das geht bei uns gar nicht, das ist ja eine Granate! Die Bundeswehrschirme, die T 10-Serien zum Beispiel, sind Windschirme für Massenabsprünge. Das treibt dich grob in eine Richtung, und es muss genügend Platz sein, dass nicht alle Springer in den Wald reinrammeln, sondern da landen, wo sie sollen.

Damals, in der Armeezeit, galt für uns erst einmal: sauber packen, alles so machen, wie vorgeschrieben. Der Deutsche muss Ordnung und Linie drin haben, dann funktioniert die Technik. Und die funktionierte. Dann wurde gesagt: Dort springst du raus, dort ziehst du rechts, dann dreht er dorthin, da ziehst du links, dann dreht er dorthin und du landest dort. Die Landedichte für die Truppe war eigentlich das Wichtige. Die Truppe muss möglichst geschlossen im Operationsgebiet ankommen, damit die Gefechtsaufgabe erfüllt werden kann. Nicht, dass einer hinten am Wald aufsetzt und eine Viertelstunde braucht, bis er mir Deckung geben kann. Das geht nur, wenn die sich alle in der Luft richtig verhalten. Jeder musste da erst einmal seine eigenen Erfahrungen sammeln. Doch der Schirm war super, keine Frage.

Unser Schirm war auch für den Massenabsprung geeignet, er ist steuerbar. Es gab also weniger Probleme in der Luft, wenn sich alle an die Regeln hielten. Einmal standen für uns Leistungsvorführungen auf dem Plan, bei Eilenburg, auf einer Lichtung, vielleicht 120 Meter lang und 40 Meter breit. Also ein ganz kleines Fleckchen. Witterungsmäßig war der Tag durchwachsen. Wir sind mit dem Schirm genau dort rein. Unten wartete die Obrigkeit und beobachtete. Damals ging es darum, unserem Minister klarzumachen, dass wir weiterhin solche Technik brauchen. Daher hat man natürlich solche Leute, die schon Sprungerfahrung hatten, ran geholt. Ich hatte damals über 300 Sprünge aufzuweisen. Heute bin ich bei 575. Das ist schon ganz gut.

Zu dieser Zeit sind wir aus 800 bis 1.000 Meter Höhe gesprungen. Und dann kam ja die Variante mit dem stabilisierten Absprung. Da konnte man auf Höhe gehen, konnte sich im stabilisierten Fall durchfallen lassen, dann hat der Schirm geöffnet, ohne dass man ein Problem hatte mit dem Tornister auf dem Hintern, der Waffe vor der Brust, Schutzmaske und eventuell der Tasche mit Munition.

Später wurde das Luftsturmregiment gebildet. Tatsache ist, dass gar nicht genügend Transportmaschinen zur Verfügung standen und es auch an Personal mangelte. Wofür diese Truppe im Kriegsfall wirklich vorgesehen gewesen wäre, wusste niemand – die Unkenntnis reichte vom Kommandeur bis zum letzten

Spezialkräfte der NVA mit Fallschirm besteigen eine Mi-8TB

Soldaten. Die ganze Sache erscheint im Rückblick als eine Nummer zu groß für die NVA. Das Luftsturmregiment war in Wirklichkeit wohl nur ein Potemkinsches Dorf zur Täuschung des Gegners. Die Jungs vom Luftsturmregiment wären im Kriegsfall in ein ganz anderes Gefecht gegangen. Dieses Regiment wäre der Kern einer knallharten Sabotagetruppe geworden, die im Westen Führungszentren angegriffen hätte. Die Aufklärungsergebnisse lagen vor. Das wäre ganz schnell abgelaufen. Wir wussten alles über die NATO. Die hätten richtige Probleme gehabt. Nicht nur der Westen hat über sogenannte Enthauptungsschläge nachgedacht. So etwas hängt man natürlich nicht an die große Glocke. Dass die Legende Luftsturmregiment immer noch von Militärhistorikern ernst genommen wird, ist schon kurios.

Nicht alles, was in der DDR an offiziellen militärischen Strukturen existierte, wäre auch so eingesetzt worden. Wir wollten die NATO nicht angreifen. Das ist Quatsch. Wir wollten in Frieden leben. Aber wir waren ja nicht angetreten, um einen möglichen Krieg zu verlieren. Um im richtigen Moment erfolgreich sein zu können, wurden eben Vorkehrungen getroffen. Das hat die Gegenseite genauso gemacht.

Neben den Rundkappenschirmen haben wir später auch Gleitschirme verwendet. Das waren eigentlich Sportschirme. Die wurden für unsere Einsatzbedingungen modifiziert. Man musste dunklen Stoff verwenden und eine spezielle Kappe entwickeln. Die mögliche Sprunghöhe bei diesen Schirmen war sehr niedrig, was für Kommandoeinsätze ein Vorteil sein kann. Die Maschine fliegt in 200 Metern an, dann heißt es raus, zweimal schütteln, stehen und weg. Keiner hat's gesehen.

Der RS 10-2 SC, den wir gesprungen sind, erlaubte uns eine Absprunghöhe unter 500 Metern. Andererseits eignen sich diese Gleitschirme auch für einen gezielten Anflug aus sehr großen Höhen über lange Distanzen. Bis 30 Kilometer kann man damit gleiten. Während des Absprungs kann die Maschine sogar die Motoren abschalten und selbst kurz in den Gleitflug gehen. Das ist eine Sache, die taktische Vorteile bringt. In den 80er Jahren halfen uns diese Gleitschirme einmal bei einem Einsatz im eigenen Land. In Frankfurt/Oder hatten Kriminelle ein Hochhaus besetzt und Geiseln genommen. Sie drohten, das Haus mit Benzin abzufackeln. Unsere Leute landeten mit den Gleitschirmen unbemerkt auf dem Hochhaus. Zum gleichen Zeitpunkt griff die Antiterroreinheit der AGMS von unten an. Da gaben die Erpresser entnervt auf.

Im Zusammenhang mit der Entwicklung der Anforderungen an unsere eigenen Schirme informierten wir uns natürlich auch, welches Material die anderen Armeen und Spezialeinheiten benutzten. Es gab für alles einen Informationsbereich, egal wo das herkam, egal von wem. Wir bekamen immer das beste Material. Zum Beispiel Scharfschützengewehre und Langdistanzwaffen von der Firma Steyr. Über 3.000 Meter habe ich auf Scheiben in Bierdeckelgröße geschossen. Zehn Schuss, ganz saubere Sache. Aber die Schulter brummt mir heute noch.

Später habe ich mir mal die Spezialausrüstung der GSG-9 angesehen, alles Material von einem Kämpfer auf einer Matte ausgebreitet. Die schleppen sich tot. Ich dachte: Die gehen irgendwo in den Angriff und brechen unter der Last zusammen. Das war bei uns spezialisiert. Wenn es um ein Objekt ging, das vielleicht gestürmt werden musste, waren die entsprechenden ein, zwei Leute da. Die Präzisionsschützen oder die Leute, die sich im Nahkampf auskannten, oder die Zuständigen für die Kommunikation. Ein kleiner Tornister reichte, da waren Klamotten, Überlebenspakete und Munition drin. Und keiner fragte: Wieso habe ich denn kein Corned Beef dabei, da rufe ich erst mal die Kantine an. Im Einsatz muss man Entbehrungen ertragen können. Da kommt keiner und serviert ein Menü, bevor es losgeht.

Im Fallschirmjägerbataillon benutzten wir zunächst, Anfang der 70er Jahre, die Maschinenpistole KMS aus Wiesa mit der nach unten ausklappbaren Schulterstütze. 1973 kam die Version mit seitlich ausklappbarer Schulterstütze hinzu. Bei manchen war sie beliebt. Ich habe lieber die genommen, bei der man die

Stütze unter die Waffe klappen kann. Die hat erst mal besser drin gelegen. Der schwere Hebel an der Seite, das Blech, das war dermaßen gut geprägt und stabil, das funktionierte immer.

Aber Modernisierung musste eben sein. Das hat dann allerdings Schwierigkeiten beim Absprung bereitet. Die seitlich ausklappbare Schulterstütze blieb an den Haken und Ösen der Ausrüstung hängen. Also musste ein Waffensack erfunden werden. Mir gefiel das nicht. Ich dachte: Wenn ich angegriffen werde, muss ich mich sofort verteidigen können. Da kann ich dem Gegner nicht sagen: Warte mal, ich muss erst den Sack aufmachen. Aber für Massenabsprünge war das natürlich eine wichtige Sache.

Die Sturmgewehr-Produktion war ein topgeheimes Objekt. Als ich später im Ministerium arbeitete, hatte ich in Wiesa mal zu tun. Ich wollte zu meinem Ansprechpartner in der Firma. Auf meine Anfrage im Ministerium kam sofort retour: Was willst du von dem? Dann meldete sich die Kreisdienststelle des MfS, die das Werk sichert, und ich bin mit deren Leiter anmarschiert, kam aber nur bis ins Besucherzimmer. Trotz der schönen Stempel in meinem Dienstausweis als Offizier des MfS. Der VEB Gerätebau Wiesa war auch für mich eine verbotene Zone.

Wenn ich heute auf meinen Dienst in dieser Spezialeinheit zurückblicke, empfinde ich persönliche Genugtuung, weil es nicht umsonst war. In all den Jahren war Frieden. Ich habe es für meine Kinder gemacht. Das hat für mich gezählt. Die Kinder konnten in Ruhe in der DDR in die Schule gehen. Sie hatten ein vernünftiges Schulsystem, nicht dieses kleinkarierte Kindergarten-System, was wir jetzt hier haben. Mir persönlich hat es gut getan, dass ich auf der richtigen Seite gekämpft habe. Da brauche ich mir nur anzusehen, wie dieses Land leichtfertig wieder in Kriege verstrickt wird. Wir sind von der Bildfläche verschwunden, und nun können sie wieder Krieg spielen und junge Leute verheizen, die für einen Krieg weder richtig ausgerüstet noch ausgebildet sind.

VEB Reparaturwerk Neubrandenburg
Facelifting für Kampfpanzer

Aufgrund der Erfahrungen aus dem Zweiten Weltkrieges mit den ausgedehnten Panzerschlachten, etwa bei Stalingrad und im Kursker Bogen, galt sowjetischen Militärs die Panzerwaffe als Symbol für Schlagkraft und Dynamik. Die technisch ausgereiften, rubusten und in großen Stückzahlen produzierten sowjetischen Kampfpanzer wurden durch den konsequenten Einsatz als Offensivwaffe zum kriegsentscheidenden Faktor.

Wegen der Verbindung von Feuerkraft, Beweglichkeit und Schutz der Besatzungen bildeten auch in der Nachkriegszeit die Panzertruppen die Hauptschlagkraft der Landstreitkräfte. Sowjetische Strategen gingen mit Blick auf einen möglichen Krieg in Mitteleuropa davon aus, »dass im allgemeinen Gefecht denjenigen Kampfmitteln eine wichtige Rolle zukommen wird, mit deren Hilfe die Ergebnisse des Kernwaffeneinsatzes und des Feuers der herkömmlichen Vernichtungsmittel am schnellsten ausgenutzt werden und die gleichzeitig in hohem Grad den Einwirkungen der Kernwaffen des Gegners widerstehen können. Diesen Forderungen entsprechen am besten die modernen Panzer ...«

Die Panzerverbände sollten im Zusammenwirken mit anderen Waffengattungen durch schnelle, massive Schläge den Kriegsgegner auf seinem eigenen Territorium vernichten.

Es muss nicht verwundern, wenn diese Prämissen sowjetischer Militärs auch beim Aufbau der NVA dominierten. Die NVA als moderne Koalitionsarmee sollte in der ersten Staffel des Warschauer Vertrages – eingebunden in sowjetische Verbände – kämpfen. Sie musste daher hinsichtlich Struktur und Ausrüstung mit den in der DDR stationierten sowjetischen Truppen kompatibel sein. Das schloss den Aufbau eigener Panzertruppen ein. Bereits beim Vorläufer der NVA, der Kasernierten Volkspolizei (KVP), wurde am Aufbau einer Panzertruppe gearbeitet, was die Notwendigkeit mit sich brachte, Instandsetzungskapazitäten für die Panzertechnik aufzubauen. So wurde ab September 1952 vom Büro für Wirtschaftsfragen im damaligen Ministerium des Innern der DDR mit den Vorbereitungen für den Aufbau des Reparaturwerkes Neubrandenburg (RWN) begonnen. In dem Werk sollten alle mittleren und Generalreparaturen an Kettenfahrzeugen und die Aggregate- und Baugruppenreparaturen für den Werks- und Truppenbedarf durchgeführt und eine Ausbildungsbasis für die nun in großer Zahl benötigten Fachkräfte geschaffen werden.

Viele Gründe sprachen für die Standortwahl Neubrandenburg, darunter die Nähe wichtiger Garnisonen (u. a. Stäbe der KVP-Territorialverwaltung 12, später Militärbezirk V der NVA), die Möglichkeit der Erweiterung des Werksgeländes dank der Stadtrandlage und die bereits vorhandenen und ausbaufähigen Werkstätten und Gleisanlagen. Zugleich wollte man die Industriestruktur in der Region stärken.

Hinzu kam, dass nach Gründung der NVA in der Gegend um Pasewalk, Torgelow und Eggesin auf engstem Raum eine komplette Panzerdivision stationiert wurde. Unter diesem Gesichtspunkt war der Standort Neubrandenburg besonders vorteilhaft, weil damit der Transportaufwand für zu reparierende Kampftechnik verringert werden konnte.

Allerdings gab es auch deutliche Standortnachteile. Die traditionellen Zentren des DDR-Maschinenbaus mit ihren erfahrenen Arbeitskräften lagen nicht in Mecklenburg, sondern in Sachsen und Thüringen. Aus volkswirtschaftlicher Sicht wäre eine Ansiedlung des Werkes im Süden des Landes offenkundig sinnvoller gewesen. Die Entscheidung für Neubrandenburg ist vor allem unter dem Blickwinkel der damaligen Militärpolitik zu verstehen. Der verdeckte Aufbau des DDR-Militärpotentials erfolgte vorzugsweise im Nordosten und im Südosten des Landes – in Regionen also, die soweit wie möglich von der westlichen (damals noch recht durchlässigen) Staatsgrenze entfernt waren und zudem nicht in der Nähe alliierter Überflugkorridore nach Westberlin lagen. So sollten offenbar die zu erwartenden westlichen Ausspähversuche erschwert werden.

Die Neubrandenburger Bürger reagierten zunächst verunsichert, als ab 1953 auf dem Gelände der ehemaligen Torpedo-Versuchsanstalt der Kriegsmarine unter großer Geheimhaltung mit der Reparatur von Kampftechnik begonnen wurde.

Gregor Schönke, der in den 50er Jahren eine Zeitlang im Reparaturwerk Neubrandenburg arbeitete, schreibt in seinen Lebenserinnerungen:

»Als dann die ersten Militärfahrzeuge per Bahn zur Generalreparatur in unserem Werk eintrafen, war das ein großes Ereignis. Der ganze neu gegründete Werkschutz war in heller Aufregung und rannte wie ein aufgescheuchter Hühnerhaufen umher. Scheinbar glaubten die Sicherheitsverantwortlichen, diese von der sowjetischen Armee ausgemusterten Klapperkisten so vor dem bösen Klassenfeind schützen zu müssen. Die ganze Geheimnistuerei wirkte ziemlich lächerlich. Aber es war das Gehabe von verunsicherten Leuten, die anfangs noch nicht so recht wussten, welche Aufgaben sie zu erfüllen hatten und was in diesem speziellen Fall zu tun sei. Wir alle mussten uns ja erst mit der neuen Lage vertraut machen. Denn nach dem schrecklichen Krieg, den Deutschland vom Zaun gebrochen hatte, wurde uns von den Siegermächten sinngemäß ständig der Schwur abverlangt: ‚Kein Deutscher nimmt je wieder eine Waffe in die Hand'. Nun bekam der Gewissensbisse, der alles gar zu wörtlich nahm. Aber die Politik hatte auch für diesen Gesinnungswandel jede Menge Erklärungen und Begründungen parat. Deshalb waren wir froh, in diesem Großbetrieb eine gute und sichere Arbeit gefunden zu haben und hatten nicht allzu große Skrupel, nun doch wieder eine Waffe in die Hand zu nehmen. Wenn wir auch ständig zur Geheimhaltung aufgerufen wurden, so ließ sich doch nicht verheimlichen, was in unserem Werk produziert wurde.

Denn bevor die defekten Panzer und andere Militärfahrzeuge auf dem Schienenweg unser Werktor passieren konnten, mussten sie immer erst sie F96 überqueren, was bedeutete, dass diese stark frequentierte Fernverkehrsstraße in Richtung Berlin für die Zeit der Überquerung gesperrt werden musste. Nun konnten alle Autofahrer, die an der Bahnschranke warteten, deutlich sehen, welche Art von Fahrzeugen dort hinter dem hohen, streng bewachten Sicherheitszaun instandgesetzt wurde. Wenn uns dann provokatorisch trotzdem noch Betriebsfremde fragten, was in unserem Werk repariert würde, antworteten wir grundsätzlich: Kinderwagen. Zwar wurde diese Antwort von niemandem geglaubt, jedoch ironisch lächelnd akzeptiert.«

Der Aufbau des Werkes war mit erheblichen Aufwendungen für die Unterbringung der aus anderen Gegenden hierher verpflanzten Fachkräfte verbunden. So war für das Jahr 1953 der Bau von 300 Wohnungen für Werksangehörige geplant. Insgesamt sollten ab Erreichung der vollen Kapazität von 30 Generalreparaturen je Monat im März 1954 1000 Mitarbeiter im RWN angestellt sein.

Die umfangreichen Investitionen für den Aufbau des Maschinenparks und der Infrastruktur des Unternehmens führten in den Jahren zwischen 1956 und 1960 zu einem durchschnittlichen jährlichen Produktionswachstum von 9,5 Prozent. Gegen Ende des Jahres 1958 konnten im RWN neun Typen von in der NVA eingesetzten Kettenfahrzeugen industriell instandgesetzt werden, ebenso die Bewaffnung der Panzertechnik. Zusätzlich wurden die Voraussetzungen für die erweiterte Instandsetzung von Lastkraftwagen der Streitkräfte geschaffen. Weil den im Aufbau befindlichen Panzertruppen mobile Werkstatteinrichtungen fehlten, baute das RWN ab 1957 ausgesonderte Selbstfahrlafetten (SFL SU-76M) zu Panzerzugmaschinen um und rüstete LKW zu Werkstattwagen für den Bedarf des Panzerdienstes der NVA aus.

Von erheblicher militärischer Bedeutung war die Modernisierung des im Bestand der NVA befindlichen Panzers T-34/85 aus sowjetischer und polnischer

Der Panzer T-34/85 wurde zwischen 1961 und 1965 modernisiert

Produktion. Nach vereinzelten Versuchen mit einer improvisierten Vorwärmanlage für den Diesel-Motor und einer Unterwasserfahrausrüstung erfolgte ab Ende der 50er Jahre die industrielle Nachrüstung mit einer Vorwärm- und einer Feuerlöschanlage, einer elektrischen Ölpumpe und einem Öl-Luftfilter, die einheitliche Ausstattung der Fahrzeuge mit einer 24-V-Anlage, der Einbau des Funkgerätes R-113/26 sowie der Bordsprechanlage R-120. Hinzu kamen eine am Turm befestigte Metallkiste für die persönliche Ausrüstung der Besatzung, Rollreifenfässer für Treibstoff am Heck und diverse Halterungen und Kisten für Pioniergeräte und Ersatzteile. Etwa 100 dieser im Bestand der NVA befindlichen Panzer aus sowjetischer und polnischer Produktion wurden zu Führungsfahrzeugen für Bataillonskommandeure umgerüstet.

Mit der Umwandlung der NVA in eine Wehrpflichtarmee nach 1961 und ihrer schrittweisen Modernisierung erhöhte sich der Instandsetzungsaufwand. Neben der Reparatur und sukzessiven Modernisierung vorhandener Kampftechnik galt es, eine eigene Ersatzteilfertigung aufzubauen. Verschleißteile sollten in größerer Zahl regeneriert werden. Bei der Regenerierung von Verschleißteilen musste garantiert werden, dass alle Abmessungen den Originalzeichnungen entsprachen, dass die Nutzungsdauer der von Neuteilen entsprach und dass der Regenerierungsaufwand unter dem Aufwand für die Beschaffung des Neuteiles lag. Außerdem waren in eigener Regie Ersatzteile für den Eigenbedarf und den Export zu fertigen.

So versuchte man, die Abhängigkeit von unsicheren und teuren Lieferungen der Sowjetunion, Polens und der CSSR zu verringern. Als erschwerend erwiesen sich die Embargomaßnahmen des Westens bei der Beschaffung von strategisch wichtigen Materialien. Diese Probleme sollten – wie in vielen Schwerpunktunternehmen der DDR – durch Improvisation und den Ausbau der Fertigungstiefe gelöst werden. Was nicht bei externen Zulieferern bezogen werden konnte, musste selbst hergestellt werden.

Betriebswirtschaftlich waren solche Entscheidungen schon damals bedenklich. Das schließlich in den Jahren von 1961 bis 1965 erreichte jährliche durchschnittliche Produktionswachstum von fast zwölf Prozent sagt wenig über die unternehmensinternen Kostenstrukturen aus.

Die ursprünglich projektierte Leistung des Werkes an zu reparierenden Sortimenten und Stückzahlen wurde bereits 1962 durch den wachsenden Bedarf der Streitkräfte um 300 Prozent überschritten.

Der Ersatzteilbedarf der Truppe war, ebenso wie der Instandsetzungsbedarf, von Diskontinuität geprägt, was die Planung unternehmensinterner Abläufe und externer Kooperationen mit Zulieferern, etwa dem Motorenwerk Wurzen, erschwerte. Neu gelieferte Technik aus der Sowjetunion, Polen und der CSSR entsprach zudem häufig nicht den vereinbarten Qualitätskriterien und musste außerhalb der normalen Instandsetzungsintervalle nachgebessert werden, was zusätzlichen Aufwand und Kosten verursachte und die technologischen Abläufe durcheinander brachte.

Das alles musste von einer Belegschaft bewältigt werden, die teilweise unerfahren und überdies durch gezielte Abwerbung vor 1961 ausgedünnt war. Während die industrielle Warenproduktion des RWN mehr als verdoppelt wurde – auf 217 Prozent im Jahr 1965 gegenüber 1961 – wuchs die Zahl der Beschäftigtenzahl in der Produktion lediglich um 120 Prozent.

Das Jahr 1967 brachte mit dem Krieg Israels gegen Ägypten, Syrien und Jordanien eine erneute Verstärkung der Konfrontation zwischen den Militärblöcken. Es erwies sich, dass eine hochmotivierte, modern ausgerüstete und entschlossen geführte Armee unter Ausnutzung des Überraschungsmoments einen personell und materiell deutlich überlegenen Gegner in kurzer Zeit vernichtend schlagen kann. 250.000 israelische Soldaten brachten mit 1100 Panzern, 450 Kampfflugzeugen und 18 Kampfschiffen den Streitkräften Ägyptens, Syriens und Jordaniens mit 400.000 Soldaten, 1950 Panzern und 630 Kampfflugzeugen binnen sechs Tagen eine katastrophale Niederlage bei. Die arabischen Staaten verloren 40.000 Mann an Toten, 900 Panzer und 360 Kampfflugzeuge. 100 ägyptische Panzer fielen den Israelis auf der Sinai-Halbinsel völlig unversehrt und 200 nur unbedeutend beschädigt in die Hände. Damit verfügte der Westen über Muster relativ moderner sowjetischer Panzertechnik. Es war davon auszugehen, dass diese Kenntnisse für die weitere Entwicklung westlicher Panzer Verwendung finden würden.

Der Nahostkrieg bestätigte so einerseits die Bedeutung der Panzerwaffe im modernen Krieg, andererseits wurde der Entwicklungs- und Modernisierungswettlauf auf diesem Gebiet weiter beschleunigt. Der Druck zur Verbesserung des seit 1957 im Bestand der NVA befindlichen Panzers T-54 aus sowjetischer Produktion erhöhte sich folgerichtig beträchtlich. Vorzugsweise im Rahmen der regulären industriellen Instandsetzung wurde der Panzer für mögliche Unterwasserfahrten zur Forcierung von Flussläufen nachgerüstet. Hinzu kamen eine Infrarot-Nachtschießanlage und eine Thermonebelanlage. Sämtliche T-54 dieser Baureihe erhielten zudem Aufnahmevorrichtungen für den Anbau des Planierschildes BTU-55 und der Minenräumgeräte PT-55 und KTM-5. Einzelne Panzer wurden zu Führungsfahrzeugen für Kompaniechefs und Bataillonskommandeure umgerüstet.

Außerdem hatte das RWN die Instandsetzung der zwischen 1959 und 1964 aus Polen eingeführten T-54A und T-54AM sowie der ab 1964 von der CSSR und Polen gelieferten T-55 abzusichern. Auch an diesen Modellen wurden Halterungen für Pioniergeräte nachgerüstet. Hinzu kamen wiederum Umbauten zu Führungsfahrzeugen.

Ab 1967 bezog die Nationale Volksarmee T-55A und T-55AM aus der CSSR und aus Polen. Die Zusammenarbeit mit Lieferanten von Panzertechnik und Ersatzteilen in der CSSR wurde jedoch durch die politische Entwicklung, den sogenannten Prager Frühling, und die dagegen gerichtete militärische Intervention des Warschauer Vertrages jäh unterbrochen. Insbesondere das Ausbleiben wichtiger Ersatzteile zwang das RWN erneut zu Improvisationen. Kurzfristig wurde die Umstellung der Produktion zur erhöhten Instandsetzung von Teilen und Baugruppen sowie zur Neuanfertigung von Ersatzteilen notwendig.

Auf dieser Grundlage waren in der ersten Hälfte der 70er Jahre auch verstärkte Reparaturexportleistungen innerhalb des Warschauer Vertrages möglich, die sich für das Unternehmen als durchaus gewinnbringend erwiesen.

Der nachgerüstete T-54, der 1957 in der NVA eingeführt worden war. Das entscheidende Erkennungsmerkmal war die 100-mm-Kanone ohne Ejektor

Die Erfahrungen aus den lokalen Konflikten jener Zeit und die Analyse der Fähigkeiten potentieller Kriegsgegner führten zu einer Weiterentwicklung der sowjetischen Militärdoktrin. Was bei den US-Steitkräften Ende der 70er und Anfang der 80er Jahre unter dem Stichwort »extended and integrated battlefield« als Szenario für einen modernen Blitzkrieg auf dem europäischen Schlachtfeld entwickelt und erprobt wurde, war bereits mehr als zehn Jahre zuvor Leitidee des gefechtstaktischen Konzepts sowjetischer Militärs. Diese Doktrin setzte auf möglichst effektives, vernetztes Zusammenwirken der verschiedenen Waffengattungen auf dem Gefechtsfeld, auf den Ausbau der Feuerkraft und Beweglichkeit vor allem der Landstreitkräfte und die Stärkung der Überlebens- und Kampffähigkeit der Truppe beim zu erwartenden Einsatz nuklearer Gefechtsfeldwaffen.

Das wirkte sich auch auf die Definition technischer und taktischer Leistungsparameter der NVA-Panzer aus. Zunächst erfolgte daher im RWN und in der Truppe die Modernisierung der bereits im Bestand befindlichen und nach 1971 neu ausgelieferten T-55A und T-55AM durch Anbau des 12,7mm Fla-MG, die Nachrüstung von Schutzplatten für den Strahlenschutz im Kampfraum, den Einbau des Panzerfunkgerätes R-123 und der Bordsprechanlage R-124, die Installation hydraulischer Lenkhilfen und den Wechsel zu Gummi-Metall-Gelenkketten.

Panzer T-55AM. 319 von ihnen wurden zwischen 1986 und 1989 modernisiert

Weitere Konsequenzen des veränderten Einsatzszenarios waren für die NVA ab 1968 die Einführung der Fla-SFL 23/4 Schilka (im Rahmen eines generellen Ausbaus der Truppenluftabwehr), des Schützenpanzers BMP-1SP1 (ab 1968), des Kampfpanzers T-72 mit 125mm-Kanone und Laserentfernungsmessanlage (ab 1978) sowie ab 1976 der 122mm Panzerhaubitze 2S1 Gwosdika und ab 1979 der 152mm-Panzerhaubitze 2S3M Akazia.

Vor allem mit der Nachrüstung der 12,7mm Fla-MGs und der Einführung der Schilka reagierte die östliche Militärführung auf Erfahrungen mit amerikanischen Kampfhubschraubern und Jagdbombern im Vietnamkrieg. Denn auch für den europäischen Kriegsschauplatz sahen amerikanische Militärs in mit Raketen und Maschinenkanonen ausgerüsteten Kampfhubschraubern und Jagdbombern eine Möglichkeit überraschend Panzer angreifen zu können. In Kriegsfall hätte man so schnell Panzerabwehrschwerpunkte bilden und gezielt Panzerverbände des Warschauer Vertrages schon in Bereitstellungsräumen attackieren können. Die Fähigkeit der NVA-Panzertruppen sich gegen tieffliegende Angreifer mit kurzer Vorwarnzeit effektiv verteidigen zu können, wurde durch diese Nachrüstungsmaßnahmen deutlich verbessert.

Neue Kampftechnik sowjetischer Herkunft wurde jedoch wegen der vergleichsweise hohen Beschaffungskosten und der vor allem in den 80er Jahren zunehmend schwieriger werdenden wirtschaftlichen Lage der DDR nur nach und nach eingeführt. Hinzu kamen Lieferengpässe – etwa beim Schützenpan-

1968 wurde die Fla-Selbstfahrlafette 23/4 Schilka in der NVA eingeführt

zer BMP – wegen der hohen Verluste der sowjetischen Truppen im Afghanistankrieg (1979 bis 1989). Auch an eine schnelle Einführung des T-72 in alle Panzerregimenter der NVA war nicht zu denken. Die Kapazitäten für die Produktion dieses als Gemeinschaftsprojekt verschiedener Länder des Warschauer Vertrages realisierten Panzers reichten für eine schnelle Umrüstung nicht aus.

Andererseits entsprachen die immer wieder modernisierten Kampfpanzer T-55A und T-55AM in den 80er Jahren nicht mehr den Anforderungen, mit denen im Fall eines Krieges in Europa zu rechnen war. Panzerung, Feuergeschwindigkeit, Zielgenauigkeit und Motorisierung hielten nicht mehr dem internationalen Vergleich stand, was die Erfüllung des jeweiligen Einsatzauftrages gefährdete.

Vor allem die späten Fortschritte des Westens bei der Entwicklung moderner Panzertechnik (z. B. Leopard 2, M1 Abrams) Ende der 70er Jahre ließen eine Modernisierung der im NVA-Bestand vorhandenen T-55AM als Interimslösung sinnvoll erscheinen.

Auf der 26. Tagung des Militärwissenschaftlich-Technischen Rates des Warschauer Vertrages, die im November 1982 in Bukarest stattfand, wurden daher unter anderem die Details der Panzermodernisierung diskutiert.

Als Ergebnis dieser Diskussionen verabschiedete das Politbüro der SED schließlich 1984 zwei Beschlüsse zur konkreten Umsetzung des Modernisierungsprojekts, das erhebliche Auswirkungen für das Reparaturwerk Neubrandenburg hatte. Ab 1986 startete im RWN das wohl ambitionierteste waffentechnische Modernisierungsprogramm der DDR. 495 Panzer des Typs T-55AM sollten bis 1995 umgerüstet werden, 345 davon zu einem modernisierten Modell mit der Bezeichnung T-55AM2, die anderen 150 zum T-55AM2B. Für den T-55AM2 wurden Kosten in Höhe von 1,4 Millionen pro Panzer veranschlagt, für jeden T-55AM2B zwei Millionen Mark. Dieses Ziel wurde jedoch quantitativ nicht erreicht. Im Rahmen der industriellen Hauptinstandsetzung wurden bis 1990 insgesamt 319 T-55AM umgebaut, nur 50 davon zum T-55AM2B.

Die Fahrzeuge erhielten eine verstärkte Panzerung an Turm und Wanne, eine Feuerleitanlage und eine Wärmeschutzhülle für die Kanone, die witterungsstabile Feuerleistungen ermöglichen sollte. Hinzu kamen eine Nebelgranatverschussanlage, ein Minenschutz am Bug und Seitenschürzen für das Fahrwerk. Die Leistung des Motors wurde erhöht und eine modernere Funkanlage wurde eingebaut. Der T-55AM2B erhielt zusätzlich die Ausrüstung zum Verschuss einer laserstrahlgelenkten 100mm-Rohrrakete (9k116 Bastion für Lenkrakete 9M117) für die Erhöhung der Treffergenauigkeit im Panzergefecht bis zu einer Entfernung von 4.000 Metern.

Das von der UdSSR entwickelte Konzept zur Kampfwerterhöhung der in die Jahre gekommenen T-55-Panzer sah ursprünglich auch den Einbau eines 690-PS-starken Motors vor, dessen Basisversion im T-72 zum Einsatz kam. Dieser Motor sollte von der UdSSR ab 1991 geliefert werden und die Beweglichkeit der modernisierten T-55 im Gelände um zehn bis zwölf Prozent erhöhen. Zum Einbau des neuen Motors wäre aber eine völlige Demontage der umzurüstenden Panzer unumgänglich gewesen. Außerdem wäre mit Mehrkosten in Höhe von 350.000 Mark pro Motor/Modernisierung zu rechnen gewesen. Die DDR lehnte den sowjetischen Vorschlag im April 1989 während der bereits begonnenen Modernisierung der T-55 schließlich ab. Man versuchte sich, wohl aus Kostengründen, an einer Leistungssteigerung der vorhandenen Motoren.

Bis 1993 sollten alle Mot.-Schützenregimenter der NVA-Mot.-Schützendivisionen und alle Lehreinrichtungen mit dem modernisierten Panzer ausgerüstet sein. Doch das gesamte, auf Druck der UdSSR eingeleitete Modernisierungsprogramm war zum Zeitpunkt seiner Realisierung angesichts der internationalen Abrüstungsvereinbarungen und der wirtschaftlichen Lage der DDR offenkundig bereits überdimensioniert und letztlich überflüssig.

Die DDR sollte auf der Grundlage internationaler Abrüstungsverpflichtungen 600 Kampfpanzer aus dem Bestand herauslösen und demilitarisieren.

Zur gleichen Zeit, als die Grundmodernisierung der T-55AM lief, beklagte die Truppe einen immer extremer werdenden Mangel an Ersatz- und Verschleißteilen. Der Aufwand zur Sicherung der Einsatzbereitschaft vorhandener Technik nahm immer mehr zu.

Doch zum damaligen Zeitpunkt war die DDR-Führung in ihren Entscheidungen noch an die Vorgaben des Warschauer Vertrages gebunden.

Auch hinsichtlich der schließlich real erreichten Kampfwerterhöhung sind Zweifel angebracht. Nachteile dieser Modernisierung sehen Experten im Rückblick unter anderem darin, dass die Bedienverfahren für die Feuerleitanlage recht kompliziert waren und eine sehr gut ausgebildete Besatzung erforderten, was unter den Bedingungen einer Wehrpflichtarmee nur näherungsweise zu erreichen ist. Hinzu kam, dass der Kommandant in das Verfahren zur Schusswertermittlung eingebunden war und dadurch von seinen taktischen Führungsaufgaben abgelenkt wurde. Das Platzangebot für die Besatzung hatte sich durch die vielen neuen Geräte weiter verringert. Der Panzer war 5,5 Tonnen schwerer geworden, wodurch die Torsionsfederung und die Antriebe stärkerem Verschleiß ausgesetzt waren und der Treibstoffverbrauch anstieg – sich also der Aktionsradius verringerte. Außerdem war das Fahrzeug durch die zusätzliche Panzerung »kopflastiger« geworden, weil sich der Gewichtsschwerpunkt weiter nach vorn verlagerte. Die Konsequenzen für das Fahren im Gelände liegen auf der Hand.

Der T-72 wurde zwischen 1978 und 1985 in der NVA eingeführt. Von den Panzern wurden bis zum Ende der DDR lediglich 75 nachgerüstet, das neue Modell T-72S wurde nicht mehr importiert

Auch andere Vorhaben zur Modernisierung von Panzertechnik scheiterten an der Wirklichkeit. 1988 begann man mit Teilmodernisierung des Typs T-72 zum T-72M1. Insgesamt sollten 140 dieser Panzer technisch verbessert werden. 1989 teilte die DDR ihren Partnern im Warschauer Vertrag mit, dass sie bis 1993 im RWN nur eine Zusatzpanzerung für den Bug, Nebelgranatverschussanlagen und durchgängige Kettenschürzen nachrüsten lassen wird. Von weitergehenden Modernisierungsmaßnahmen bei diesem Panzer, die von der UdSSR vorgeschlagen worden waren und die in der CSSR oder Polen hätten erfolgen müssen, nahm die DDR Abstand. Bis 1990 wurden im RWN lediglich 75 T-72 nachgerüstet. Außerdem verzichtete die DDR auf die ursprünglich geplante Einführung des neuen Panzers T-72S.

Auch die 1988 begonnene Modernisierung der Schützenpanzer BMP-1SP2 zum BMP-1P blieb in den Anfängen stecken. Lediglich 90 BMP-1 wurden im

RWN zu BMP-1P umgebaut und mit Abschussvorrichtungen für die Panzerabwehrlenkrakete Konkurs ausgestattet.

Der Wendeherbst krempelte die Auftragslage in Neubrandenburg völlig um. Schon in die international vereinbarte Demilitarisierungsaktion der NVA-Panzer war das Reparaturwerk eingebunden. Ab 1990 erfolgte zudem die Zerlegung von Panzerfahrzeugen der Grenztruppen, des MfS und der Kampfgruppen.

Der damals für die Konversion im Ministerium für Verteidigung und Abrüstung verantwortliche Oberst Rudolph erinnert sich: »Zu mir kamen 1990 die Vertreter mehrerer westdeutscher Firmen, MAN, Krupp und andere, die sich an der gewinnträchtigen, weil öffentlich finanzierten, Vernichtung ostdeutscher Panzer beteiligen wollten. Sie haben damals behauptet, dass die Zerlegung eines T-55 für sie überhaupt kein Problem sei. Sie würden mit ihrer ausgereiften westlichen Technologie mindestens zehn Panzer dieses Typs am Tag zerlegen können. Daraufhin wurde in Neubrandenburg eine Lehrvorführung organisiert. Die Panzerteile durften nach der Zerlegung höchstens 55 x 60cm groß sein, damit sie in den Hochöfen der Stahlwerke eingeschmolzen werden können. Nun rückte die Firma Krupp im RWN mit einem riesigen Fahrzeugpark an, mit Spezialisten, und fing an die Panzer zu zerlegen. Nach drei Tagen hatten sie mit ihrer Spitzentechnik nicht einmal einen unserer Panzer zerlegt. Die Herren standen da wie die

Der Neubrandenburger Nordkurier *berichtete am 12. April 1991 und weckte Hoffnungen auf eine Zukunft von Europas größtem Panzerinstandsetzungswerk*

begossenen Pudel. Hinzu kam noch, dass die Stahlindustrie wegen des hohen Mangan-Anteils nur geringes Interesse an der Verwertung von Panzerstahl zeigte. So wurde dieses Konversionsprojekt in Neubrandenburg auf Null gefahren.«

Die Zeitung *Nordkurier* meldete am 12. April 1991, dass zwei Töchter des westdeutschen Wehrtechnikunternehmens Diehl (Nürnberg) auf dem Gelände des ehemaligen RWN einige BMP-Schützenpanzer aus NVA-Beständen für die Bundeswehr auf die Sicherheitsstandards der NATO umrüsten wollten. Der Auftrag könne zur Einstellung von 80 zusätzlichen Arbeitskräften führen. 1990 verfügte die NVA über 1.100 dieser Schützenpanzer. 578 Fahrzeuge wurden von der Bundeswehr übernommen und in Neubrandenburg mit einer verbesserten Beleuchtungsanlage und asbestfreien Kupplungen und Bremsen ausgestattet. Damit die mot.-Schützen, die nun Panzergrenadiere hießen, leichter in die Fahrzeuge klettern konnten, wurden Leitern angeschweißt.

Am 16. Mai 1991 verließen die ersten BMP nach erfolgter Umrüstung im Wert von 30.000 bis 40.000 DM pro Fahrzeug das Reparaturwerk Neubrandenburg. Ein Ereignis, das die Berichterstatter zu der Feststellung veranlasste, Neubrandenburg habe als Rüstungsstandort wieder eine Zukunft, die Arbeitsplätze sichere. Insbesondere im Bereich der Konversion habe das ehemals größte Panzerinstandsetzungswerk Europas gute Marktchancen. So sei ein Feuerlöschpanzer auf der Basis eines T-55-Fahrgestells mit der Bezeichnung »Wasserbüffel« entwickelt wurden, für den es bereits Interessenten gebe. Die gerade umgerüsteten Schützenpanzer BMP wurden von der Bundeswehr allerdings schon 1993 wieder ausgemustert. 500 von ihnen gingen in den Export nach Griechenland, Finnland und Schweden. Die Neubrandenburger Panzerinstandsetzer verschrotteten vier Jahre später 50 Schützenpanzer SPW-70, die sie 1991 für den Einsatz bei UNO-Missionen vorbereitet hatten. Damit endete die Geschichte des größten Panzerinstandsetzungswerkes in Europa.

Heute befinden sich auf dem Gelände des ehemaligen RWN mittelständische Unternehmen, vorzugsweise der Kfz-Branche.

Henry Ludwig, Panzerkommandeur, Offizier des Panzertechnischen Dienstes: »Der T-55 war effektiver als der Leopard 1«

Ich bin Jahrgang 1958. In Schkeuditz bei Leipzig habe ich das Abitur abgelegt. Ich wollte Panzeroffizier werden. Da bei uns die Offiziere aus der Arbeiter- und Bauernklasse stammen sollten, habe ich zuvor eine Lehre im VEB Fortschritt in Singwitz bei Bautzen absolviert und Mähdrescher gebaut. Dann, 1979 bis 1982 kam das Studium an der Offiziershochschule der Landstreitkräfte Ernst Thälmann, Sektion Panzerkommandeure, in Löbau.

Meine Diplomarbeit über mechanisierte und automatisierte Truppenführung wurde unter VVS gestuft, vertrauliche Verschlusssache. Ein hochinteressantes Thema, weil es dort um Gefechtswert- und Gefechtsprognosen-Berechnungen im Vergleich mit gegnerischen Waffen und Truppen ging.

Das Ergebnis meiner Analysen war für mich eigentlich erschütternd. Meine Sichtweise auf einen möglichen Krieg war plötzlich viel realistischer. Wenn die Analyse einer taktischen Situation ergibt, dass der Vernichtungskoeffizient eines Infanteristen unter eins liegt, dass er also im Angriff statistisch höchstens die Möglichkeit hat knapp einen Gegner zu töten, bevor er selbst getötet wird, macht das sehr nachdenklich.

Im Panzer ist das schon ein bisschen anders. Weil man geschützt ist und mit einer etwas höheren Überlebenschance rechnen kann. Aber viel größer ist sie auch nicht. Es wird immer davon ausgegangen, dass man einen gleichwertigen Gegner vernichtet, bevor man selbst vernichtet wird, also Panzer gegen Panzer. Unserem T-55 wurde in der Verteidigung ein Vernichtungskoeffizient von 1,5 im Vergleich zum damals in der Bundeswehr gebräuchlichen Leopard 1 zugeschrieben.

In meiner Arbeit zeichnete ich zwei Szenarien. Zum einen ein verstärktes Panzerbataillon der NVA in Verteidigung mit einem angreifenden Gegner, das waren Teile eines Panzergrenadierregimentes. Zum andern ein verstärktes Panzerbataillon im Angriff auf den Verteidigungsstreifen einer Panzergrenadierkompanie. Bei diesem Szenario betrug der Vernichtungskoeffizient des T-55 1,0. Als erfolgversprechend wurde ein Angriff erst bei mindestens dreifacher Überlegenheit angesehen. Hinzu kam in diesen Szenarios das Zusammenwirken mit unterstützenden Kräften, also Artillerie und Frontfliegerkräften. Das Ganze wurde auf einer sogenannten topografischen Arbeitskarte durchgespielt, die keinen realen Landschaftsbezug aufwies, also in einem fiktiven Gelände spielte.

Was die Kampfeigenschaften eines möglichen Gegners betraf, blieb unser Lehrprogramm nicht fiktiv. Die neue Heeresstruktur der Bundeswehr wurde schon berücksichtigt, also die volle Ausstattung der Panzergrenadierkompanie mit Unterstützungsmitteln wie Panzerabwehrlenkraketen auf dem Raketenjagdpanzer 1 und mit den Ein-Mann-Panzerabwehrlenkraketen Milan, Dragon oder TOW.

Auch die anderen NATO-Armeen hatten wir im Blick. Den französischen Panzer AMX 30 nahmen wir als potentiellen Gegner nicht so wichtig, da Frankreich seine Mitgliedschaft in der NATO zu der Zeit ruhen ließ. Der Chieftain der Briten spielte schon eher eine Rolle. Doch auch dieser Panzer war nach Einschätzung meiner damaligen Lehrer nicht unbedingt als Spitzenprodukt zu sehen: relativ groß und im Gelände relativ schlecht manövrierbar. Und die moderneren US-Panzer galten aufgrund ihrer neuen Elektronik als recht störanfällig – besonders bei ungünstigen Witterungsbedingungen. Was nutzt ein Laserentfernungsmesser, der bei Nebel oder starkem Schneefall nicht exakt arbeitet?

Ein ernsthafter Gegner wäre für uns der Leopard 2 der Bundeswehr gewesen. Als dieser eingeführt wurde, machten sich manche bei uns erst mal lustig über seine kantige Form, die ja an den Tiger der Wehrmacht erinnerte. Da wurde gern mal gespottet, ob die Bundis es denn nie lernen werden, von dem Auftreffwinkel 90 Grad wegzukommen. Ich selbst bin bei der Beurteilung der Panzerung schon damals eher skeptisch gewesen, ob der T-55 gegenüber dem Leo über größere Distanz wirklich hätte bestehen können. Im Nahkampf wären wir wohl mit ihm klar gekommen, über eine Entfernung von 1,5 bis 2 Kilometern hätte das möglicherweise anders ausgesehen.

Das Hauptdefizit des T-55 war die Panzerung. Sie reichte nicht mehr aus, um den Urankerngeschossen der NATO widerstehen zu können. Deswegen erhielt der T-55AM2 später die Zusatzpanzerung. Zudem fehlte ein optischer Entfernungsmesser. Es war ja äußerst kompliziert, dem Richtschützen das blitzartige Berechnen von Entfernungen beizubringen. In der Regel machte das ein Wehrpflichtiger.

Die Leute bei den Wehrkreiskommandos dachten offenbar, bei der Panzertruppe gibt es viel Eisen, da ist viel Gewicht im Spiel und drinnen gibt es wenig Bewegungsraum, dafür braucht man kleine kräftige Leute, alles andere ist nebensächlich. Dass die Richtschützen grundlegende mathematische Kenntnisse brauchten, um innerhalb von Sekunden Entfernungen berechnen zu können, daran hat bei der Rekrutierung für die Panzertruppe kaum jemand gedacht. Man schickte zwar gelegentlich auch mal den einen oder anderen Abiturienten zur Panzerwaffe, die waren aber so selten, dass sie im Stabsdienst oder zu Ähnlichem eingesetzt wurden. Ich hatte sogar Abgänger der siebenten Klasse in meiner Truppe. Wohl gab es auch Absolventen der 10. Klasse, die hell im Kopf waren und begriffen, wie man Entfernungen schnell berechnet, aber die Mehrzahl der Soldaten bei uns hatte damit Probleme. Wenn man bei Schießübungen keine Unterstützung gab und dem Richtschützen vorher nicht ansagte, auf welcher Entfernung das Ziel kommt, dann standen viele vor einer unlösbaren Aufgabe.

Eine einfach zu bedienende automatische Entfernungsmessanlage hätte uns mit unserer Wehrpflichtarmee in gewissem Sinne aus diesem Dilemma befreien können. Aber wir hatten ja noch andere Sorgen. Der Motor des T-55 war technisch veraltet. Das konnte man konstruktiv nicht verändern. Es wäre der Traum gewesen, mit 50 km/h durchs Gelände preschen zu können, aber das hat er nun wirklich nicht hergegeben.

Trotzdem würde ich sagen, dass der T-55 für Mitteleuropa ausreichte. Die Form war relativ gut geschossabweisend gestaltet. Das wurde auch bei den Nachfolgetypen kaum geändert. Ich wusste, ich komme aus fast allen Löchern raus, in die ich hätte fahren können. Das hätte gereicht, zumal wir mit unseren Panzern in der ersten Staffel ohnehin keine großen Überlebenschancen gehabt hätten.

Nach dem Studium in Löbau übernahm ich einen Lehrgefechtszug. Die Technik des Lehrgefechtszuges wurde zur Ausbildung aller Besatzungen eines Panzerregiments eingesetzt. Sie war daher in ständiger Nutzung. Bei einer Übung im Rahmen des Warschauer Vertrages in der Letzlinger Heide hatten wir Märsche zu bewältigen, die über Tage dauerten. Bevor wir Verteidigungsstellungen bezogen, fuhren wir über 200 Kilometer weit. Das ist für Panzertechnik eigentlich sehr viel.

Unterwegs waren Steigungen zu überwinden, und wir machten auch eine Unterwasserfahrt. Das ist gerade bei einem Lehrgefechtszug mit relativ hohen Aufwendungen für die Abdichtung verbunden, wobei man zum Teil tricksen muss, um den Panzer wirklich dicht zukriegen. Man hatte für die Unterwasserfahrt-Vorbereitung nur eine Dreiviertelstunde Zeit. Und das alles mit unserer schon recht betagten Technik.

Außerdem übten wir Nachtfahren mit Gefechtsschießen. Einmal durften wir mit voller Ladung schießen. Das ist natürlich ein besonderes Gefühl, wenn der Panzer vorn so etwa 30 Zentimeter hochsteigt und dann der Rückstoß abgefangen wird – da bekommt man eine Vorstellung, was für eine gewaltige Kraft dabei wirkt. Im Ernstfall hätten meine Soldaten auf eine solche Situation sicher recht unterschiedlich reagiert. Diesen beißenden TNT-Abgasrauch, der beim Abfeuern der 100-Millimeter-Granate entsteht und die Erschütterungen durch den Rückstoß der Kanone, das Öffnen des zentnerschweren Flachkeils und den Ausstoß der Hülse kann man nicht simulieren. Und dazu kommen im Gefecht noch die Bewegungen des Panzers und des Turms – das wurde einfach nicht trainiert. Wie die Besatzungen mit diesen körperlichen und seelischen Belastungen im Einsatz fertig geworden wären, darüber kann man nur spekulieren. Gut, dass wir das nicht herausfinden mussten.

Im Vergleich zu entsprechenden Panzereinheiten der Bundeswehr lebten wir mit einer höheren Gefechtsbereitschaft. Das schließe ich aus späteren Gesprächen mit Bundeswehroffizieren. Ich war ja bis 1990 noch bei der Truppe. Die Ausbildung ist bei der Bundeswehr nicht ganz so hart gewesen wie bei uns.

Wir hatten auch den Vorteil, dass unsere Gefechtstechnik voll aufmunitioniert in den Hallen stand. Die Lehrgefechtsfahrzeuge waren spätestens eine Stunde nach Auslösung eines Alarms aufmunitioniert und in den vorgesehenen Konzentrierungsräumen positioniert. Die Gefechtsfahrzeuge waren spätestens nach 40 Minuten aus der Kaserne raus. Auch was die militärische Ausbildung betrifft, denke ich, waren wir besser vorbereitet als die Bundeswehr.

Was den politisch-moralischen Aspekt betrifft, möchte ich keine Einschätzung geben. Ich habe solche und solche Soldaten kennen gelernt. Es gab diejenigen, die von der Notwendigkeit ihres Dienstes wirklich überzeugt waren und andere, die dem Auftrag generell ablehnend gegenüber standen. Das ist aber wohl in jeder Armee so.

Nach meinem Dienst als Panzerkommandeur bin ich 1985 Technischer Offizier geworden. Ich bekam einen Paten, der sich mit mir in der Freizeit hingesetzt hat, um mir das beizubringen, was ich als Kommandeur in der Technik-Ausbildung nicht gelernt hatte. Keiner von den operativen Offizieren musste die Zündfolge dieses 12-Zylinder-Motors kennen. Das hat keinen interessiert, weil das ja nicht sein Job gewesen ist. Oder Einspritzdrücke zu messen. Das konnte dann zwar fast jeder, weil er es irgendwann mal machen musste, aber interessiert hat das keinen so richtig.

Schließlich wurde ich in eine Panzerinstandsetzungskompanie versetzt. Sowohl in Friedens- als auch in Kriegszeiten wird bei einem Instandsetzungsbataillon alles repariert und überholt, was eine Kette trägt und mit mehr als einem Millimeter Blech verkleidet ist. Die mittlere Instandsetzung war fällig nach 1.500 Motorstunden, die Hauptinstandsetzung nach weiteren 1.500 Stunden. Wir haben die Fahrzeuge total auseinandergenommen, genauso wie im RWN in Neubrandenburg. Allerdings führten wir keine Instandsetzung an den Motoren aus. Notfalls bauten wir neue Motore ein. Aber in der Regel war das nicht notwendig, da sie sehr robust waren und durchhielten.

Wir mussten, was die Technik betrifft, oft improvisieren. Ich erinnere mich an eine Panne, als ich noch Zugführer in der Kompanie war. Bei der Überprüfung des Militärbezirks fuhren wir im Landmarsch von Sondershausen vorbei an Plauen zu einem Konzentrierungsraum in Richtung Hof. Unterwegs musste bei einem Panzer das Getriebe gewechselt werden, die Ölablassschraube war nicht gesichert gewesen und rausgerutscht. Keine normale Schraube, sondern eine mit drei bis vier Zentimeter Durchmesser und einem speziellen Gewinde. Ein passendes Ersatzteil hatten wir nicht dabei, aber der Marsch musste fortgesetzt werden.

Ich griff zur Messlehre, maß die Höhe bis zur Ölablassluke, gab noch einen Zentimeter dazu und sägte von einem Spaten in entsprechender Länge den Stil ab. Den Holzspund trieb ich mit einem Hammer in die Öffnung. Dann schraubte ich die Luke von unten dagegen, damit die Dichtung noch etwas Druck bekam. Wir füllten Öl auf, ließen den Motor an, es gab ein kurzes Geräusch, dann hatten die Zahnräder die überstehenden Holzteilchen abgefräst und der Panzer fuhr wieder. Er hat die Übung in diesem Zustand noch voll durchgezogen.

Ein anderes Mal, bei der Gefechtsausbildung in Annaburg, hatte jemand unter Zeitdruck und in der Dunkelheit beim Kupplungswechsel das Wechselgetriebe mit ausgebaut. Als wir die Technik übernahmen, entdeckten wir in einem Zylinderkopfdeckel ein Loch, aus dem Öl tropfte. Ich lief zum Werkstattwagen, holte Spezialkleber und verschloss den Zylinderkopfdeckel mit einer DDR-Mark-Münze, weil ich nichts anderes hatte. Auch dieser Panzer hat die Übung gut überstanden.

Werkzeug war Mangelware, das wurde gern geklaut auf Teufel komm raus. Schraubenzieher fehlten, die man benötigte, um das Kettenreinigen für die Gefechtsfahrzeuge durchzuführen. Je weiter die 80er Jahre fortschritten, desto problematischer wurde die Ersatzteilversorgung. Man tauschte in Fahrzeugen, die zur mittleren oder Hauptinstandsetzung gingen, Teile aus, die in anderen Panzern benötigt wurden, hat also im Prinzip erst richtige Wracks daraus gemacht.

Panzerhaubitzen von NVA und Sowjettruppen auf dem Marsch

Na ja, wir wussten uns zu helfen. Ich erinnere mich an einen Fall, da bekamen wir einen BMP zur mittleren Instandsetzung. Es fehlte eine Hydraulikdruckleitung, eine Kupferleitung, ein bestimmter Durchmesser. Wir hingen mit der Instandsetzung schon drei Wochen. Fiel das Fahrzeug wegen dieser Leitung aus, setzte das den Kampfwert des Truppenteils herab. Das musste ja weitergemeldet werden und konnte zu Stress mit den vorgesetzten Stäben führen.

Nun kam irgendjemand auf den Gedanken, zum Großhandel zu fahren. Die Leute dort sagten: »Haben wir, aber wir können euch das nicht geben.« Ich fragte, ob wir denn nicht eine Gegenleistung anbieten könnten. »Oh ja«, sagte einer, »Wir bräuchten eigentlich mal echtes Leder.«

Wir also los zu einer Handwerker-Produktionsgenossenschaft. Die hatten Leder, brauchten aber irgendwelchen Kleber. Und der Chemiehandel, zu dem wir dann hinfuhren, sagte: »Ja, können wir geben, aber wir brauchen Ölfarbe.« Da erinnerte sich mein Begleiter: »Mensch, Hauptmann, wir haben doch noch ein kleines Reservefass Farbe da.« Das war übrig geblieben von der letzten Maßnahme zur Verschönerung des Objektes. Wir hatten es vor dem Kommandeur versteckt, den die Manie plagte, seinen Truppenteil als den schönsten zu präsentieren. Der hätte den Rest auch noch vermatschen lassen, obwohl diese Farbe ja eigentlich für die Instandsetzung vorgesehen war.

Also haben wir die 100 Liter Ölfarbe zum Chemiehandel gefahren, von denen den Kleber gekriegt, dafür in der Sattlerei Leder ertauscht und letztendlich vom Großhandel unser Kupferrohr bekommen. Ein bisschen kamen wir uns vor wie im Märchen von Hans im Glück.

Doch zurück zum T-55. Die Modernisierung war Ende der 80er Jahre trotz des noch relativ hohen Kampfwertes überfällig, da in den NATO-Armeen die Umrüstung auf moderne Panzertechnik fortschritt. Am besten wäre wohl gewesen, wir hätten den T-64 von den Russen gebraucht übernehmen können. Dieses Zwischending zwischen dem T-62 und dem T-72 funktionierte genauso wie der T-72, sah genauso aus, war allerdings nicht mit Nebelwurfkörpern und ein paar anderen Nachrüstungen ausgestattet.

Ich hatte den T-64 bei einem Unterwasserfahrt-Training mit einer Kompanie Russen gefahren. Das war einfach toll: Kamm-Schaltung, ganz anderes Fahrverhalten aufgrund der Federung. Man war ja gewohnt, mit dem 55er, wenn man ein Loch angefahren ist, das Gas runter zu nehmen, reinzufahren und dann wieder Vollgas zu geben und bevor er kippt, vom Gas runterzugehen und wenn er gekippt ist, dann wieder Vollgas zu geben. Das war beim 64er bzw. beim 72er völlig anders, da musste man gleich Gas geben.

Aber wir bekamen den 64er nicht. Man hat sich für die Modernisierung des T-55 wohl vor allem aus finanziellen Gründen entschieden. Das hat auf jeden

Fall weniger gekostet als die Anschaffung neuer Panzer. Der T-55 wurde mit einer zusätzlichen Panzerung ausgestattet und erhielt für die Wanne einen zusätzlichen Schutz gegen Panzerminen. Er besaß Kettenschürzen zum Schutz vor Beschuss. Die Kanone wurde mit einer Wärmeschutzhülle ummantelt. Das erhöhte die Präzision beim Schuss. Waffentechnisch war es auch möglich, eine Panzerabwehrlenkrakete aus dem Kanonenrohr zu verschießen. Überdies wurden eine Laserentfernungsmessanlage und Lasererkennungssensoren eingebaut. Allerdings brachte die computergestützte Technik auch Nachteile. Beim Einsatz nuklearer Gefechtsfeldwaffen wird ein enormer elektromagnetischer Impuls freigesetzt. Dann fällt diese ganze Elektronik aus.

Als in der Wendezeit die ersten Bundeswehroffiziere im Instandsetzungsbataillon 11 bei uns in Halle eintrafen, lächelten sie geringschätzig. Wir hatten in unserer mechanischen Werkstatt Drehbänke stehen, die nur mit C-Genauigkeit arbeiteten. Das reichte ja völlig aus. Aber auch die Fräsmaschinen waren veraltet. Da vergaß der Bundeswehr-Oberstleutnant geradezu seine gute militärische Erziehung und sagte: »Also Leute, so einen Scheiß machen wir seit 30 Jahren nicht mehr, ich weiß gar nicht, was das soll.«

Er schilderte dann, wie sie bei einem Leopard innerhalb von 20 Minuten den Motor wechseln können. Wir brauchten einen Tag dazu. Doch ich blieb dem Mann von der Bundeswehr die Antwort eines NVA-Offiziers nicht schuldig: »Ja, wenn man aber den Motor nicht wechseln muss, sondern nur an dem Motor irgendwas Kleines kaputt ist und ich warte auf das Ersatzteil, kann ich es mir selber bauen und bin im Vorteil. Ihre Leute können das nicht. Wir können das.«

Die Bundeswehroffiziere warfen dann einen Blick auf unsere Alarmierungspläne. Den Herren blieb regelrecht die Luft weg. Wir brauchten nur eine Stunde, um das komplette Regiment aus der Kaserne zu bringen. Einer aus dem Stab einer Panzerbrigade sagte: »Bei uns dauert das fast einen Tag. Die Technik kriegen wir schnell aus der Kaserne raus. Aber bei uns sind die Fahrzeuge nicht aufmunitioniert, das ist in der Bundesrepublik verboten, da sind Technik und Munition getrennt zu lagern. Bis wir gefechtsmäßig sind, dauert es unter Umständen drei Tage, weil bei uns die Leute vielleicht gerade im Wochenende sind.«

Als sie gingen, zeigten die Herrschaften nachdenkliche Gesichter. Vielleicht war ihnen erst bei diesem Besuch richtig klar geworden, auf welchen Gegner sie im Kriegsfall gestoßen wären.

VEB Geräte- und Werkzeugbau Wiesa
Sturmgewehre für den Export

Wiesa – ein kleiner Erzgebirgsort im Zschopautal mit Thermalbad, alten Bergwerkstollen, einer echten Jugendstilkirche und jährlichen Reit- und Springtournieren. Kaum jemand verband zu DDR-Zeiten diesen friedlichen Namen mit der rund um den Globus bekanntesten, am weitesten verbreiteten und am häufigsten gebrauchten Infanteriewaffe, der Kalaschnikow.

Der VEB Geräte- und Werkzeugbau Wiesa gehörte zu den bestgesicherten Unternehmen der DDR-Rüstungsindustrie. Der Finalproduzent von Sturmgewehren belieferte neben den Streitkräften alle DDR-Sicherheitsbehörden und ermöglichte ab Ende der 70er Jahre mit seinen hochwertigen Erzeugnissen die Erwirtschaftung dringend benötigter Devisen auf den Außenmärkten.

Wie in anderen der Geheimhaltung unterliegenden Bereichen der DDR-Wirtschaft wussten die Mitarbeiter und Führungskräfte des Betriebes nur das, was sie für die Erfüllung ihrer unmittelbaren Arbeitsaufgaben benötigten. Die Pflicht zur Verschwiegenheit über dienstliche Belange war Bestandteil der Unternehmenskultur. Das Unternehmen war ein Schwerpunktunternehmen der Speziellen Produktion, dem naturgemäß auch das besondere Interesse der DDR-Sicherheitsbehörden galt. Diese Bedingungen bewirkten offenbar einen starken Zusammenhalt unter den verantwortlichen Mitarbeitern im Unternehmen, der bis in die Gegenwart mit einer ausgeprägten Verschwiegenheit über die damalige Tätigkeit verbunden ist. Öffentliche Äußerungen ehemaliger Mitarbeiter haben Seltenheitswert und kommunale Entscheider betonen lieber die touristische Attraktivität des Ortes, als diesen Teil der Stadtgeschichte zu thematisieren. Dabei ist gerade die Produktion von Waffen in Wiesa ein Beispiel für die Leistungsfähigkeit und technische Findigkeit der Menschen in der Region.

Die Wiesaer Waffengeschichte nahm in den 50er Jahren ihren Anfang. Mit der zunehmenden Einbindung der 1956 gegründeten NVA in die militärische Struktur des Warschauer Vertrages ergaben sich neue Anforderungen an die Ausrüstungs- und Bewaffnungsstandards der Truppe. Die im Warschauer Vertrag angestrebte Vereinheitlichung der Waffensysteme zur Verringerung des logistischen Aufwandes im Falle eines möglichen Krieges sollte auch bei den Infanteriewaffen durchgesetzt werden. Die DDR erwarb von der Sowjetunion die

Lizenz für die Herstellung des legendären Sturmgewehrs AK-47 (Kalaschnikow). Diese Waffe zeichnete sich durch Robustheit und Feuerkraft aus und hatte sich im scharfen Schuss bewährt.

So wurde in der damals von Strukturschwäche und Armut geprägten sächsischen Gemeinde Wiesa auf dem Gelände eines ehemaligen Textilbetriebes mit umfangreichen Baumaßnahmen begonnen, um dieses Spitzenprodukt der sowjetischen Rüstungsindustrie in der erforderlichen Qualität und Stückzahl herstellen zu können. Die DDR investierte etwa 24 Millionen Mark in die Lizenz, die Produktionsausrüstungen sowie in technologische Forschung und Entwicklung. Traditionell gab es in der Region nur wenige metallverarbeitende Betriebe. Die zunächst branchenfremden Mitarbeiter lernten am Arbeitsplatz. Insbesondere manche ältere Kollegen, die den Zweiten Weltkrieg noch miterlebt hatten, begründeten ihre Arbeit in einem Rüstungsbetrieb mit der Hoffnung, ihren Kindern und Enkeln ähnliche Erfahrungen ersparen zu können. Sie sahen ihre Arbeit als Beitrag zum Erhalt des militärischen Gleichgewichts an.

Nach erheblichen Anfangsschwierigkeiten bei der Sicherung der erforderlichen Qualitätsstandards begann 1960 in Wiesa die Serienproduktion der AK-47. In jenem Jahr wurden von mittlerweile 822 Mitarbeitern 31.760 Sturmgewehre mit einem Bruttowertumfang von 16,9 Millionen Mark gefertigt. Für die Fertigung des Nachfolgemodells der AK-47, der AKM, wurden aus technologischen Gründen weitere Investitionen in Höhe von 13 Millionen Mark notwendig. Bei der AKM waren neben dem Gehäusedeckel die Mündungsfeuerbremse und der Überströmkanal verändert worden. Auch das Verschlussgehäuse wurde nach einem anderen technologischen Verfahren hergestellt. Wer im Truppendienst an dieser Waffe ausgebildet wurde, schätzte ihre einfache Bedienung, die Wartungsfreundlichkeit und vor allem die der russischen Technik häufig eigene Robustheit. Die AKM funktionierte unter Gefechtsbedingungen in verschiedenen Klimazonen zuverlässig und bewährte sich unter anderem in Vietnam, im Nahen Osten, in Äthiopien und in Schwarzafrika.

Das Sturmgewehr AK-74 aus Wiesa, seit 1985 in sowjetischer Linzenz gebaut

1967/68 begann in Wiesa die Serienfertigung dieses modernisierten Sturmgewehres in der Standardausführung und in der Version mit einklappbarer Schulterstütze (KMS). Bei der KMS wurde die Schulterstütze zunächst unter der Waffe eingeklappt. Später erfolgte auch hier eine Veränderung. Nun konnte die Schulterstütze seitlich an die Waffe geklappt werden, was von manchen Anwendern sehr kritisch bewertet wurde, weil damit die KMS in bestimmten Einsatzsituationen schlechter handhabbar war.

Kennzeichnend für den Fertigungsprozess der AK-47/AKM war der hohe Anteil manueller Arbeit. Nach dem Anschießen mussten die Waffen nachbearbeitet werden, was die Tagesproduktion auf 300 bis 320 Waffen begrenzte. Das blieb im Wesentlichen so bis in die 80er Jahre. 70 bis 80 Prozent der Teile für die AKM bzw. KMS kamen von Zulieferbetrieben. Das Magazin wurde im VEB Schlösser und Beschläge Döbeln hergestellt, den Lauf produzierte der VEB Jagd- und Sportwaffenwerk Suhl. Auch die später verwendeten Plastikteile für oberen und unteren Handschutz, Griffstück und Kolben sowie Teile des Schlosses wurden zugeliefert.

Der Ausbau der NVA und anderer Organe sorgte zunächst für einen wachsenden Bedarf an Sturmgewehren. So lag trotz aller Schwierigkeiten das Produktionswachstum in den 60ern bei jährlich durchschnittlich acht Prozent.

Neben der Waffenfertigung betrieb das Unternehmen einen umfangreichen Werkzeugbau im Ort Geyer. Die etwa 300 dort tätigen Mitarbeiter stellten nicht nur Werkzeuge und Vorrichtungen für die Waffenproduktion her. Es wurden auch zivile Betriebe beliefert.

Es gehört zu den nicht erklärbaren Kuriositäten der DDR-Wirtschaft, dass im VEB Geräte- und Werkzeugbau Wiesa in der zweiten Hälfte der 60er Jahre eine Waschmaschinenproduktion aufgebaut werden sollte. Nach der Auflösung der für die Rüstungsindustrie zuständigen Vereinigung Volkseigener Betriebe (VVB) UNIMAK im Jahr 1961 wurde das Unternehmen der VVB Eisen-Blech- und Metallwaren zugeordnet, welche die Entwicklung und Fertigung von Erzeugnissen für den zivilen Markt favorisierte. Das Waschmaschinenprojekt, für dessen Realisierung 6,3 Millionen Mark der DDR aufgewendet wurden, musste jedoch 1969 abgebrochen werden. Das zuerst in Saalfeld und nun in Wiesa produzierte Waschmaschinen-Modell erwies sich im Vergleich zu den Waschmaschinen aus Schwarzenberg als zu groß geratener Ladenhüter. Hinzu kam eine (möglicherweise durch den Schock des Prager Frühlings) ausgelöste Bedarfssteigerung der Streitkräfte. So wurden die für die Waschmaschinenproduktion vorgesehenen Produktionsbereiche umprofiliert und das Unternehmen stellte zunächst wieder ausschließlich die Produkte her, für deren Fertigung es über unbestreitbare Erfahrungen und Expertenwissen verfügte.

Entwickler des sächsischen Rüstungsbetriebes versuchten ab Mitte der 60er Jahre durch den Einsatz von Plastik bei der Fertigung des Kolbens, des oberen und unteren Handschutzes und des Griffstückes die Kosten zu senken. Ab 1980 wurde die AKM völlig ohne Holzteile hergestellt. Diese Produktmodifikation erwies sich allerdings als Nachteil beim Export in Länder des Nahen Ostens. Zum einen erhitzten sich die Plastikteile unter den dortigen klimatischen Bedingungen zu stark, was für den Schützen sehr lästig ist. Zum anderen gilt in diesen Ländern Holz als knapper und daher wertvoller Rohstoff, was eine Waffe mit Holzkolben aufwertet und dem Träger eine Statuserhöhung beschert. Deshalb kauften Kunden in Nahost-Ländern Sturmgewehre eher direkt in der UdSSR oder in Jugoslawien, während die DDR-Ausführung in diesen Märkten nur schwer zu positionieren war.

Zwischen 1966 und 1970 stieg die Produktion von Sturmgewehren in Wiesa um 54 Prozent. 1970 erfolgte die Zuordnung zum Kombinat Spezialtechnik Dresden (KSD) und damit die endgültige Ausrichtung als Rüstungsunternehmen. Außer in der eigentlichen Waffenproduktion profilierte sich das Unternehmen im Bereich der industriellen Instandsetzung von Sturmgewehren, Leichten Maschinengewehren und Panzerfäusten des Typs RPG-7.

Doch noch einmal ereilten branchenfremde Planauflagen die Wiesaer Waffenproduzenten. Mit dem Wechsel in der Parteiführung und der Propagierung der »Einheit von Wirtschafts- und Sozialpolitik« nach dem VIII. Parteitag der SED nahm der Druck auf die Unternehmen zur zumindest partiellen Produk-

Die MPi Kalaschnikow (AK-47, AKM): Schaft und Griffstück noch aus Holz

tion von Konsumgütern wieder zu. In der sächsischen Waffenschmiede befasste man sich nun auch mit der Herstellung von Getrieben für Waschvollautomaten und mit der Fertigung von Gepäckträgern. 1975 erreichte der Anteil der zivilen Produktion 17 Prozent. Selbst ein Waffenhersteller hatte in der DDR ein ziviles Tätigkeitsfeld, was deutlich macht, welche Prioritäten die Wirtschaftspolitiker der DDR zunächst setzten.

Zugleich war Exportproduktion gefordert. Für das militärische Qualitätsprodukt aus Wiesa ergaben sich gute Chancen auf den Außenmärkten. Die DDR avancierte zum kommerziellen Waffenexporteur und der VEB Geräte- und Werkzeugbau in den Folgejahren zum Heckler & Koch der DDR. Zwischen 1971 und 1975 lag der Anteil des Waffenexports an der gesamten Produktion zwischen zehn und 32 Prozent.

Kundschaft fand sich vor allem in Asien, Afrika und Lateinamerika.

Die Stellvertreterkonflikte zwischen den Supermächten USA und UdSSR Ende der 70er/Anfang der 80er Jahre in Afghanistan, Angola, Nicaragua und Äthiopien führten einerseits zu einer Ausweitung der Waffenlieferungen an die von der DDR traditionell unterstützten Befreiungsbewegungen und »jungen Nationalstaaten«.

Völlig neue Marktchancen eröffneten sich jedoch unerwartet durch einen Krieg, der in eigentümlicher Weise quer zu den gewohnten Konfliktlinien der weltweiten Systemauseinandersetzung lag. Der erste Golfkrieg zwischen dem

Die reaktive Panzerbüchse RPG-7 (rechts im Bild), ebenfalls in Wiesa bei Annaberg-Buchholz instandgesetzt. Die Gemeinde im heutigen Erzgebirgskreis heißt seit 2005 »Thermalbad Wiesenbad«

Irak und dem Iran, den Saddam Hussein im Jahr 1980 mit Ermunterung durch die USA vom Zaun gebrochen hatte, erwies sich offenbar als Katalysator für einen Paradigmenwechsel bei einigen Politikern und Wirtschaftsführern der DDR.

Hatte man bisher die Eigenproduktion von Rüstungsgütern eher als notwendiges Übel betrachtet, zeigte sich nun, dass damit auf internationalen Märkten Geld verdient werden konnte. Über die Unternehmen IMES des Bereichs Kommerzielle Koordinierung und ITA (Ingenieur-Technischer Außenhandel) wurden beide Kriegsparteien unter anderem mit Sturmgewehren und Panzerfäusten beliefert, wobei IMES für den Kunden Iran und ITA für den irakischen Markt zuständig war. An den Iran hat die DDR zwischen 1980 und 1981 Waffen und Munition vermutlich im Wert von 60 Millionen Valuta-Mark geliefert. Zum Teil sollen dabei auch die in die Jahre gekommenen Waffenbestände der NVA ausgedünnt worden sein. Die DDR agierte auf dem internationalen Wehrtechnikmarkt zunehmend selbstbewusst und stellte – wie westliche Länder das schon immer taten – auch in diesem Bereich ihre Wirtschaftsinteressen in den Vordergrund.

Ab Mitte der 70er Jahre wurde in Wiesa die Produktion des sowjetischen AKM-Nachfolgemodells AK-74 mit dem Kaliber 5,45 x 39mm vorbereitet. Die Lizenzvergabe für diese Waffe erfolgte innerhalb des östlichen Bündnisses nur an die DDR und nur für ihren Eigenbedarf. Ein Export der AK-74 in das Nichtsozialistische Wirtschaftsgebiet wurde strikt ausgeschlossen. Über die Gründe für diese restriktive Ausgestaltung der Lizenzbedingungen und die Beschränkung der Lizenzvergabe innerhalb des Warschauer Vertrages auf die DDR kann man nur spekulieren. Plausibel erscheint die Vermutung, dass die NVA durch die Ausrüstung mit dem neuen Sturmgewehr kompatibel zu den Truppen der GSSD bei der Munitionsversorgung bleiben sollte, da die ostdeutschen Kampfdivisionen schon im Frieden dem Vereinten Oberkommando unterstanden und im Kriegsfall in die GSSD bzw. Westgruppe der Sowjetischen Streitkräfte eingegliedert werden sollten. Die Beschränkung der Lizenz auf den Eigenbedarf der DDR mag entweder kommerzielle Interessen des sowjetischen Herstellers als Hintergrund haben oder mit der Wirksamkeit dieser Waffen zusammenhängen.

Es handelte sich bei der AK-74 im Grunde um eine nachholende Modernisierung. Die US-Streitkräfte hatten bereits im Vietnamkrieg mit ihrem Sturmgewehr M-16 ein kleines Kaliber favorisiert. Die neue sowjetische Waffe wies gegenüber dem Vorgängermodell einige Vorteile auf. Durch eine veränderte Mündungsfeuerbremse behielt sie bei Dauerfeuer eine größere Stabilität. Das kleinere Kaliber bei gleicher Treibladung ermöglichte zudem eine höhere

Anfangsgeschwindigkeit des Geschosses und eine stärkere Wirkung im Ziel. Außerdem war der Rückstoß geringer als beim Vorgängermodell.

Von 1976 bis 1980 flossen allein 48,6 Millionen Mark an Vorlaufinvestitionen in das Lizenz-Projekt. Bis zum Beginn der Serienproduktion wurden daraus knapp 112 Millionen Mark. Wobei die DDR-Wirtschaftsplaner bei ihrer Entscheidung über den Umfang der vorzunehmenden Investitionen und die angestrebte Produktionskapazität wohl insgeheim hofften, dass mit der Zeit doch ein nennenswerter Export der Waffe sowohl in das Bündnisgebiet, als auch in NSW-Staaten möglich werden könnte. Die Gelder wurden unter anderem in die Umrüstung des VEB Spindelfabrik Hartha für die Laufherstellung, den Neubau für die Galvanik und – vor allem aus Gründen des Umweltschutzes – in die Neutralisationsanlage investiert.

Bei der vom Lizenzgeber vorgeschriebenen Innenverchromung des Laufes traten erhebliche technologische Probleme auf, die unter großem Investitionsaufwand in Höhe von 3 Millionen Mark im VEB Jagd- und Sportwaffenwerk Suhl gelöst werden mussten.

Zur Sicherung der Laufproduktion kaufte der Bereich Kommerzielle Koordinierung in Österreich außerdem neue Hämmermaschinen und in der Schweiz Hämmerdorne. In Wiesa entstand eine neue Produktionshalle.1985 begann dort die Serienproduktion des neuen Sturmgewehres. Die AK-74 wurde in erheblichen Stückzahlen hergestellt. 1989 befanden sich allein im Bestand der NVA über 163.000 dieser unter anderem im Afghanistankrieg bewährten Waffen. Die Bundeswehr übernahm 1990 alle Waffen des Lizenz-Modells AK-74.

Parallel zur Herstellung der AK-74 wurde in den 80er Jahren die Fertigung der AKM für die Reservebestände der Streitkräfte und den Export fortgesetzt.

Die mit hohem Investitionsaufwand erweiterten Fertigungskapazitäten in Wiesa mussten ausgelastet werden. Auch unter den planwirtschaftlichen Bedingungen der DDR-Wirtschaft ging es letztlich um Entwicklungsperspektiven für Unternehmen und den Erhalt von Arbeitsplätzen. Der betriebswirtschaftliche Druck begünstigte bereits vor Aufnahme der Serienproduktion Planspiele über einen Export der AK-74, notfalls unter Umgehung der Lizenzbestimmungen. Solche Überlegungen wurden jedoch durch das zuständige zivile Industrieministerium als unrealistisch verworfen. Ein Einlenken des sowjetischen Lizenzgebers in der NSW-Exportfrage war andererseits unwahrscheinlich. Und selbst wenn der Lizenzgeber einem Export der AK-74 in NSW-Länder zugestimmt hätte, wären potentielle Kunden durch die Abhängigkeit von den Munitionsherstellern UdSSR, China und DDR abgeschreckt worden.

Die Verantwortlichen im Kombinat Spezialtechnik Dresden hatten jedoch bereits Anfang der 80er Jahre – also vor dem Start der AK-74-Serienproduktion – eine alternative Möglichkeit zur langfristigen Auslastung der Fertigungskapazitäten und zur Erwirtschaftung dringend benötigter Devisen in Betracht gezogen.

Unter Umgehung der Lizenzbedingungen sollte eine DDR-Variante der AK-74 entwickelt werden. Das neue Sturmgewehr sollte sich durch hohe Zuverlässigkeit und Schützensicherheit auszeichnen, eine effektive Einsatzentfernung zwischen 150 und 300 Metern aufweisen und eine Lebensdauer von etwa 10.000 Schuss haben. Außerdem wollte man bei der Fertigung weitgehend auf die Technologie der Modelle AKM und AK-74 zurückgreifen, um Investitionen zu sparen. So entstand ein Experimentalmuster mit dem Code Sturmgewehr 985, das bereits für das NATO-Kaliber 5,56 x 45mm konzipiert wurde.

Die Voraussetzungen für eine solche Produktentwicklung mussten allerdings erst geschaffen werden. Die DDR verfügte bis 1983 weder über Erfahrung noch über die notwendigen technischen Ausrüstungen für die Entwicklung von Infanteriewaffen. Die Lizenzproduktion hatte den Vorhalt solcher Forschungs- und Entwicklungskapazitäten nicht erfordert.

Also wurden die entsprechenden technischen Bedingungen für die Lösung dieser Aufgabe in kürzester Zeit geschaffen. Hier zeigte sich das Improvisationstalent der beteiligten Ingenieure. Inspiration holten sich die Dresdner unter anderem durch die Produktanalyse des israelischen Sturmgewehres GALIL, das konstruktiv große Ähnlichkeit zum sowjetischen Sturmgewehr AK-47/AKM aufwies.

Ein Politbürobeschluss vom 6. September 1983 stellte schließlich die Weichen für die Schaffung »langfristig stabiler NSW-Exportlinien ... sowie die Entwicklung und Produktion von lizenzfreien und importunabhängigen Erzeugnissen« im Segment Infanteriewaffen. Die Fertigung von Sturmgewehren und anderen Infanteriewaffen sollte bis zum Jahr 1990 auf 280 Prozent erhöht werden, was eine massive Ausweitung der Exporte einschloss. Allerdings fiel zu diesem Zeitpunkt noch keine Entscheidung über das Schicksal des Sturmgewehrprojektes 985. Offenbar hoffte man in den Führungsgremien der DDR doch noch auf ein Einlenken des AK-74-Lizenzgebers UdSSR in der Frage des geplanten massiven NSW-Exports. Doch diese Hoffnungen zerschlugen sich ebenso wie die optimistischen NSW-Marktprognosen von DDR-Außenhändlern für die herkömmlichen Sturmgewehre AKM mit Kaliber 7,62. Bereits ab 1985 verringerte sich tendenziell sowohl der Bedarf der Streitkräfte als auch der staatlichen Exportunternehmen an den Modellen AKM und KMS.

Diese Entwicklung sollte sich in den Folgejahren fortsetzen. Damit stellte sich drängend die Frage, wie mit den nun deutlich überdimensionierten Fertigungskapazitäten in Wiesa zu verfahren sei. In dieser Situation landeten die

Die Wieger 940. Um die sowjetischen Lizenzbedingungen für die AK-47 und AK-74 zu umgehen (Produktion nur für den Eigenbedarf und den Export in Staaten des Warschauer Vertrages), beschloss das SED-Politbüro 1983 u. a. einen Maßnahmeplan »zur weiteren Erhöhung des Aufkommens an Schützenwaffen und Schützenwaffenmunition für den NSW-Export« zu erarbeiten. In dessen Folge entwickelte der Werkzeug- und Gerätebau Wiesa ein Sturmgewehr mit der Bezeichnung Wieger 940. Bis Ende 1989 wurden rund 10.000 davon produziert. Diese wurden zu großen Teilen an die IMES GmbH ins Lager Kavelstorf geliefert. In dem im Dezember 1989 geräumten Lager mit für den Export bestimmten Waffen befanden sich auch rund 2.000 Sturmgewehre derVersion Wieger 940

Waffenexporteure des Bereichs Kommerzielle Koordinierung Mitte der 80er Jahre – weitgehend abgekoppelt von offiziellen militärökonomischen Planungsgremien – einen marketing-strategischen Coup: Man entschied sich angesichts der Marktbedingungen für eine klassische Produktdiversifikation auf der Basis der Projektstudie des Sturmgewehres 985.

Das zum Bereich Kommerzielle Koordinierung gehörende Außenhandelsunternehmen IMES erteilte 1986 dem Kombinat Spezialtechnik Dresden den Auftrag für die Entwicklung eines neuen Sturmgewehrs für den NSW-Export. Das Experimentalmuster 985 mit dem NATO-Standardkaliber 5,56 x 45mm wurde technisch völlig überarbeitet und einem Facelifting unterzogen. Die Investitionen für diese Entwicklung wurden durch die Firma IMES realisiert, wobei die Refinanzierung ausschließlich durch den Export der neuen Waffe erfolgen sollte. Der Bereich Kommerzielle Koordinierung wendete für die Produktentwicklung elf Millionen Mark auf. Auch das Kombinat Spezialtechnik Dresden stellte zwei Millionen Mark aus dem Fonds Wissenschaft und Technik bereit.

Bei einem einzigen Waffen-Modell beließen es die sächsischen Entwickler nicht. Potentielle Kunden erwarteten optimale taktisch-technische Lösungen für verschiedene Einsatzbereiche. Neben dem Sturmgewehr mit starrem Kolben entstanden daher ein Modell mit einklappbarer Schulterstütze, eine Kurzversion für Spezialeinheiten, ein Leichtes Maschinengewehr und eine Scharfschützenversion. Unter der Bezeichnung Wieger STG 940 (Wieger stand für Wiesa

Gerätebau, nicht, wie oft angenommen, für Wiesa Germany) sollten die Modelle 941 bis 945 weltweit vermarktet werden.

Als full-service-Anbieter wollte der Bereich Kommerzielle Koordinierung jedoch nicht nur die Waffen, sondern auch die zugehörige Munition liefern, was den besonderen Vorteil bot, gegebenenfalls unabhängig vom Export der Sturmgewehre Munition des NATO-Kalibers weltweit anbieten zu können. Diese Munitionsproduktion erfolgte in Königswartha.

Unter Federführung der Firma IMES sowie der Abteilung Bewaffnung und Chemische Dienste des MfS und unter Einbeziehung des Dresdner Unternehmens ZFT aus dem Kombinat Spezialtechnik wurden Ende der 80er Jahre im Geräte- und Werkzeugbau Wiesa die Weichen für die Produktion und Markteinführung der neuen Produktfamilie gestellt. Im September 1988 wurden die Waffen des Systems Wieger 940 erprobt und erwiesen dabei ihre Robustheit, Treffsicherheit und leichte Bedienbarkeit. Produktpräsentationen für potentielle südamerikanische Kunden fanden auf einem Schiessplatz der NVA in der Nähe des südlich von Berlin gelegenen brandenburgischen Ortes Lehnin statt.

Teilnehmer dieser Vorführungen berichteten, dass die Waffen in den Sand geworfen und von einem LKW W 50 überrollt wurden. Die Funktionsfähigkeit der Qualitätserzeugnisse aus Wiesa wurde dadurch nicht beeinträchtigt. Nach dem Verschuss des Inhalts von zwei Magazinen (jeweils 30 Patronen) im Dauerfeuer-Modus wurden die Vorführwaffen, deren Läufe extrem erhitzt waren, in eine mit Wasser gefüllte Regentonne geworfen. Auch nach dieser Prozedur blieben die Sturmgewehre voll funktionsfähig, was die Südamerikanischen Offiziere erkennbar beeindruckte. Die Marktfähigkeit der neuen Produkte schien gewährleistet.

Das neue Sturmgewehr 940 sollte kurzfristig einen betriebswirtschaftlich ruinösen Absatz-Trend brechen. 1988 und 1989 waren die in Wiesa geschaffenen Produktionskapazitäten nur noch zu etwa 50 Prozent ausgelastet. Schon hatte man die Fertigung der Läufe für die Sturmgewehre in Hartha eingestellt und die ehemalige Spindelfabrik wieder dem Kombinat Textima für die zivile Produktion zugeordnet. Die neue Exportwaffe mit richtungsweisendem Design gab Anlass zu Überlegungen für eine zumindest partielle Verjüngung der gesamten Produktpalette. Es wurde an eine Designanpassung der Lizenz-Modelle AKM und AK-74 gedacht. Abgesehen von der optischen Aufwertung dieser Waffen hätten sich damit für den Hersteller betriebswirtschaftlich interessante Rationalisierungseffekte ergeben.

Doch wie so oft in der Wirtschaftsgeschichte der DDR scheiterten die Ingenieure mit ihren Fähigkeiten und die Wirtschaftsplaner mit ihren Ambitionen an den Realitäten. Das Projekt Wieger findet sich erst ab dem Jahr

1988 in der staatlichen Planung der Speziellen Produktion. In jenem Jahr wurden 2.000 Wieger 940 hergestellt. Für 1989 war die Produktion von 9.000 Sturmgewehren zwischen dem für das Unternehmen zuständigen Ministerium und dem Bereich Kommerzielle Koordinierung in Protokollform vereinbart worden. Die Serienproduktion des Standardgewehres STG-941 und der Waffe mit einklappbarer Schulterstütze (STG-942) begann im August 1989. Insgesamt wurden etwa 10.000 dieser Waffen gefertigt. Das Kompaktgewehr mit verkürztem Lauf (STG-943) wurde nur in kleinen Stückzahlen hergestellt. Von den anderen Waffen der Produktfamilie existierten zu diesem Zeitpunkt nur wenige Exemplare. An potentielle Exportkunden wurden Erprobungsmuster geliefert.

Die Rostocker Ostsee-Zeitung *berichtete am 21. Dezember 1989*

Ein Verkauf auf den Außenmärkten fand nach Kenntnis militärischer Entscheidungsträger aus dem Bereich der Speziellen Produktion nicht mehr statt, da sich die DDR inzwischen auflöste. Aufgebrachte Bürger fanden am 10. Dezember 1989 beim Betreten des IMES-Außenlagers im Mecklenburgischen Kavelstorf 2000 Sturmgewehre der Produktfamilie Wieger 940 vor. So endete vor dem eigentlichen Start das wohl einzige Exportgeschäft der DDR-Rüstungsindustrie mit teilweise selbst entwickelten Waffen.

Der ganze Ablauf erscheint im Nachhinein dennoch wie ein Lehrbeispiel aus einem Marketing-Handbuch. Die DDR konnte durchaus marktgerecht agieren, wenn der Leidensdruck groß genug war. Die nüchterne Analyse der Produkterwartungen potentieller Kunden sowie der Erzeugnisse und Marktpositionierungen internationaler Wettbewerber sorgten für die Entwicklung eines innovativen, qualitativ hochwertigen Erzeugnisses und den Aufbau eines vom MfS betreuten Distributionssystems.

Die UdSSR dürfte über den wie Produktpiraterie anmutenden Alleingang der ostdeutschen Entwickler unterrichtet gewesen sein. Es ist sehr wahrscheinlich, dass bei energischer Intervention sowjetischer Stellen in der DDR das Projekt recht schnell beendet gewesen wäre. Traditionelle Bindungen zwischen dem MfS und dem KGB hätten der Sowjetunion schon auf informeller Ebene die entsprechenden Einflussmöglichkeiten geboten. Vielleicht jedoch passte die aus Devisennot geborene Initiative der DDR durchaus in das militärpolitische und geheimdienstliche Konzept der Schutzmacht Sowjetunion mit Blick auf die damaligen lokalen bewaffneten Konflikte.

Seit dem Untergang der DDR schießen Spekulationen über den Verbleib der Waffen und der dazu gehörenden Patent- und Produktionsunterlagen ins Kraut. Das Bundeskanzleramt hat nach Informationen der in Chemnitz erscheinenden Freien Presse am 22. März 2010 erstmals offiziell bestätigt, dass 1993 etwa 50 Kisten mit Konstruktions- und Fertigungsunterlagen für das System Wieger 940 vom Bundesnachrichtendienst – angeblich ohne Wissen offizieller Stellen – von Wiesa nach München verbracht worden sind. Diese und andere Unterlagen sowie Waffen und Geräte aus anderen DDR-Rüstungsbetrieben seien dem Bundesamt für Wehrtechnik übergeben worden. Der Vorgang verrät viel über die Effizienz bundesdeutscher Sicherheitsbehörden, die offenbar erst drei Jahre nach dem Vollzug der Einheit in der Lage waren sich das wehrtechnische Erbe der DDR anzueignen.

Es gehört zu der Verschleierungstaktik in dieser Sache, dass derzeit niemand offiziell über den Verbleib der Unterlagen und der Waffen Auskunft geben möchte und gezielt offenkundige Fehlinformationen gestreut werden. Angeblich sind die Sturmgewehre und Konstruktionsunterlagen nicht ins Ausland geliefert worden, was die Vermutung nahe legt, dass der Verbleib und die aktuelle Nutzung des DDR-Erbes sehr wohl bekannt sind.

Bereits 1992 berichtete der *Spiegel*, dass Sturmgewehre des Typs Wieger 940 im jugoslawischen Bürgerkrieg zum Einsatz gekommen seien. Es gibt zudem informelle Berichte aus Spezialeinheiten der Bundeswehr über den Einsatz der Wieger 940 bei der Gegnerdarstellung im Rahmen der Gefechtsausbildung.

Auch in den USA werden Waffen unter der Bezeichnung Wieger vermarktet. So verweist die Freie Presse auf die US-Firma Inter Ordnance Incorporation als Anbieter. Allerdings handelt es sich bei diesen Produkten nicht um Originalwaffen aus Wiesa, sondern um weitgehend originalgetreue Nachbauten. Auch das US-Unternehmen Hesse Arms bietet beispielsweise unter der Bezeichnung Wieger STG940 Rifle für 840 Dollar eine Waffe an, die zwar optisch der Originalwaffe aus Wiesa ähnelt, aber für das AK-47-Kaliber 7,62 und zudem nur als Halbautomatik ausgelegt ist.

Aus Russland, Bulgarien und Rumänien werden mittlerweile Sturmgewehre geliefert, die das Konstruktionsprinzip der AK-74 mit dem NATO-Standardkaliber verbinden. Doch diese Waffenmodelle sind nach Aussagen von Fachleuten kein Nachbau der Wieger 940, sondern Eigenentwicklungen der jeweiligen Firmen, die aber von der Wieger 940 inspiriert sein dürften.

Plausibel erscheint die Vermutung, dass zumindest Duplikate der Konstruktionsunterlagen für die Wieger 940 mit dem zum Kombinat Spezialtechnik gehörenden Entwicklungsunternehmen ZFT dem US-Konzern General Atomics zugefallen sind. Es wäre völlig untypisch, wenn die verantwortlichen Mitarbeiter des Bereiches Kommerzielle Koordinierung keine Kopien der Konstruktions- und Fertigungsunterlagen gesichert hätten. Man kann daher durchaus davon ausgehen, dass diese Unterlagen noch existieren und dass damit Geld verdient wurde. Wo es geblieben ist, darüber lässt sich nur spekulieren.

Waffe	Entwicklungszeit (Monate)	Beginn der Produktion (Jahr)	Einführungskosten (Mio. Mark)		Lizenz- und FuE-Kosten
			Investitionen Ausrüstung	Bau	
AK-47	33	1958	18,0	1,3	4,8
AK-M	17	1968	7,8	3,3	2,2
AK-74	30	1985	81,3	15,6	14,6
940	36	1989	11,0	0	2,0

Tab. 5: Investitionen zur Produktion von Sturmgewehren (1958-1989)

Insgesamt hat die DDR im Laufe der Jahre für Sturmgewehre »Made in GDR« knapp 162 Millionen Mark an Investitionen aufgewendet.

Die Tabelle auf der Seite zuvor verdeutlicht, dass das Exportprojekt Wieger 940 als Produktdiversifikation wesentlich geringere Investitionen erforderte als die Lizenzwaffe AK-74. Das STG-940 sollte unter weitgehender Nutzung der bereits getätigten Investitionen für die Fertigung der russischen Originalwaffe hergestellt werden. Daher wäre dieses Projekt sowohl hinsichtlich der zu erwartenden betriebswirtschaftlichen Effekte, der zu erlösenden Devisen und der Auslastung ohnehin vorhandener Produktionskapazitäten volkswirtschaftlich interessant gewesen.

Der VEB Geräte- und Werkzeugbau Wiesa galt in der unmittelbaren Nachwendezeit zunächst als Vorzeigeunternehmen für eine schwierige, aber auch aussichtsreiche Rüstungskonversion in Ostdeutschland. Aus der Waffenschmiede sollte ein Hydraulikproduzent werden. Die Herauslösung des Unternehmens aus dem Kombinat Spezialtechnik Dresden, die Eingliederung in das in Leipzig ansässige Kombinat ORSTA Hydraulik und die angestrebte Kooperation mit verschiedenen Unternehmen der westdeutschen Mannesmann-Rexroth GmbH schienen eine realistische Chance für die Umprofilierung und den Erhalt des GWB zu sein. Das noch im Juni 1990 in die Spezialwerkzeuge und Hydraulik GmbH umgebildete Unternehmen existiert jedoch nicht mehr.

Erzeugnis	Bedarfsträger	1982	1983	1984	1985	1986	1987	1988	1989
AK-47	NVA	-	10000	20000	30000	-	16000	13500	-
	MdI	-	10350	6850	15000	-	-	-	7500
	MfS	5800	1500	5000	4000	-	-	-	-
	Staatsreserve	-	30000	47900	19650	38500	7500	33000	18800
	SW/ITA	-	-	5000	1000	6000	2000	2000	-
	NSW/ITA	62000	42447	37015	4670	-	5000	3500	22000
	KOKO	46700	24440	20780	26500	-	-	250	1700
AK-74	NVA	-	-	-	6000	30000	43750	24000	45000
	MfS	-	-	-	-	8000	4000	4000	4000
	SW/ITA	-	-	-	-	-	1000	-	-
	KOKO	-	-	-	-	-	250	13000	-
Wieger 940	NSW/IMES	-	-	-	-	-	-	2000	9000

Tab. 6: Produktion von Sturmgewehren in Wiesa nach Bedarfsträgern und Jahren (absolute Zahlen)

VEB Mechanische Werkstätten Königswartha,
VEB Spreewerk Lübben
Munition für den Ernstfall

Infanteriemunition gehört zu den Massenverbrauchsgütern einer Armee. Alle Ausbildungs- und Einsatzpläne sind Makulatur, wenn nicht möglichst reibungslos die Versorgung der Truppe mit Munition gesichert werden kann.

Die kasernierten Polizeieinheiten der Sowjetischen Besatzungszone nutzten in ihrer Aufbauphase zunächst Infanteriewaffen der Wehrmacht, so den Karabiner 98k, das Sturmgewehr 43, die Maschinengewehre 34 und 42 sowie die Pistolen Parabellum Luger 08 und Walther P38. 1948 übergab die sowjetische Militäradministration (SMAD) 30.000 deutsche Infanteriewaffen an die im Aufbau befindlichen Polizeibereitschaften. 1951, als der für die Aufstellung kasernierter Polizeieinheiten verantwortlichen Hauptverwaltung für Ausbildung schon in größerem Umfang veraltete sowjetische Waffen zu kommerziellen Bedingungen überlassen wurden, waren Teile der Truppe immer noch mit deutschen Waffen ausgerüstet. Das blieb nach Gründung der Kasernierten Volkspolizei am 1. Juli 1952 zunächst auch noch so.

Erst Schritt für Schritt erfolgte die Umrüstung auf modernere sowjetische Waffen. Dem am 1. Januar 1956 gegründeten Unternehmen Mechanische Werkstätten Königswartha fiel in diesem Prozess eine Schlüsselrolle zu. Das Werk zur Herstellung von Infanteriemunition sollte den Munitionsbedarf der im Aufbau befindlichen Streitkräfte decken. Die Standortwahl erfolgte vor allem wegen der räumlichen Erweiterungsmöglichkeiten, der Entfernung von der Staatsgrenze West und der Möglichkeit, aus der regionalen Landwirtschaft Arbeitskräfte zu gewinnen. Zwar gab es in Königswartha seit 1940 eine Heeresmunitionsanstalt – sie produzierte jedoch überwiegend Artilleriemunition und wurde nach 1945 durch die sowjetischen Truppen im Zuge der Entmilitarisierung gesprengt.

Mit der Gründung der NVA am 1. März 1956 wurden die Anstrengungen zur Modernisierung und Vereinheitlichung der Bewaffnung intensiviert. Die NVA sollte schnell zu einer bündniskompatiblen Armee werden. Deshalb wurden schrittweise das Sturmgewehr Kalaschnikow (AK-47) und die Armeepistole Makarow als Standardinfanteriewaffen eingeführt.

In Königswartha stellte man zunächst vor allem aus der CSSR importierte Maschinen auf. Neben der Gewehrpatrone Kal. 7,62 mm mit Messing- und

Stahlhülse wurden Pistolenpatronen Kal. 9 mm und die Patrone Kz 43 für das deutsche Weltkriegssturmgewehr 43 hergestellt, das sich zunächst noch im Bestand der Streitkräfte befand und dann als Reserve eingelagert wurde. Später kamen die Fertigung von Munition für die sowjetische Armeepistole TT und ab 1961 der Patrone M 43 mit Stahlkern für das Sturmgewehr AK-47 hinzu. Die Mechanischen Werkstätten Königswartha spezialisierten sich nun auf die Massenproduktion der Patrone M 43 (Kal. 7,62) und der 9-mm-Patrone für die Pistole Makarow.

Der Mangel an qualifizierten Arbeitskräften erschwerte zunächst die Entwicklung des Unternehmens. Zudem war die Personalauswahl eingeschränkt, weil die Tätigkeit im Unternehmen mit der Verpflichtung zur Geheimhaltung verbunden war. Erschwerend für die Produktion wirkten auch Einstellungen westdeutscher Stahllieferungen während des Wirtschaftskrieges Ende der 50er und Anfang der 60er Jahre. Das Produktionsvolumen des Unternehmens erhöhte sich trotzdem zwischen 1961 und 1965 im Durchschnitt um fast sieben Prozent jährlich, wobei mit 17 Prozent im Jahr 1964 der größte Zuwachs erreicht wurde.

Ab 1962 begann das Werk in Königswartha mit der Herstellung von Jagdmunition und von Teilen für die Waschmaschinenproduktion. Investitionen

Im VEB Mechanische Werkstätten Königswartha (MWK), 1956 gebildet, fanden auch viele Frauen Arbeit. Das Bild zeigt die Beschriftung von Panzerabwehrwaffen mit der Hand

flossen auch in die Einrichtung einer Kinderkrippe und einer Wäscherei, was angesichts einer zu etwa 50 Prozent aus Frauen bestehenden Belegschaft für die Stabilität des Unternehmens von substanzieller Bedeutung war. Der Modernisierungsschub der 60er Jahre führte zu einer deutlichen Produktivitätserhöhung.

Neben der Herstellung von Infanteriemunition war die Fertigung von Zündhütchen nach sowjetischer Lizenz ein zweites wichtiges Tätigkeitsfeld. In einer gesonderten Produktionsanlage, die in drei aus Sicherheitsgründen 100 Meter von einander entfernt liegenden Gebäuden untergebracht war, hantierten die meist weiblichen Arbeitskräfte mit hochexplosivem Nitroglyzerin, was mehrfach zu tödlichen Unfällen führte. Der Betriebsteil für diese sensible Produktion lag etwa tausend Meter vom eigentlichen Unternehmen entfernt. Die in Königswartha produzierten Zündhütchen wurden an das Spreewerk Lübben sowie an Kunden in Polen und der CSSR geliefert.

Mitte der 70er Jahre fassten die DDR-Planungsgremien einen Beschluss zur Serienfertigung der RPG-18 in Königswartha. Diese Panzerabwehrwaffe hat eine Einsatzschussweite von 200 Metern und kann mit ihrer Hohlladung bis zu 375 Millimetern Panzerstahl durchschlagen. Im Unterschied zum Modell RPG-7 hat die RPG-18 ein geringeres Gewicht und geringere Abmessungen. Es handelt sich um eine Wegwerfwaffe für den einmaligen Gebrauch, die ab Anfang der 80er Jahre auch bei Spezialkräften, wie den Fallschirmjägern und den Kampfschwimmern, zum Einsatz kam. Die für das Jahr 1977 geplante Produktionsaufnahme der RPG-18 verzögerte sich allerdings bis 1980, weil der Lizenzgeber Sowjetunion die Dokumentation verspätet und unvollständig übergab sowie zugesagte Hilfe durch Fachleute hinausschob.

Insgesamt wurden von 1975 bis 1980 in dem Unternehmen 63 Millionen Mark für die Erweiterung der Produktion investiert. Dennoch war 1979 die Hälfte des Maschinenparks älter als 20 Jahre. Darin zeigt sich die Widersprüchlichkeit mancher wirtschaftspolitischer Entscheidungen. Dem Aufbau hochmoderner Produktionskapazitäten standen im Bereich der traditionellen Munitionsherstellung zunehmend technisch und moralisch verschlissene Maschinen und Anlagen gegenüber. Die Investitionen reichten zu diesem Zeitpunkt bereits nicht mehr aus, um parallel zu den ehrgeizigen Erweiterungsplänen die vorhandenen Anlagen zu modernisieren. Auch in dieser Entwicklungsphase fehlten dem Unternehmen permanent qualifizierte Arbeitskräfte, was Sonderschichten und Überstunden der Belegschaft notwendig machte. Hinzu kamen Schwierigkeiten bei der Beschaffung der für die Produktion notwendigen technischen Anlagen und der Bindung von Zulieferern.

Ab Mitte der 70er Jahre erhöhte sich der Export des Unternehmens auf etwa ein Drittel der Gesamtproduktion, wovon offenbar ein nicht unerheblicher Teil außerhalb des Warschauer Vertrages realisiert wurde. Die Unterstützung der DDR für Angola, Mocambique, Äthiopien (Ogaden-Krieg gegen Somalia 1977/78) dürfte für diesen Exportzuwachs ebenso ausschlaggebend gewesen sein wie die Lieferungen von Waffen und Munition durch die Firmen IMES und ITA an die Konfliktparteien im ersten Golfkrieg zwischen Iran und Irak im Jahr 1980.

1980 erhielt das Unternehmen die Aufgabe, Gefechtskopf und Triebwerk für die Panzerabwehrlenkrakete Konkurs herzustellen, was einen Neubau der erforderlichen Produktionsstätten erforderlich machte. Bei laufender Fertigung der anderen Haupterzeugnisse entstand eine völlig neue, speziell gesicherte Produktionszone für diese Baugruppen. Die Ingenieure des Werkes modifizierten im Zuge der Lizenzübernahme die Fertigungstechnologie und damit die Leistungsparameter der neuen Waffe. Folgte man der sowjetischen Originaltechnologie, war der Kupferkonus der Hohlladung zu löten. Diese Art der Fertigung führte dazu, dass sich der Kupferkonus verzog. Dadurch wurde die Bündelung der Sprengenergie im Ziel verringert, was Einfluss auf die Durchschlagskraft hatte. Die sächsischen Ingenieure setzten eine Fließdruckmaschine ein, die einen Kupferkonus von höchster Genauigkeit erzeugte. So konnte die Sprengenergie im Ziel besser gebündelt und die panzerbrechende Wirkung deutlich erhöht werden. Der in Königswartha gefertigte Gefechtskopf durchschlug nun nicht mehr nur 500 bis 550 Millimeter, sondern 600 bis 700 Millimeter Panzerstahl. Zu Testzwecken beschaffte der Bereich Kommerzielle Koordinierung die bei Krauss-Maffei für den westdeutschen Standardkampfpanzer Leopard verwendeten Panzerplatten. Sie stellten für die Hohlladung der Konkurs kein Hindernis dar.

Die Serienproduktion dieser Rakete im Instandsetzungswerk Pinnow begann im Dezember 1984 und ermöglichte der DDR den Export der Waffe in die UdSSR und die CSSR.

Angaben der Betriebschronik zufolge war das sächsische Unternehmen durch die Herstellung der Patrone 5,56x45mm Remington auch in das geplante Programm zum Export des Sturmgewehres 940 (Wieger) aus Wiesa eingebunden. Zu den Gründen für diese Produktion gibt es allerdings auch andere Aussagen. Demnach wurde diese Munition unabhängig vom Projekt Wieger vor allem für den devisenträchtigen Export in das Nichtsozialistische Wirtschaftsgebiet hergestellt.

Der gesellschaftliche Umbruch in der DDR stellte die Zukunft der Waffen- und Munitionsfertigung in Königswartha dann infrage. Die Modrow-Regierung stoppte bereits ausgelöste Lieferaufträge für die Streitkräfte. Eine Kooperation mit westdeutschen Unternehmen wie Rheinmetall und Heckler & Koch war für diese aus Wettbewerbsgründen nicht von Interesse. Der ostdeutsche Newcomer war auf dem westlichen Markt nicht erwünscht. Das Unternehmen konzentrierte sich deshalb auf die Vernichtung von Munition aus DDR-Beständen und baute durch Lizenznahmen die zivile Fertigung aus (Baumaschinen, Rollstühle, Schornsteinaufsätze und Teile für Verpackungsanlagen).

Als im ersten Halbjahr 1992 die Spezialtechnik-Gruppe Dresden, zu der das Unternehmen gehörte, an das US-Unternehmen General Atomics verkauft wurde, schien die Zukunft im Konversionsgeschäft gesichert. Der neue Eigentümer wollte 44 Millionen D-Mark in den Aufbau einer thermischen Anlage zur Munitionsvernichtung investieren. Diese Pläne scheiterten jedoch am Widerstand der Einwohner, die den Bau einer solchen nicht ungefährlichen Anlage mitten in einem Trinkwasserschutzgebiet ablehnten. Die Anlage wurde daraufhin im Spreewerk Lübben errichtet, mit einem Investitionsumfang von 31 Millionen Euro. Am Ende des Jahres 1993 wurde das Königswarthaer Unternehmen aufgelöst. Auf dem Gelände befindet sich heute ein Gewerbepark.

Die Rahmenbedingungen für das Unternehmen in Königswartha beeinflussten auch die Entwicklung des 1957 gegründeten Spreewerkes Lübben. Durch die Unternehmensgründung sollte die Industrialisierung in der Region vorangetrieben werden. Es bestanden Erweiterungsmöglichkeiten und die Arbeitskräftesituation schien günstig zu sein. Erschwerend wirkten sich der Mangel an Fachkräften und die schwach entwickelte Infrastruktur aus.

Auf Beschluss von RGW-Gremien erfolgte in Lübben der Aufbau einer unifizierten Fertigungsstraße für die Herstellung der Patrone M 43 auf Basis einer polnischen Lizenz. Baurückstände und Zulieferprobleme führten allerdings dazu, dass die Serienproduktion erst 1961 aufgenommen werden konnte. Für den zivilen Bedarf wurden Alkalipatronen und Plomben hergestellt. Die Generalreparatur von Drehautomaten war ein weiteres ziviles Tätigkeitsfeld, das eine bessere Auslastung der Produktionskapazitäten ermöglichte.

Im Spreewerk herrschte – wie in anderen Betrieben der DDR – permanenter Arbeitskräftemangel, der vor allem durch die Konkurrenz der in der Region ansässigen Tagebaue und Kraftwerke mit ihren relativ hohen Löhnen und guten Sozialleistungen verschärft wurde. Deshalb verließen in den 70er Jahren zwölf Prozent der Gesamtbelegschaft das Unternehmen. Überstunden und Sondereinsätze des Verwaltungspersonals in der Produktion waren die Folge.

Neben der Standardpatrone M 43 stellte das Lübbener Werk seit Anfang der 70er Jahre verstärkt Übungsmunition (M43P) und Leuchtspurmunition (M43LS) für die Streitkräfte her. Gleichzeitig erhöhte sich der Stellenwert der zivilen Produktion. Ihr Anteil am Produktionsvolumen des Rüstungsunternehmens lag in der ersten Hälfte der 70er Jahre zwischen 26 und 34 Prozent.

Der zweite Munitionshersteller der DDR begann in dieser Zeit auch mit dem Export seiner Erzeugnisse. Über das Außenhandelsunternehmen ITA wurden zunächst nur Länder des Warschauer Vertrages beliefert. In den Jahren von 1971 bis 1975 erhöhte sich der Anteil des Exports an der Warenproduktion von drei auf 20 Prozent.

Ab Mitte der 70er Jahre wurden dann die Munitionsexporte in den NSW-Raum zur Erwirtschaftung von Devisen massiv erhöht. Das Spreewerk stellte schließlich in der ersten Hälfte der 80er Jahre etwa 80 Millionen Patronen des

Ministerielle Anweisung zur Bildung des VEB Spreewerk Lübben, 1957

Kalibers 7,62x39mm pro Jahr her, wofür besonders der Bedarf der Kriegsgegner Iran und Irak ausschlaggebend gewesen sein dürfte.

Weil die in die Jahre gekommenen Maschinen ihre Leistungsgrenzen erreicht hatten, wurden über die Firma IMES des Bereichs Kommerzielle Koordinierung Hülsenziehmaschinen, Maschinen zum Pressen des Hülsenbodens und zum Einsetzen des Zündhütchens aus Österreich beschafft. IMES sorgte auch schnell und effizient für die Sicherung der Munitionsherstellung in Lübben, als 1983 in einem tschechischen Zulieferbetrieb eine Anlage zur Herstellung von Schiesspulver explodierte und die UdSSR sich nicht in der Lage sah, diesen Lieferausfall zu kompensieren. Das KOKO-Unternehmen IMES orderte 95 Tonnen Schießpulver in Schweden, was den Jahresbedarf der DDR-Munitionshersteller von 184 Tonnen Schiesspulver zu etwa 50 Prozent deckte.

Mitte der 80er Jahre übernahmen die Lübbener die Herstellung der Munition M 74 für das Sturmgewehr AK-74. Personalengpässe und Probleme bei der Sicherung von Zulieferungen erschwerten die Realisierung des Projektes erheblich. Die Anlaufschwierigkeiten bei der Serienproduktion der M 74 resultierten jedoch auch daraus, dass in dem Unternehmen eine revolutionäre Fertigungstechnologie erprobt wurde, die erst ausreifen musste. Die zunächst nach sowjetischen Lizenzen gebauten, jedoch völlig überarbeiteten vollautomatischen Anlagen zur Herstellung der Patrone M 74 nach dem Rotorprinzip waren ein Kooperationsprojekt der DDR, der CSSR und Ungarns. Jedes Land fertigte drei der neun zu jeder Anlage gehörenden Maschinen.

Im Februar 1987, als die Kinderkrankheiten überwunden waren und die Serienproduktion des neuen Erzeugnisses anlief, verfügte das Spreewerk Lübben über die wohl weltweit modernste Ausstattung für die Massenproduktion dieser Munition (Jahresproduktion zirka 100 Millionen Patronen M 74). Pro Minute konnten auf den zwei Fertigungsanlagen 800 bis 1000 Patronen hergestellt werden. Vertreter des sowjetischen Lizenzgebers erkannten bei einem Besuch ihr ursprüngliches Projekt nicht wieder. Wo sich diese beiden hochmodernen Produktionsanlagen heute befinden, ist nicht bekannt.

Das bei seiner Gründung mit modernen Maschinen ausgerüstete Spreewerk Lübben konnte dank der Automatisierung mit der internationalen technologischen Entwicklung in der Branche Schritt halten. Dieser Umstand dürfte den Ausschlag für das Überleben des Unternehmens in den Jahren nach 1990 gegeben haben. Heute ist dieser Betrieb des ehemaligen Kombinats Spezialtechnik Teil des 1951 in San Diego, Kalifornien gegründeten General Atomics-Konzerns. Dieser befasst sich unter anderem mit der Demilitarisierung konventioneller und chemischer Munition, dem Transport und der Lagerung nuklearer Abfälle, dem Bau von Forschungsreaktoren, der Entwicklung elektromagnetischer Systeme für Militärtechnik und dem Bau unbemannter Kampf- und Aufklärungsdrohnen (Predator). Offenkundig passte das recht moderne Spreewerk gut in das Portfolio des US-Konzerns. Das ostdeutsche Unternehmen, in dem derzeit nur noch etwa 70 Mitarbeiter beschäftigt sind, ist mittlerweile auf die Vernichtung von Streumunition, Bomben, See- und Landminen spezialisiert. Auch Raketen der Typen Nike Herkules, Hawk, Patriot und Sidewinder können im Spreewerk Lübben unschädlich gemacht werden.

Gottfried Nenndorf, Berufsschullehrer: »Wir waren Devisenbringer«

Ich war Dolmetscher für Polnisch im Munitionsbetrieb Spreewerk Lübben, denn ich stamme aus Oberschlesien, habe in Polen studiert und bin erst 1957 in die DDR gekommen. Auf Polnisch habe ich die gesamte Konversation beherrscht, aber auf Deutsch fehlten mir einige Worte.

Als das Angebot des Spreewerkes kam, sagte ich: Okay, das mache ich, aber nicht als Dolmetscher, sondern gleich als Leiter der Betriebsschule, die aufgebaut werden musste. Denn in der Gegend um den Spreewald gab es keine Industrie, keine Metallindustrie, nichts.

In der Aufbauphase des Werkes betreute ich eine Gruppe von mehr als 30 polnischen Spezialisten. Ingenieurtechnisches Personal und der technische Direktor der polnischen Munitionsfabrik – das waren meine ersten Lehrkräfte. Anfang der 60er Jahre wurde ich nach Königswartha verpflichtet. Mein Aufgabenfeld war die berufliche Bildung.

In Lübben wie in Königswartha hatten die Leute wegen ihrer Arbeit in Munitionsfabriken kein ethisches Problem. Sie wussten ja: Die DDR ging nicht voran in der Rüstung, sondern antwortete eigentlich immer erst auf Entwicklungen in der Bundesrepublik. Außerdem bot man ihnen sehr günstige soziale Bedingungen. In den Munitionsbetrieben wurden sie mit Handkuss genommen und bekamen binnen drei Monaten eine Neubauwohnung. Die meisten Mitarbeiter waren frei gewordene Arbeitskräfte aus der Landwirtschaft, die haben dann besser verdient, und die Arbeit in einem modernen Betrieb war auch angenehmer.

Und dann die Möglichkeit, sich weiterzubilden. Ich habe dort alles aufgebaut, von der Spezialistenausbildung über die Facharbeiterausbildung bis zur Meisterausbildung. Schließlich berief man mich zum Außenstellenleiter der Ingenieurschule. Erst für Karl-Marx-Stadt. Dann für Bautzen, wo auch Ingenieure ausgebildet wurden.

Munition für Handfeuerwaffen, rechts außen Kal. 7,62 für die Kalaschnikow

Ende der 70er, Anfang der 80er Jahre, als die Produktionen der Reaktiven Panzerbüchse RPG-18 und für Komponenten der Panzerabwehrlenkrakete Konkurs vorbereitet wurden, kam eine Gruppe sowjetischer Spezialisten. Mit denen konnte man sich gut verständigen.

Manche unserer Leute zeigten sich bei Lizenznahmen am Anfang überheblich. Und dann sind sie auf den Arsch gefallen. Da haben wir gesagt: Leute, jetzt macht ihr es erst mal so, wie es in der Technologie steht. Wenn ihr das beherrscht und die Russen weg sind, könnt ihr immer noch was verbessern mit unserem Know-how. Aber erst mal beherrschen und nicht schon rumfummeln, und es besser machen wollen.

Als es in den 80er Jahren losging mit der Raketenkrise, dem NATO-Doppelbeschluss und der Friedensbewegung und den ersten Abrüstungsvereinbarungen, gerieten wir in einen Zwiespalt. Einerseits wurde jede Friedensinitiative auf Gewerkschaftsversammlungen begrüßt, andererseits stellte sich die Frage: Wenn das mit der Abrüstung so weiter geht, was wird dann eigentlich aus unseren Arbeitsplätzen? Schon in der Zeit der Modrow-Regierung gab es keine Aufträge für Waffen und Munition mehr. Die Betriebsleitungen haben versucht neue Tätigkeitsfelder zu finden.

Als die de-Maizière-Regierung im Ministerium für Abrüstung und Verteidigung ein Amt für Konversion einrichtete, nahmen wir sofort Kontakt auf. Wir bemühten uns auch, mit Rheinmetall, Heckler & Koch und andere Firmen Kontakt zu knüpfen. Denn im Westen wurde ja weiter Rüstungsproduktion betrieben. Aber dort wollten sie von uns nichts wissen. Was wir anzubieten hatten, konnten sie auch selber herstellen. Dann lieber hier alles kaputt machen, das ist für die westdeutsche Konkurrenz besser gewesen.

Zum Glück beschloss die Bundesregierung nach der Vereinigung, dass die Waffen und die Munition der NVA in ostdeutschen Betrieben zu vernichten sind. Wir hatten nun zwei Standbeine. Das eine war die Konversion und das andere war die zivile Produktion. Mit dem Geld, das wir durch die Vernichtung von Waffen und Munition erwirtschafteten, wollten wir unsere zivilen Geschäftsfelder erschließen. Wir besaßen ein CNC-Zentrum und stellten für die Jagenberg AG aus Düsseldorf Baugruppen für Verpackungsmaschinen her.

Doch der Kostendruck war enorm. Immer billiger – das ging nicht mehr, die Löhne stiegen doch hier auch. Nach ein paar Jahren verlagerten die westdeutschen Auftraggeber unsere Produktion in das Billiglohnland Slowakei und warben uns auch noch einige gute Leute ab.

Der amerikanische Investor General Atomics, der uns schließlich übernommen hatte, wollte in Königswartha neue Verbrennungsanlagen für Treibstoffe bauen. Doch die Gemeinde und die Menschen sträubten sich, weil die Anlage in einem Wasserschutzgebiet aufgebaut werden sollte. So kam das nicht zustande. Lübben freute sich, bekam die Anlage und hat dadurch wenigstens den Standort erhalten können.

Lübben gilt jetzt als der modernste Betrieb zur Vernichtung von NATO-Waffen und anderen Waffen aus verschiedensten Ländern der Welt: Minen, Bomben und Raketen und vieles andere. Das reicht aber leider nur für weniger als 100 Menschen und nicht wie vorher für 800.

Dagegen beschäftigt das Gewerbegebiet Königswartha schon fast 300 Mitarbeiter. Es hat sich also am Ende doch bezahlt gemacht, dass sich dort nichts mehr auf der Rüstungs- und Abrüstungsstrecke abspielt. Nur einen Bezugspunkt gibt es noch. Die Kluge GmbH setzt die 50-jährige Zusammenarbeit der Schwesterbetriebe Königswartha und Lübben fort. Sie baut Anlagen zur Vernichtung von Raketentreibstoff.

Der amerikanische Investor hat sich sowohl mit Blick auf Königswartha als auch bei der Übernahme des Spreewerkes Lübben korrekt verhalten.

Ich persönlich ziehe die Amerikaner, Schweizer und Österreicher in Geschäftsangelegenheiten den Westdeutschen vor. Die westdeutschen Schnäppchenjäger haben uns nur ausgebeutet. Nicht nur hier, sondern überall, wie man hört. Für uns kann ich das belegen. Die Amerikaner haben investiert, da gibt es ein sehr gutes Verhältnis. Genauso wie mit den Schweizern, die in Königswartha tätig sind. Solche Betriebe kann man loben. Aber die westdeutschen – ob das Rhein-Metall ist oder Jagenberg und wie sie alle heißen – die haben uns nur die Preise gedrückt, da konnte nichts gedeihen.

VEB Motorenwerk Wurzen
PS für die Truppe

In der sächsischen Kleinstadt Wurzen, die den Dichter Joachim Ringelnatz zu ihren bedeutendsten Söhnen zählt, finden die Bewohner in den Nachkriegsjahren keine Ruhe. Tag und Nacht ist vom Gelände des ehemaligen Ringfederwerkes ein ohrenbetäubender, heulender Lärm zu hören. Das erinnert die Wurzener an die Sirenen aus den Bombennächten der Kriegsjahre.

Das Werksgelände ist von der sowjetischen Armee abgesperrt. Was nur wenige Wurzener wissen: Die sowjetische Armee lässt im ehemaligen Ringfederwerk die Motoren des legendären Kampfpanzers T-34 überholen.

Eine Wurznerin erinnert sich:

»Das war für die ganze Stadt nervig. Das hat man überall gehört, obwohl das Motorenwerk weit vorgelagert ist. Die Russen haben die Motoren im Freien geprüft. Das war denen ja ganz wurscht, ob das jemanden stört. Wir wussten ja gar nicht, dass das hier mit Rüstung zu tun hat. Alles wurde geheim gehalten. Es war ein schleichender Übergang von Krieg her, das war man so gewöhnt – darüber spricht man nicht. Da braucht man gar nicht zu fragen, die sagen dir doch sowieso nicht die Wahrheit.«

Im Jahr 1954 übergab die sowjetische Armee das Werk an die deutschen Behörden. Zu diesem Zeitpunkt wurden in dem Werk nur zwei Motorentypen in geringen Stückzahlen hauptinstandgesetzt. Der Transport innerhalb und zwischen den einzelnen Abteilungen erfolgte manuell. Sanitär- und Sozialeinrichtungen waren kaum vorhanden. Nun wurden Schritt für Schritt eine Produktionshalle, ein Kesselhaus, eine Heizanlage, eine Trafo-Station und Anfang der 60er Jahre ein moderner Motorenprüfstand gebaut. Weitere Investitionen flossen in die Modernisierung der Schmiede, der Härterei, der Galvanik und der Schweißerei. Hinzu kamen erhebliche Aufwendungen für die Anschaffung neuer Werkzeugmaschinen. In einer Baracke wurden die Betriebsküche und der Speise- und Kulturraum eingerichtet.

So verwandelte sich das Motorenwerk Wurzen in den wichtigsten Auftragnehmer für die Instandsetzung von Panzer- Schiffs- und LKW-Motoren der im Aufbau befindlichen Streitkräfte der DDR. Ähnlich wie im Reparaturwerk Neubrandenburg sollte der Arbeitsprozess industrialisiert werden.

Aber wie das bewerkstelligen angesichts der Typenvielfalt der zu überholenden Motoren? Die Ausrüstung der NVA mutete Anfangs noch an wie ein technischer Gemischtwarenladen.

Nach 1961 stiegen die Aufträge für die Instandsetzung von Panzermotoren um 46 Prozent. Bei Generalüberholungen wurde die gleiche Garantie gewährt wie für neue Motoren durch die Hersteller. Das Produktionsvolumen wuchs jährlich um 12 Prozent im Durchschnitt. 1964 wurden im Motorenwerk Wurzen 10 verschiedene Motortypen mit Leistungen von 10 bis 1200 PS industriell hauptinstandgesetzt.

Bereits zu dieser Zeit musste das Unternehmen die Herstellung von Ersatzteilen und die Regenerierung von Verschleißteilen zunehmend in eigene Regie nehmen. Im Lieferland Sowjetunion wurden bestimmte Motorentypen nicht mehr hergestellt. Schon 1962 empfahl die UdSSR den Juniorpartnern im Bündnis die Übernahme der Ersatzteilproduktion für noch genutzte sowjetische Weltkriegstechnik, weil sie selbst diese Teile nicht mehr herstellte. So wurde das Motorenwerk Wurzen zum Opfer der waffentechnologischen Lücke zwischen der Sowjetarmee und ihrem ostdeutschen Partner. Das Beispiel zeigt, dass sowjetische Entscheidungen im Bereich der Rüstungsindustrie zuallererst an den Bedürfnissen der Sowjetarmee orientiert waren. Die Vertragspartner und Waffenbrüder wurden mit diesen Entscheidungen konfrontiert und mussten zusehen, wie sie damit zurecht kamen.

Hinzu kam, dass die Bereitstellung von Ersatzteilen für Kampftechnik und ein entsprechender Vertriebsservice ohnehin nicht zu den Stärken der sowjetischen Rüstungsindustrie gehörten. Weder hinsichtlich der Lieferfristen noch hinsichtlich Menge und Qualität der Erzeugnisse konnte sich das Motorenwerk Wurzen auf die hauptsächlich sowjetischen Zulieferer verlassen.

In der zweiten Hälfte der 60er Jahre war die in der NVA eingesetzte Panzertechnik noch relativ neuwertig. Zur Schonung des Bestands wurde eine Aufteilung der Fahrzeuge in Gefechts- und Lehrgefechtstechnik vorgenommen. In den Panzerkompanien bildeten die 3. Züge die Lehrgefechtszüge, mit deren Panzern die Ausbildung der Truppe erfolgte. Die sogenannte Gefechtstechnik, voll aufmunitioniert in Erwartung des Ernstfalles, verblieb meist in den Hallen. So ging einige Zeit ins Land, bis diese Fahrzeuge für die Hauptinstandsetzung fällig wurden. Außerdem entwickelte man Ausbildungsmodule, für die keine Geländefahrten notwendig waren, darunter Schießübungen, bei denen die Fahrbewegungen des Panzers auf einer Wippe simuliert wurden.

Die Wurzener Motorenwerker gewannen dadurch keine Atempause. Denn nun forderte die Planwirtschaft von ihnen Leistungssteigerungen bei der Überholung von LKW-Motoren und sowjetischen Schiffsmotoren für Torpedoschnellboote, Typ 503A. Für die Ausweitung der Schiffsmotoreninstandsetzung wurden eine neue Werkhalle gebaut und neue Technik beschafft. Die industrielle Schiffsmotorenreparatur lief 1973 an. Ab 1972 erbrachte das Unternehmen zudem einige Instandsetzungsdienstleistungen für Partner im Warschauer Vertrag.

Zwischen 1970 und 1975 stiegen die Reparaturleistungen des Unternehmens somit rasant an, bei Schiffsmotoren um 30 Prozent, bei Panzermotoren um 35 Prozent. Zugleich wuchs das Sortiment in die Breite, was die Optimierung technologischer Prozesse massiv erschwerte und die Produktivität des Unternehmens beeinträchtigte. Hinzu kamen bis in die 70er Jahre Qualitätsmängel. Noch 1972 wurde jeder zehnte Motor nach dem Prüflauf zurückgewiesen und musste nachgebessert werden. Die Konstruktion der instandzusetzenden Motoren war häufig veraltet. Als Dichtungsmittel mussten laut sowjetischer Herstellerdokumentation unter anderem Materialien wie Kork verwendet werden. Daher waren die häufigsten Gründe für notwendig werdende Nacharbeiten Dichtungsmängel. Veränderungen, die dem aktuellen Stand der Technik entsprochen hätten, waren nur bei Weiterentwicklungen des Herstellers erlaubt. Deshalb konzentrierte sich das Wurzener Werk in seiner Forschungs- und Entwicklungsarbeit nicht auf Erzeugnisverbesserungen, sondern auf die Optimierung der Instandsetzungstechnologie, die Ersatzteilfertigung, Regenerierung und die Erprobung von Materialsubstituten.

Die zweite Hälfte der 70er Jahre brachte für die DDR die abrupte Verringerung der vertraglich gebundenen sowjetischen Erdöllieferungen. Betroffen war auch die Truppe. Im Alltag wetteiferte man nun um die Verringerung der Fahrleistungen von Kampftechnik. Neben Losungen, die zur ständigen Wachsamkeit und Gefechtsbereitschaft aufriefen, erschien in den Kasernen Außenwerbung für die Kampagne: »Ich fahre den billigsten Kilometer!«

Das bekamen die Wurzener Motorenwerker schnell zu spüren. Es kamen weniger Instandsetzungsaufträge herein und der Arbeitsschwerpunkt verlagerte sich von der Haupt- zur Teilinstandsetzung, was die Produktivität deutlich verringerte. Allein bei der Schiffsdieselinstandsetzung fielen 25 Prozent der Aufträge weg.

Ende der 70er Jahre umfasste das instandzusetzende Motorensortiment 20 Grundtypen unterschiedlichen Alters in etwa 100 Modifikationen. Zu kleine Stückzahlen trieben die Kosten in die Höhe. Das konnte auch nicht durch Instandsetzungsdienstleistungen für Partner des Warschauer Vertrages gelöst werden, obwohl der Export zwischen 1975 und 1980 um 48 Prozent stieg. Mit einem Produktionsanteil zwischen fünf und neun Prozent blieben die Exporte marginal für das Motorenwerk.

Erst die 80er Jahre brachten neue Aufgaben. Da lief das ehrgeizige Panzermodernisierungsprogramm an, zu dem die Leistungserhöhung des T-55-Motors gehörte. Aber das hielt nicht mehr lange an. Ein neuer Motorenprüfstand wurde in der Wendezeit fertiggestellt und nicht mehr benötigt. Die dazugehörende Halle wird heute von einem branchenfremden Unternehmen genutzt.

Ernst Pauli, Ingenieur und Firmengründer: *»Wegschmeißen, aufarbeiten oder wieder verwenden«*

Am 1. September 1954 habe ich im Motorenwerk Wurzen angefangen. Noch bei den Russen. Vorher hatte ich eine Lehre als Kunstschmied in einem Privatbetrieb gemacht. Von dort aus war es sehr schwierig, einen Studienplatz zu bekommen. Die Privaten wurden immer hintangestellt. Also habe ich mich im Motorenwerk als Schlosser beworben.

Das ursprüngliche Werk gehörte zur Waggonfabrik Uerdingen und war schon früher in die Rüstung eingebunden. Es bestand aus einer langen Produktionshalle mit Holzeindeckung, einem großen Verwaltungsgebäude und ein paar Nebengebäuden. Dort wurden früher Ringfedern gefertigt.

Man hat mir erzählt, dass während des Krieges auf dem Gelände eine ganze Reihe Baracken gestanden haben. Dort waren Fremdarbeiter untergebracht, die die Drehautomaten in der Produktionshalle bedienen mussten. Sie haben also die Ringe für die Puffer der Waggons gefertigt. Als der Krieg zu Ende war, wurden wieder irgendwelche Gebrauchsgüter hergestellt, Kochlöffel oder ähnliches.

Ich begann in Wurzen sozusagen von der Pike auf. Am Anfang hatte ich die Einspritzpumpen für Panzermotoren nachzustoßen. Die Messmittel waren ganz unzureichend, ich musste den Bearbeitungsstößel nach Gefühl von Hand nachstellen. Eine riskante Sache. Wenn das Werkzeug zu viel rausgenommen hätte, wäre die Einspritzpumpe Ausschuss gewesen.

Zwei solcher Einspritzpumpen habe ich versaut und eine Riesenangst ausgestanden, dass die Russen das merken, weil ich der einzige war, der das dort produzierte. Die hätten mir bestimmt Sabotage unterstellt. Ich habe die lädierten Pumpen schnell wieder in das Zwischenlager geschafft, und keiner hat etwas gemerkt. Weiß der Teufel, was damit geworden ist.

Die komplizierteren Ersatzteile für die Panzermotoren kamen aus der Sowjetunion. Zum Beispiel die Kurbelwellen. Alles Begleitpapier war in Russisch verfasst und musste erst übersetzt werden. Einige Ersatzteile haben wir selber hergestellt. Aber das ging nicht in jedem Falle. Bei der Fertigung wurde gedrängelt. Die Russen standen immer hinter einem: Nu, dawai, riefen sie. Doch dann lag die fertige Arbeit tagelang herum, und keiner hat sich drum gekümmert.

Die Panzer- und Kfz-Motoren nahmen wir vollständig auseinander. Dann wurden die Teile gewaschen und es stand die Frage: wegschmeißen, aufarbeiten oder wieder verwenden? In den Werkstätten wurde das aufgearbeitet. Oder es mussten neue Teile bezogen werden. Die kamen dann aus der Sowjetunion, von den Freunden, wie es damals hieß.

Der Motor wurde dabei nie wieder so zusammengesetzt, wie er eingetroffen war, sondern immer auch mit anderen Teilen bestückt. Nach Übergabe des Betriebes an die DDR im Herbst 1954 änderte sich einiges. Abgenommen wurden die regenerierten Motoren nun von einem Offizier der KVP, später der NVA. Er stand neben dem Betrieb, also nicht über dem Direktor, auch nicht unter ihm, sondern parallel dazu und hat seinen Einfluss geltend gemacht, damit die Qualität stimmte.

Dass wir ein Rüstungsbetrieb waren, hat die Leute kaum interessiert. Ich würde sogar sagen: Das war denen egal. Sie haben gut verdient, besser als in anderen Betrieben. Man bekam bevorzugt FDGB-Ferienplätze. Später wurde dem einen oder anderen auch ein Auto zugeteilt. Das war alles ein bisschen mehr als in anderen VEB.

Schließlich habe ich als Materialbereitsteller gearbeitet, also nicht mehr an der Werkbank. Dann wollte ich studieren. Dafür war es gut, sich erst einmal zur Kasernierten Volkspolizei zu melden. Auf dem Wehrkreiskommando beschwatzte man mich, ich soll doch an die Offiziersschule gehen. Dort könnte ich genauso den Ingenieur machen.

So bin ich am 4. August 1955 bei der Kommandeursschule in Großenhain eingerückt. Das war aber keine technische Schule. Die technische Offiziersschule für Panzer befand sich in Erfurt. Das passte nicht zu meinen Vorstellungen. Ich wollte ja Ingenieur werden.

Im Herbst 1956, während der Umwandlung der KVP in die Volksarmee, hieß es: Wer nicht übernommen werden will, kann sich davonmachen. Ich blieb erst mal dabei. Aber schon im November hatte ich genug vom Militär. Ich schlich aus der Kaserne und keiner sagte etwas. Als ob ich dort nur zu Gast gewesen wäre.

Was nun? Also wieder Motorenwerk, und unvermindert der Wunsch zu studieren. Einer meiner Vorgesetzten, dessen Sohn Offizier war, wollte das mit aller Macht verhindern. Damals musste immer die Brigade zustimmen und ich wurde abgelehnt. Das war 1957. Ich hatte die Nase voll und dachte mir: Dann gehst du eben in die Partei. Ideologie – das war doch alles uninteressant. Und so habe ich es geschafft, trotz minimaler Grundschulkenntnisse – ich hatte als Vertriebener nur die 8. Klasse und einen Vorbereitungslehrgang aufzuweisen. Trotzdem habe ich dann in Leipzig das Ingenieurstudium für Maschinenbau absolviert.

Damals wurden die Absolventen nach wirtschaftlichem Bedarf verteilt. Man konnte nicht hingehen, wohin man wollte. Ich sollte eigentlich nach Neubrandenburg ins Panzerreparaturwerk. Doch in meinem Falle haben der Parteisekretär und der Kaderleiter miteinander verhandelt und haben es fertiggebracht, dass ich wieder im Motorenwerk Wurzen landete. Dort baute ich ab 1961 eine Abteilung Betriebsorganisation auf. Ich führte den ersten elektronischen Rechner ein, den TM 20 für Buchungsmaschinen. Der technische Direktor wollte das gar nicht, er meinte, das sei nur etwas für Großbetriebe. Ich setzte mich aber durch und später ist daraus die Abteilung EDV entstanden. 1966 bin ich dann in einen anderen Betrieb gegangen.

Mein alter Betrieb hat bis zur Wende existiert. Man hat noch versucht, Kontakt zur Bundeswehr aufzunehmen, aber das ist nichts geworden. Auf dem Werkgelände sind jetzt verschiedene andere Firmen tätig. Ich selbst habe am 1. Januar 1990 eine Firma für Metallbau gegründet und 1992 ein Stück vom Motorenwerk gekauft.

115

VEB ROBUR-Werke Zittau,
VEB IFA Automobilwerke Ludwigsfelde
Fahrzeuge für Extrembedingungen

ROBUR Zittau war kein Rüstungsunternehmen im eigentlichen Wortsinn. Dort wurden – abgeleitet von der zivilen Produktion – auch Fahrzeuge für militärische Verwendungszwecke hergestellt. Diese Zwitterstellung mag Mitschuld daran tragen, dass dem Werk zu DDR-Zeiten ein außerordentlich wechselhaftes Schicksal widerfuhr. ROBUR steht für ein Kapitel Rüstungsgeschichte der DDR, das erkennen lässt, welche verheerende Auswirkungen ökonomische Zwänge und politische Fehlentscheidungen hatten und wie nahe am wirtschaftlichen Abgrund mitunter auch der Bereich der Speziellen Produktion operierte.

In Zittau wurden schon vor dem Ersten Weltkrieg Motorfahrzeuge gebaut. Die zu DDR-Zeiten in ROBUR umbenannte traditionsreiche Automobilschmiede hatte damals einen anderen guten Namen: Phänomen. Das stand für interessante technische Lösungen und frisches Denken im Fahrzeugbau.

Der Zittauer Ingenieur und Chronist Hartmut Pfeffer hat die Geschichte des dortigen Automobilbaus akribisch recherchiert und aufgezeichnet. Wer wusste in den 70er, 80er Jahren noch, dass die Fahrradfabrik Phänomen kurz nach der Jahrhundertwende bereits Motorräder baute und 1906 ein Dreiradfahrzeug mit dem klangvollen Namen Phänomobil auf den Markt gebracht hatte? Der 2-Zylinder-V-Motor des Phänomobils verfügte über eine Luftkühlung und ermöglichte auch im Winter das Abstellen des Fahrzeuges im Freien. Ab 1910 stellte Phänomen zudem in Handarbeit Pkw her, die als Luxusgüter die Mobilitätsbedürfnisse einer kleinen, exklusiven Käuferschicht befriedigten.

Das ab 1912 produzierte Nachfolgemodell des Phänomobils (»Neues Pänomobil«) begründete schließlich die Tradition des Unternehmens als Nutzfahrzeughersteller. Weil die Länderpostverwaltungen und ab 1920 die Reichspost ihren Postverkehr motorisieren wollten, um die Kosten für die Pferdehaltung einsparen zu können, ergab sich für das Oberlausitzer Unternehmen eine neue Marktchance. Unter Nutzung der Erfahrungen, die man mit dem Motordreirad gesammelt hatte, startete 1927 auf der Grundlage eines Forderungskataloges der Reichspost die Serienfertigung des 4RL. Der Wagen war das erste Nutzkraftfahrzeug Deutschlands, das mit einer sogenannten Pressluftkühlung in Serie ging. Dieses innovative Kühlprinzip war damals in Deutschland einzigartig. Unter Beibehaltung der immer weiter verbesserten Luftkühlung brachte das Unternehmen schließlich 1931 den LKW Granit mit 1,5 Tonnen Nutzlast und 35 PS auf den Markt. 1936 folgte der Granit 30 mit 56 PS für 2,3 Tonnen Nutzlast. Nun vermarktete man den 1,5-Tonner als Granit 25. Das Design des älteren Modells wurde dem des Nachfolgers angepasst.

Die innovative Luftkühlung des Granit 25 und die guten Einsatzerfahrungen der Reichspost mit diesem Fahrzeug weckten Begehrlichkeiten der Reichswehr. Die Militärs waren vor allem an einer Modifikation als Kübelwagen und an der Ausführung als Sanitätskraftwagen für den Verwundetentransport interessiert. So wurde der Granit 25 in der kostengünstigen ursprünglichen Karosserievariante bis 1942 produziert.

Doch die Erwartungen der Militärführung an die Einsatzmöglichkeiten von LKW stiegen im Vorfeld des Krieges. Man wollte geländetaugliche, leistungsfähige Fahrzeuge, die in großen Stückzahlen gebaut werden konnten. Die Typenvielfalt am deutschen Nutzfahrzeugmarkt jener Zeit sollte verringert werden, um die begrenzten Produktionskapazitäten besser nutzen zu können. Deshalb wurde dem Zittauer Unternehmen vom damaligen Reichsbevollmächtigten für das Kraftfahrwesen, General von Schell, die Fertigung eines luftgekühlten Nutzkraftwagens zugewiesen, der für eine Nutzlast von 1,5 Tonnen ausgelegt sein sollte. Der explizit für den Kriegseinsatz konzipierte LKW sollte sowohl mit herkömmlichem, als auch mit Allradantrieb und mit einer Motorleistung von 52 PS hergestellt werden. Die Fahrzeuge mit der Bezeichnung Granit 1500S und Granit 1500A gingen 1941 in Serie. Der allradgetriebene Granit 1500A verfügte über eine geschweißte Rahmenkonstruktion, ein dreisitziges Ganzstahlfahrerhaus und – in der Ausführung als Sanitätsfahrzeug – über eine Sonderfederung zum schonenderen Transport der Verwundeten. Bis September 1944 wurden 7.375 dieser Fahrzeuge produziert. Von September 1944 bis April 1945 fertigten die Zittauer Automobilbauer noch etwa 1.600 Fahrgestelle für diese LKW-Typen.

Doch nicht nur LKW wurden im Verbund des Oberlausitzer Unternehmens für die Wehrmacht produziert. Bereits seit 1937 existierte ein mit Hilfe des Reichskriegsministeriums gegründetes Tochterunternehmen in Cottbus, die Mechanischen Werke Cottbus GmbH (MWC). Dort liefen im Verlauf des Krieges 17.500 bis 18.000 Halbkettenfahrzeuge Sd.Kfz. 10 der Typen 6 und 7 unter anderem als Artilleriezugmittel vom Band. Die Nachfolgemodelle mit den Bezeichnungen Sd.Kfz. 250 und 251 wurden bis Kriegsende in einer Stückzahl von 7.500 gebaut. Folgerichtig wurde dieses Werk 1945 vollständig demontiert und die Produktionsanlagen gesprengt.

Das Zittauer Phänomenwerk hatte im Krieg keine nennenswerten Zerstörungen erlitten, doch nach Kriegsende wurde es zu 99 Prozent als Reparationsleistung demontiert. Die Besatzungsbehörden planten die Zerstörung der Werksgebäude und Anlagen. Damit schien an diesem Standort keine Fahrzeugproduktion mehr möglich. Mit der verbliebenen rudimentären Ausrüstung erfolgte am 24. September dennoch 1945 auf Befehl der sowjetischen Militärverwaltung die Arbeitsaufnahme im Werk. Die Besatzungsmacht gab 1.000 Beutefahrzeuge zur Reparatur in Auftrag. Dazu kam die Instandsetzung von Fahrrädern, die Herstellung von Gebrauchsgütern wie Rodelschlitten, Ölmühlen, Tabakschneidemaschinen und Schubkarren, was der Belegschaft das Überleben auf niedrigstem Niveau sicherte. 1946 folgte ein Reparationsauftrag zur Lieferung von 1.000 Stationärmotoren Granit 27, sie wurden überwiegend aus noch vorhandenen Restbeständen montiert. Fehlende Teile mussten neu produziert werden.

Es kam der Volksentscheid in Sachsen über die entschädigungslose Enteignung der Betriebe von Nazi- und Kriegsverbrechern im Jahr 1946. Damit wechselten auch für die Phänomen-Werke die Besitzverhältnisse. Ab Juli 1948 gehörte der Betrieb zur IFA Vereinigung Volkseigener Fahrzeugwerke. Die durch die Demontage fehlenden Maschinen wurden schrittweise ersetzt. Auf der Basis der technischen Dokumentation des im Krieg produzierten Granit 1500 wurde die Wiederaufnahme der Fahrzeugserienproduktion vorbereitet. Am 27. Januar 1950 rollten die ersten Granit 27 der Nachkriegsproduktion vom Gelände.

IFA-Phänomen Granit 27

Wegen des Ausfalls oder verzögerter wichtiger Zulieferungen aus Westdeutschland verlief die Serienfertigung allerdings recht schwierig, was den Aufbau neuer Kooperationen notwendig machte. Bis zum Jahresende sollten 827 Fahrzeuge ausgeliefert werden. Sie wurden von der am Boden liegenden Wirtschaft dringend benötigt.

Polizeibereitschaften benutzten den Granit 27 als Mannschaftstransporter. Bei der im Aufbau befindlichen Kasernierten Volkspolizei bestand Bedarf an einem allradgetriebenen, geländegängigen Fahrzeug für die Truppe. An der Ausschreibung des Ministeriums des Innern beteiligte sich neben dem Phänomen-Werk Zittau das IFA-Werk Horch. Phänomen erhielt den Zuschlag und baute unter Einsatz weiterentwickelter, leistungsstärkerer Motoren das Allradfahrzeug Granit 27-D/Zg als Mannschaftstransporter, Spezialfahrzeug (Funk) mit geschlossenen Kofferaufbauten und als Zugmaschine für Granatwerfer und leichte Artillerie. Ab 1954 wurden diese Fahrzeuge mit verändertem Design und weiterentwickelten Motoren unter den Bezeichnungen Granit 30k und Granit 32 der Truppe zugeführt.

Auf der Basis des Granit 30k-Fahrgestells produzierte der VEB Waggonbau Görlitz das gepanzerte Sonder-Kfz SK-1. Damit wurde das Unternehmen wieder zu einem Wehrtechnikhersteller und blieb es bis zum Ende der DDR.

Die Mannschaftspritsche Granit 30k. Von 1954 bis 1956 wurden an die bewaffneten Organe, die Volkspolizei und die Feuerwehr 2.972 Fahrzeuge dieses Typs ausgeliefert

Schützenpanzerwagen SK-1 auf Fahrgestell Granit 30k

Von den deutsch-deutschen Rechtsstreitigkeiten in den 50er Jahren um die Weiterverwendung traditioneller Firmennamen blieben die Zittauer Autowerker nicht verschont. 1956 klagten die nach Westdeutschland übergesiedelten ehemaligen Besitzer des Unternehmens erfolgreich gegen die weitere Verwendung des Firmennamens Phämonen und des Produktnamens Granit durch den Zittauer Volkseigenen Betrieb. Er wurde nun umbenannt in VEB ROBUR-Werke Zittau. Ab 1. Januar 1957 lieferte die Oberlausitzer Autoschmiede ihre LKW als Garant 30k und Garant 32 aus.

Zwischen 1956 und 1960 wurden 3480 solcher Fahrzeuge an die Streitkräfte geliefert. Dass sie auch unter extremen Einsatzbedingungen zuverlässig funktionierten, erwies sich nicht nur im Truppendienst. Schon 1956 hatten die Zittauer Automobilbauer eine Werbe- und Erprobungsfahrt über 10.000 Kilometer ägyptische Wüstenpisten organisiert. 1959/60 statteten sie eine Afrika-Expedition des Tierfotografen Helmut Drechsler mit ihren Fahrzeugen aus.

ROBUR-Ingenieure tüftelten seit 1956 an der Entwicklung eines Nachfolgemodells für den Garant 30k. Es ging ihnen vor allem um eine höhere Nutzlast. Gegen zentralistische Vorgaben, aber dem internationalen Trend folgend, konzipierten sie eine Frontlenkung. Die ersten Fahrzeuge des Typs LO 1800A wurden im Januar 1961 in Allradausführung an die NVA ausgeliefert. Das

Rechts ein LO 1800 aus dem ROBUR-Werk in Zittau, links ein H3A, der erste in der DDR entwickelte LKW, der von 1951 bis 1958 in Zwickau rund 30.000 mal gebaut wurde

damals entwickelte Design hat man aus Kostengründen bis zum Ende der DDR nur unwesentlich geändert.

Seit 1958 war das ROBUR-Werk überdies an der Motorenentwicklung für den neuen geländegängigen LKW G5-3 des VEB Kfz-Entwicklungswerk Hohenstein-Ernstthal beteiligt, einem leistungsstarken Fahrzeug mit modernem Design und sehr guten Fahreigenschaften. Als die Straßen- und Geländeerprobungen bereits liefen, wurden die Entwicklungsarbeiten jedoch jäh abgebrochen. Das war im Juni 1962. Alle Motoren und die gesamte technische Dokumentation wurden dem Auftraggeber NVA übergeben. Vielleicht wurde der neue G5 als Konkurrent des russischen LKW Ural gesehen, der ab 1965 der Truppe zugeführt wurde.

Seit der Einführung des LO wurden in Zittau keine eigenständigen Projekte zur Neuentwicklung von LKW mehr realisiert. Entwicklungsaufgaben wurden nun zentral vorgegeben und wegen jäher Wendungen in der DDR-Wirtschaftspolitik häufig nicht zuende geführt. Damit blieben die Zittauer Ingenieure zwangsläufig weit unter ihren Möglichkeiten, was Konsequenzen für die Marktchancen des Unternehmens nach 1990 hatte.

Ab 1965 stagnierte die Entwicklung bei ROBUR wegen der zentralistischen Gängelung und der willkürlichen Entscheidung einer offenbar unsicheren Bürokratie. Zwar erhielt das Werk 1966 den Auftrag zur Entwicklung eines geländegängigen Spezialnutzfahrzeuges (D 2012A) mit einer Geländenutzmasse von zwei Tonnen. Es sollte den LO 1801A ablösen und sowohl als Grundvariante mit Pritsche oder Koffer, als Sattelzugmaschine für einen 4-Tonnen-Auflieger und als lufttransport- und fallschirmabwurffähiges Modell produziert werden. Außerdem sollte eine hermetisierbare Fahrerkabine zum Schutz vor Kampfstoffen entwickelt werden. Innovative Werkstoffe wie glasfaserverstärktes Polyester für Aufbauten und Fahrerkabine, für den Vielstoffbetrieb geeignete Motoren und eine große Zahl neuer technischer Lösungen waren für diese Fahrzeuge vorgesehen. Auf der Basis des Militärfahrzeuges hätte schließlich der Bau von Spezialfahrzeugen für den zivilen Bedarf erfolgen sollen. Ein auf Beschluss des Warschauer Vertrages vorangetriebenes innovatives Projekt mit sehr guten Marktchancen auch im zivilen Bereich.

Doch es kam anders. Die Entwicklungsarbeiten an dem neuen geländegängigen Transportfahrzeug D2012A wurden 1969 abgebrochen. Selbst aus heutiger Sicht ist nicht nachvollziehbar, warum damals das Werk in Zittau perspektivisch auf die ausschließliche Produktion von Hydraulikerzeugnissen für den Export in die UdSSR ausgerichtet werden sollte. Nach dieser Fehlentscheidung brachen gewachsene Beziehungen zu Kooperationspartnern und Kunden weg, während der avisierte Exportauftrag für Hydrauliktechnik in die UdSSR gar nicht zustande kam. Es war eine Entscheidung gegen den Trend und am Markt vorbei, die das Unternehmen um Jahre zurückwarf.

Zwei Jahre später ruderten die Planungsbehörden zurück. 1971 entschied man sich zur Fortführung der Nutzfahrzeugproduktion in Zittau. Zeit, Geld und Kraft waren inzwischen bei dem Flop mit der Hydraulikproduktion vergeudet worden, wichtige Mitarbeiter hatten das Werk verlassen. Die Kundenkontakte mussten erst wieder reaktiviert werden. 1973 begann die Serienproduktion des Drei-Tonnen-Nutzkraftwagens LO 3000. Die militärische Ausführung LO 2002 wurde in vielen Varianten entwickelt, vom SANKRA über den sogenannten Stabskoffer bis zur mobilen lichttechnischen Anlage.

Doch wieder kam in Zittau Entscheidungsunsicherheit auf. Die permanente Energieknappheit der DDR-Wirtschaft, verschärft durch die Verringerung der

Konzeptionelles ROBUR-Modell für die Grundvariante D2012A mit hermetisierbarer Fahrerkabine

sowjetischen Erdöllieferungen in den Jahren 1977/78, führte zur Auflage eines große Investitionen verschlingenden Brennstoffsubstitutionsprogramms. Im Zittauer Becken gab es Kohle. Im Jahr 1977 beschloss die DDR-Regierung, den Abbau dieser Vorkommen vorzubereiten. Damit wurden sämtliche Bauinvestitionen – auch für das ROBUR-Werk – untersagt. Die über die Jahre verschlissenen Produktionsanlagen konnten nicht erneuert werden. Die Stadt Zittau sollte in die Gegend von Niederoderwitz verlegt werden. Dort wollte man – eventuell – ein neues Werk errichten. Erneut wurde die Entwicklung des Unternehmens durch höchste Entscheidung unterbrochen. ROBUR lebte nur noch auf Abruf.

Ab 1978 gehörte das Unternehmen dann zum IFA-Kombinat Nutzkraftwagen. In diesem Verbund sollte eine weitgehend standardisierte Nutzkraftfahrzeugbaureihe entwickelt werden, die modernen Markttendenzen entsprechen und auch ein neues Design aufweisen würde. ROBUR war für die Entwicklung der Produktvarianten O 611 und D 609 zuständig. Bereits im Oktober 1974 gingen die ersten zwei Funktionsmuster des O 611 in die Erprobung. Die Militärversion 4x4 O 611-A/A stand in zwei Funktionsmustern im Januar 1975 für die Erprobung zur Verfügung. Die Fahrzeuge verfügten über eine Reifendruckregelanlage, ein elektropneumatisch geschaltetes Verteilergetriebe, Differentialsperren vorn und hinten, eine hydraulische Lenkhilfe und eine vom Motor unabhängige Warmwasserheizung. Außerdem waren sie mit 10-Fuß-Containeranschlüssen und Verriegelungen für den Einsatz von Wechselaufbauten ausgestattet. Die für die Produktion der Nutzfahrzeugbaureihe zu errichtende Fahrerhausfertigung war allerdings »volkswirtschaftlich nicht einzuordnen« – also offenkundig finanziell und ausrüstungsseitig nicht zu gewährleisten. Schließlich sollten Fahrerhäuser des schwedischen Herstellers Volvo zum Einsatz kommen.

Nach mehreren Beschlüssen des SED-Politbüros zur Umsetzung dieses Vorhabens in den Jahren 1979/80 zog der Führungszirkel schließlich am 8. Juli 1980 die Reißleine und stoppte das Projekt, weil durch inflationäre Entwick-

LO 2002, die militärische Variante des Dreitonners LO 3000, hier als seitlich aufklappbarer Stabskoffer

Fahrgestell des Zittauers 0611, auf das – analog dem W 50 und L 60 aus Ludwigsfelde – unterschiedliche Aufbauten hätten montiert werden können. Die DDR-Führung stoppte am 8. Juli 1980 das Projekt

lungen die Kosten aus dem Ruder zu laufen drohten. Statt der geplanten 4,6 Milliarden Mark hätte man acht bis neun Milliarden Mark aufwenden müssen. Das überstieg zu dieser Zeit bereits die Möglichkeiten der DDR. Für die neu entwickelten Fahrzeuge L 60 aus Ludwigsfelde und O 611/D 609 von ROBUR fehlten die Fahrerkabinen. Das brachte das definitive Ende der Entwicklung. Die bis dahin getätigten Investitionen in die Forschung und Entwicklung, in die für die Serienproduktion bereits beschafften Maschinen und Anlagen und in die technologischen Abläufe waren damit entwertet. So wurde die Motivation der an dem Projekt beteiligten Mitarbeiter gründlich zerstört. Auch eine Weiterentwicklung der Fahrerkabine des LO 3000 scheiterte an den begrenzten finanziellen Möglichkeiten der zentral gelenkten DDR-Wirtschaft.

Der Autor und Ingenieur Hartmut Pfeffer schreibt dazu in seiner Chronik des Unternehmens: »So wurde die Entwicklung O 611 und O 611-A/A zu einem Paradebeispiel für die Automobilentwicklung in der DDR, in der unter engagiertem Einsatz aller daran Beteiligten und hohen Kosten konkurrenzfähige Erzeugnisse geschaffen wurden, über deren Serieneinführung aber unter Berücksichtigung der begrenzten Leistungsfähigkeit der Volkswirtschaft, die vorrangig auf andere Wirtschaftszweige ausgerichtet war, letztlich politisch motivierte Laien entschieden.«

Lediglich das im Rahmen dieses Projektes entwickelte Trägergestellsystem für den Einsatz von Wechselaufbauten überlebte die Kehrtwende und wurde auf Drängen der NVA innerhalb des Fahrzeugprogramms LO 2002A ab Dezember 1986 produziert (LO 2002-AFC). Auf dieser technischen Grundlage produzierte der VEB Labortechnik Ilmenau komplette Feldlazarette in Containern auf W 50 und LO, die von der Operationsabteilung über Zahnarztpraxen alles umfassten, was man für die medizinische Versorgung von Truppen im Einsatz benötigt. Zwei solche Feldlazarette wurden zur medizinischen Versorgung der Zivilbevölkerung nach Nicaragua geliefert und durch eine FDJ-Freundschaftsbrigade betrieben. Der VEB Fahrzeugbau Aschersleben stellte andere militärische Kofferaufbauten für die Basisfahrzeuge LO und W 50 her.

Im Rahmen des Staatsauftrages Kraftstoffsparende Antriebssysteme sollte ROBUR Ende der 70er Jahre in seinen Fahrzeugen nur noch Dieselmotoren einsetzen, um Vergaserkraftstoff einsparen zu können. Eine Anfang der 80er Jahre entwickelte technische Lösung zur Umrüstung von LO-Motoren auf Hochdruckerdgas scheiterte. Ebenso die Verwendung von Generatorgas-Anlagen des Typs Magdeburg I.

Dank der Weiterentwicklung vorhandener Motoren und erheblicher Anstrengungen für die Erhöhung der Dieselmotorenproduktion konnte schließlich 1982 die Serienproduktion der Typen LD 3000 und LD 3000A beginnen. Hinzu kam eine Ausweitung des Exportes durch die Erschließung neuer Märkte in Angola, Nicaragua (SAFARI-Programm) und der UdSSR. Die extremen klimatischen Einsatzbedingungen auf den neuen Märkten erforderten eine Vielzahl von Produktmodifikationen. Für das NSW baute man die Fahrzeugvariante LD 3002. Damit und mit dem SAFARI-Programm erwirtschaftete ROBUR dringend benötigte Devisen. Ein letzter Projektauftrag des Ministeriums für Nationale Verteidigung zur Entwicklung neuer LKW mit drei beziehungsweise vier Tonnen Nutzlast und des Geländefahrzeuges L20A aus den Jahren 1986/87 wurde durch die politische Entwicklung überholt und nicht mehr realisiert.

1985 produzierte das Unternehmen 8.146 Fahrzeuge und erreichte damit den höchsten Produktionsausstoß seiner Geschichte. Vor allem der erhöhte Export in die UdSSR verschaffte dem Unternehmen ROBUR diese letzte Blüte vor dem Ende der DDR. Der VEB ROBUR-Werke Zittau war nun zweitgrößter Betrieb des IFA-Kombinates und stellte neben Nutzkraftwagen in 62

Das SAFARI-Programm von ROBUR zur Erschließung neuer Märkte

Varianten Fahrzeug- und Stationärmotoren, Fahrzeugkipphydraulik, Textilveredelungsmaschinen, Karosserieaufbauten und Pkw-Anhänger, Fahrzeugpritschen, Versehrtenfahrzeuge, Feuerlöschtechnik und Baugruppen für die Kfz-Industrie her.

In der Zeit von 1951 bis 1980 lieferte ROBUR für den militärischen Bedarf insgesamt 30.000 Fahrzeuge aus. Auf Beschluss der DDR-Regierung vom August 1989 sollte das Unternehmen, dessen Kernaufgabe auch in den 80er Jahren der Nutzfahrzeugbau war und das bei Ausschöpfung der kreativen Potentiale seiner Ingenieure mit innovativen Entwicklungen durchaus auch weiterhin Marktchancen gehabt hätte, auf die Herstellung von Textilmaschinen umgestellt werden. Diese offenkundige Fehlentscheidung ist eine Illustration des Stils, mit dem nicht nur in den letzten Jahren der DDR wirtschaftspolitische Entscheidungen von strategischer Tragweite durch eine zentralistisch agierende Bürokratie getroffen wurden.

Sowohl diese Festlegung als auch der nach wie vor gültige Beschluss zur Auskohlung des Zittauer Beckens wurden durch die Modrow-Regierung aufgehoben. Doch für die Autobauer war es zu spät. Die Währungsunion bescherte dem Unternehmen den Zusammenbruch der bisherigen Ostmärkte und damit trotz des Überlebenskampfes der Belegschaft den schleichenden Tod.

Peter Proll, Ingenieur:
»Nee, die sollen mal ihre alten Maschinen reparieren«

Ich habe die Wiederauferstehung von Phänomen nach dem Krieg und die spätere Umbenennung in ROBUR hautnah erlebt. Von 1946 bis 1949 war ich in einem Handwerksbetrieb beschäftigt und habe dann ab 1949 umgeschult auf Autoschlosser bei Phänomen. Deshalb kann ich die Geschichte fast von Anfang an erzählen.

Jeder alteingesessene Zittauer kannte damals die Vorgeschichte: Das Werk Phänomen baute vor dem Krieg den Granit 25 für die Post, als Sankra für die Wehrmacht und als 1,5t-Straßenfahrzeug mit verschiedenen Aufbauten. Für die Wehrmacht musste er geländegängig hergerichtet werden. Andere deutsche Autowerke hatten ein ähnliches Problem. Opel Blitz, Mercedes, Borgward – alle mussten aus ihren zivilen Autos für die Wehrmacht, für Hitlers Krieg geländegängige Fahrzeuge machen, die auch in Dreck und Morast nicht stecken blieben.

Bei Phänomen wurde außerdem von 1934 bis 1939 parallel zu dem Granit 25 ein 2,3t-LKW gebaut, dessen Produktion aber im Zusammenhang mit dem Schell-Plan zur Typenbereinigung vor Kriegsbeginn eingestellt wurde. So blieb der 1,5-Tonner übrig. Geschweißter Rahmen, neue Achsen, luftgekühlter Motor – das ergab dann den Granit 1500 mit der Werkbezeichnung Granit 27.

Phänomen hatte während des Krieges zumeist Sankras gebaut, ganz wenige Mannschafts- und Pritschenwagen. Das erwies sich 1945, als die sowjetische Besatzungsmacht über den Umgang mit deutschen Rüstungsbetrieben entschied, als Vorteil. Das Werk wurde nicht gesprengt, sondern nur demontiert, also seines gesamten Maschinenparks beraubt, auch der zivilen Produktionslinien.

Das war schlimm genug. Phänomen hatte ja nicht nur Lastwagen gebaut (sieben Prozent der deutschen Lastwagenproduktion), sondern auch Leichtmotorräder und Fahrräder. Fahrräder waren sogar das Hauptprodukt.

Die Ausrüstungen wurden auf Befehl der Besatzungsmacht verladen, ohne dass eine Logistik für den Abtransport nach Russland gewährleistet gewesen wäre. Östlich von uns, jenseits der Neiße, hatte es in den letzten Kriegsmonaten schwere Kämpfe gegeben. 1945 waren die Brücken noch gesprengt. So gelangten die herausgerissenen Maschinen nur bis zum Güterbahnhof Zittau und rosteten dort vor sich hin. Erst ab 1946, als noch andere Betriebe ausgeräumt und die Gleise und Brücken wieder instandgesetzt waren, hat man das alles abtransportiert. Auch unsere Maschinen, aber wahrscheinlich gelangten sie doch nur noch auf Schrottplätze. Die Demontage der Maschinen von Phänomen, behaupte ich mal, war eher ein Racheakt als ein Nutzeffekt für die russische Wirtschaft: »Ihr habt unser Land zerstört und wir zerstören jetzt eure Wirtschaft.«

Da der Fahrradbau tot lag und die benötigten Spezialmaschinen in der Ostzone nicht zu haben waren, schied die Möglichkeit aus, diesen Zweig in Zittau wieder zu beleben. Auch die Einbaumotoren, die Phänomen verarbeitete, standen nicht mehr zur Verfügung. Aber der Granit 1500, nun Granit 27, wurde gebraucht. Also wurde alles darangesetzt, um die Produktion wieder aufzunehmen. Unseren Anstrengungen kam entgegen, dass wir im Erzgebirge ein reichhaltiges Ersatzteillager versteckt hielten. So konnten 1950 die ersten Fahrzeuge aus eingelagerten Ersatzteilen hergestellt werden.

Der Granit 1500 besaß, so wie er 1941 in Serie gegangen war, erstmalig ein Ganzstahl-Fahrerhaus. Das wurde einst bei Drauz in Heilbronn gefertigt. Die Firma lag seit einem Bombenangriff Ende 1944 in Schutt und Asche.

Wie also nun wieder Fahrerhäuser bauen? Es gab zum Glück noch einige Muster, und so konnte man auf die traditionelle Gemischtbauweise zurückgehen. Das hieß: Hartholzgerippe mit Blech beplankt, das Dach aus Kunstleder

– eine übliche Vorkriegsvariante. Anhand des Stahlfahrerhauses erhielt das Karosseriewerk Radeberg 1949/50 den Auftrag, ein so ähnlich aussehendes Fahrerhaus zu entwickeln. Das wurde dann bis 1961 produziert.

Mit den Blechteilen hatten wir auch Glück: Vorrangig wurden damals Traktoren für die Landwirtschaft gebaut. Aus Nordhausen kam ein Modell namens Brockenhexe. Dieser Traktor hatte ein rundes Haubenvorderteil. Ein bisschen schmaler als unseres, aber im Prinzip passte es. So wurde unser Granit mit einer Motorhaube versehen, die eigentlich für einen Traktor vorgesehen war.

Anfangs bauten wir die neuen Fahrzeuge wie in einer Manufaktur zusammen. Das änderte sich im Laufe der Zeit. Wir bekamen Maschinen aus stillgelegten Betrieben, deren Besitzer als Saboteure beschuldigt und verhaftet oder rechtzeitig nach dem Westen geflohen waren. Deren Inventar bekamen die neugegründeten VEB.

Wirtschaftlich hat uns das Interesse des Militärs geholfen. Die neu gegründete Volkspolizei benötigte einen gewissen Fahrzeugbestand. Der Granit 27 war geländegängig, im Krieg erprobt und also geeignet für den schnellen Transport von Mannschaften auf den von Schlaglöchern und Granattrichtern übersäten Straßen in der frühen DDR. Wir durften eigentlich nach dem Potsdamer Abkommen gar keine geländegängigen Fahrzeuge bauen, aber das hat Anfang der 50er Jahre niemanden mehr interessiert. Die Mannschaftswagen waren Acht- oder Zehnsitzer – erst mit kurzem Radstand, dann wurde der Rahmen um 500 Millimeter verlängert. Die Stückzahl war am Anfang noch bescheiden.

Der Granit 27

Ich selbst arbeitete zwischen 1951 bis 1954 nicht in meinem Betrieb, sondern studierte in Zwickau. In den Ferien kam ich drei, vier Wochen ins Werk, um mir ein bisschen Geld verdienen. In dieser Zeit hatte Phänomen die Aufgabe, einen Kübelwagen für die Volkspolizei zu bauen. Die Anforderungen hinsichtlich der Leistungsparameter wurden vom Ministerium des Innern festgelegt. Das Ministerium für Nationale Verteidigung gab es noch nicht.

Der Außenhandel forderte dann für den Phänomen, ab 1957 unter dem Namen ROBUR, eine höhere Nutzlast. Wir haben auf der Basis des Granit-Haubenfahrzeugs mit neuen Achsen und verstärktem Motor die ersten Versuche gemacht. Schließlich, nach einem Exportvergleich mit Ford und Mercedes, wollte der Außenhandel entweder Kurzhauben oder Frontlenker. Wir bauten schon einen Haubenbus, den Achtzehnsitzer. Jetzt sollte ein Ganzstahlbus entwickelt werden. Die Variante Kastenwagen, busähnlich, die Pritsche und der Geländewagen sollten Haubenwagen bleiben. Das hatte seinen guten Grund: Eine Veränderung der Fahrerhäuser schien wegen fehlender Produktionskapazitäten unmöglich zu sein. Die Pressenqualität war mangelhaft, denn die Pressenproduktion in Erfurt war hauptsächlich für den Export in die Sowjetunion bestimmt. Für die DDR blieb nur das Wenigste. Auch gab es niemanden, der Schweißvorrichtungen baute.

Es fehlte an allen Ecken und Enden. Unsere alten Fahrerhäuser wurden immer noch in Gemischtbauweise hergestellt, was langsam im Export mit Naserümpfen zur Kenntnis genommen wurde. Es musste sich also etwas ändern, auch wenn die Mittel dafür eigentlich nicht vorhanden waren. Die NVA wollte jetzt eine Drei-Meter-Pritsche. Also bauten wir den ersten Wagen mit langem Radstand und Einfachbereifung und nahmen ihn in die harte Erprobung. Das ging allerdings nicht gut. Ich weiß nicht mehr, wie viele Kilometer wir damit gefahren sind, jedenfalls brach der Rahmen durch.

Die auf Regierungsbeschluss gegründete VVB Automobilbau wäre uns gerne losgeworden, dort setzten sie auf Karl-Marx-Stadt/Zwickau, Eisenach und Werdau. Zittau mit dem luftgekühlten Motor, das hat ihnen nicht gepasst. Was also tun? Wir wollten weiter fürs Militär bauen, weil so das Fahrzeugwerk weiter existieren konnte. Unser damaliger Werkleiter war der Diplom-Ingenieur Hans Langer, bis 1945 Planungsleiter bei Phänomen. Der war ein Fuchs und hatte überall Beziehungen. Leute wie er – heute würde man Lobby sagen – haben das den Verantwortlichen der Armee richtig vermittelt und die haben dann Druck auf die Entscheider der Kfz-Produktion gemacht und einen Frontlenker verlangt.

Hans Langer stammte aus dem Sudetenland, hatte in der Tschechoslowakei studiert und konnte gut tschechisch. Seine Beziehungen haben uns immer sehr geholfen. So kam es zu einer Art Freundschaftsvertrag mit den Tatra-Werken. Die Tatra-Werke bauten ja auch luftgekühlte Fahrzeuge mit Allradantrieb. Dafür hatten sie einen guten und stark ausgebildeten Betriebsmittelbau zur Seite. Sie übernahmen den Auftrag, die Schweißvorrichtung für unsere Fahrerhausfertigung zu bauen, die dann über 30 Jahre halten musste, weil keine neuen Pressen und keine neuen Werkzeuge zu bekommen waren.

So ist die Produktion des Frontlenkers LO möglich geworden. Doch von einem Test auf Herz und Nieren konnte bei unserem LO zunächst keine Rede sein. Das Ganze lief nur sehr sporadisch. Die Strecken waren nicht so beschaffen, dass alle Bauteile richtig hart ran genommen werden konnten. Mängel wurden oft vertuscht – das war gängige Praxis zu DDR-Zeiten. Die Folgen zeigten sich, nachdem die Serieneinführung begonnen hatte und die ersten Null-Serien-Fahrzeuge bei den Grenztruppen untergebracht waren. Dort gab es Ausfälle an Vorderachsen und Getrieben.

Deshalb wurde – für uns zum Nutzen – die Zusammenarbeit mit der Erprobungsstelle der NVA herbeigeführt. Dort gaben sie uns ihre Fahrnormen für die einzelnen Geländestrecken vor. Ab dann wurden die Erprobungen knallhart, mitunter im Dreischichtbetrieb, durchgeführt. Die Fahrzeuge gingen auch gleich in den Export und wurden von der polnischen, der tschechoslowakischen und der ungarischen Armee getestet.

Profitiert haben wir dann auch von der Einstellung der Flugzeugproduktion in der DDR. Damals wurde ein Institut für Leichtbau und ökonomische Verwendung von Werkstoffen gegründet. Dessen Prüfstände konnten wir benutzen. Dort haben wir viel gelernt. Ich selbst verglich die alte Zwei-Tonner-Welle aus dem Krieg mit unserer Welle. Am Ende wussten wir: Unsere Welle geht nun nicht mehr kaputt. Und das Getriebe hatten wir auch bald im Griff.

Dass zunächst vieles an dem neuen Fahrzeug nicht funktionierte, lag unter anderem an der Standardisierung, ein göttliches Gebot in der DDR. Nach diesen Normen konnte man kein Fahrzeug mit wenigstens dem Nutzlastfaktor eins bauen – also Tragfähigkeit gleich Eigengewicht. Das haben wir nicht geschafft mit unseren technologischen Möglichkeiten. Wir hatten keine Pressenkapazität, wie gesagt, bei uns wurde alles geschweißt, geschnitten.

Und von wegen zentral geleitete Wirtschaft! Es gab zentrale Vorgaben, aber wie die Ingenieure und die Ökonomen mit den Planaufgaben klar kamen, war ihnen überlassen. Für die Wirtschaftspolitiker war nur die Planerfüllung wichtig. Wir aber benötigten ein ordentliches Gütezeichen, wenigstens das Gütezeichen 1, schon wegen des Exports und der Prämienzuführung. Das kam alles von außen. Die volkseigenen Unternehmen hatten ihre gesamten Erlöse abführen müssen und kriegten dann gruppenweise wieder was zurück. Je niedriger die

Einordnungsklasse und je weiter weg von Berlin, von den Beziehungen zum Minister oder Staatssekretär, um so weniger bekam ein Betrieb. Daher war die Beziehung zum Militär so wichtig. Ein guter Schachzug von uns! Das wurde in Zittau auch früher schon so gemacht.

Ab Mitte der 60er Jahre konnten wir unsere Fahrzeuge mit gutem Gewissen exportieren. Wir haben sowohl für das Militär, als auch für den zivilen Bedarf produziert. Die Hauptbaugruppen waren immer die gleichen. Die Armeefahrzeuge unterschieden sich von den zivilen nur durch die Sonderausrüstung und die Sonderaufbauten, die sogenannten Nachrichtenkoffer zum Beispiel. Das machte zum Teil ein Karosseriebetrieb in Aschersleben. Die M3-Pritschen haben wir in Bautzen selber gebaut. In den 80er Jahren entwickelten wir dann noch den Kipper-Aufbau. Das geschah im eigenen Hause. Bauelemente vom W 50-Kipper konnten mit verwendet werden.

Alles musste von uns selbst entwickelt werden. Wir waren ja seit den späten 50er Jahren von der internationalen technologischen Entwicklung aus politischen und finanziellen Gründen abgeschnitten. Da fehlten die Kapazitäten, um längerfristig mithalten zu können. Man hat zwar versucht den westlichen Markt zu beobachten, aber das hat nicht viel gebracht, weil wir neue technische Lösungen aus Kapazitätsgründen gar nicht übernehmen konnten.

Ich erinnere mich in diesem Zusammenhang an eine Episode aus den 60er Jahren. Weil Devisenmangel in der DDR herrschte, durfte jede Entwicklungsstelle und jedes Werk sich zu Studienzwecken um einige westliche Vergleichsprodukte bewerben. Für die Entwicklung des Frontlenkerbusses LO 2500B beantragte das Werk den Ankauf eines analogen Busses in der BRD. Es sollte ein Kässbohrer SETRA S6 sein.

Das war 1961, kurz nach dem Mauerbau. Der SETRA S6 wurde aus Ulm angeliefert. Die Übergabe sollte am Grenzübergang Hirschberg erfolgen. Der Vertreter, der mit unserem Außenhandel verhandelt hatte, kam aus Westberlin und besaß nur ein Visum für den Transit zwischen der Bundesrepublik und Westberlin, durfte also nicht in der DDR herumreisen. Ich sollte das Vergleichsfahrzeug abholen. Bei Schleiz die erste Kontrolle der Verkehrspolizei.

»Wo wollt ihr denn hin?«

»Hirschberg, Grenzübergang.«

»Ha, seid ihr verrückt?«

»Wieso verrückt, wir sollen ein Fahrzeug übernehmen.« Ich zeigte mein Papier von der Werkleitung vor.

Sie guckten skeptisch. »Na ja, ob Sie damit Glück haben werden? Wissen Sie was, wir machen ein Abkommen. Wir haben Sie nicht angehalten, Sie haben uns nicht gesehen, wir wissen alle von nichts.«

Als wir nach Hirschberg kamen, fragten die Posten dort: »Was wollen Sie denn hier?«

Ich antwortete: »Da kommt irgendjemand aus Ulm und bringt ein Vergleichsfahrzeug für das ROBUR-Werk, hier ist die Vollmacht von meinem Werkleiter.«

Keiner von uns wusste, welche Papiere wir brauchen, an wen wir uns offiziell wenden sollten. Das wussten die Grenzer auch nicht, das war damals so. Sie überlegten und sagten dann: »Na ja gut, jetzt sind Sie nun mal da, warten Sie eine Weile hier in dem Raum, das Auto stellen Sie dort hin!«

Unterdessen konnten sie sich unser Auto angucken: »Ach, das wird wohl der Neue?«

Der Westberliner Vertreter kam, wurde neben unser Fahrzeug dirigiert und dann erfolgte die Übergabe. Zwei von den Offizieren wichen uns nicht von der Seite, guckten, was wir machten, staunten dann auch. Als die Übergabe erledigt war, sagte der Kässbohrer-Vertreter: »Jetzt würde ich Sie ja gern auf ein kleines Essen rüber nach Hirschberg in den Ratshof einladen.«

Ich dachte, die beiden Offiziere kriegen einen Schlaganfall. Die machten drei Purzelbäume in der Luft. Ob der Westberliner nicht wüsste, was hier los ist, Grenzsicherung, antifaschistischer Schutzwall?

Der Mann sagte: »Entschuldigung, das war nicht böse gemeint, aber bei uns ist das nach einem Geschäft so üblich.« Und verabschiedete sich.

Wir bekamen noch ein paar Belehrungen auf den Weg, wie das beim nächsten Mal ablaufen müsse und fuhren los. Ich mit dem SETRA-Bus Richtung Hermsdorfer Kreuz und dann nach Hause. Es war ein schöner Tag, manchmal standen Leute an der Autobahn, und als wir mit unserem Westauto kamen, winkten sie. Sie erkannten ja nicht, dass ich ein rotes DDR-Kennzeichen hatte. Ich winkte natürlich zurück.

Der SETRA aus Ulm kam, als wir mit der Erprobung des LO fertig waren und nichts mehr ändern durften. Wir Autobauer in Zittau haben das westdeutsche Vergleichsmodell intensiv getestet und bekamen durch dieses Vergleichsfahrzeug zum ersten Mal ein Bild davon, wie moderne Busse gebaut werden. War ein feines Fahrzeug, geräumig, Dieselmotor im Heck, Bremse mit Druckluftverstärker. Völlig neu für uns. Das fehlte uns alles. Und die Schalldämmtechnik! Wir hatten zwischen Motor und Fahrerhaus nur das blanke Blech, wie das im Kriege und vor dem Kriege war. Wir saßen eben im Lärm. Außerdem hatte der Westbus eine Gummifederung. Der Hentschel-Motor, ein Vier-Zylinder mit Druckluftbremse und Direkteinspritzung, lief fantastisch. Es war das Niveau, wie es damals in der Bundesrepublik üblich war. Niemand im Osten produzierte die Dämmstoffe und das andere Material, das wir gebraucht hätten. Vom konstruktiven Gedanken her waren wir allmählich hinter den Weltstandard zurückgefallen. Nach 1961/62 ging es weiter rapide rückwärts, weil unsere Industrie nicht mithalten konnte. Jeder Werkleiter bekam seinen Plan von oben und igelte sich ein. Ob es um Gelenkwellen ging, um Stoßdämpfer oder um die Fahrzeugelektrik – immer mussten wir im Werk uns selbst etwas einfallen lassen.

Es fehlten uns eben die Partner. Wir haben mühsam – auch mit Hilfe der NVA – viele Verhandlungen geführt, damit wir weiter kämen. Der Staatssekretär in Berlin entschied schließlich, ob der Betrieb XY, den er gar nicht aus eigener Anschauung kannte, eine Maschine bekommt oder nicht. »Nee, braucht der nicht, die sollen mal ihre alten Maschinen reparieren.«

Wir hätten das Potenzial gehabt, wenn wir so hätten arbeiten können, wie wir es gelernt hatten und wie wir es konnten. Aber die DDR-Wirtschaft hat sich ständig selber Beine gestellt.

Und die sowjetische Bürokratie, die uns übergestülpt wurde, hat mit dazu geführt, dass wir fünf oder sechs Jahre brauchten, um ein neues Produkt serienreif zu machen. Diese Unbeweglichkeit und Gleichgültigkeit hat man auch bei den Ersatzteillieferungen der Russen für ihre Fahrzeuge mitbekommen. Einen Ersatzteilservice kannten sie gar nicht. Ihren Kunden empfahlen sie: Nehmt drei Autos mehr und die zerlegt ihr dann, wenn ihr Ersatzteile braucht. Das hieß dann: Von der Sowjetunion lernen, heißt siegen lernen! Erst, als sie in den West-Export einstiegen, mussten sie plötzlich Ersatzteile liefern.

In den 60er Jahren gab es die Absicht, den Fahrzeugbau in Zittau aufzugeben, weil wir über eine Stückzahl von 6.000 Fahrzeugen in unseren verstreuten Räumlichkeiten nicht hinauskamen. Wir sollten künftig Hydraulik oder Spezialfahrzeuge herstellen. Das war leicht gesagt, aber man hat erst später gemerkt, dass das Vorhaben ohne Investitionen nicht realisiert werden kann. Wir produzierten dann tatsächlich Hydraulikrohre und auch ein Langrohrteleskop für den Kali-Bergbau.

Schließlich, im Jahr 1971, kam Honeckers VIII. Parteitag, auf dem festgelegt wurde, dass jetzt das gebaut wird, was wirklich im Land gebraucht wird. In Großstädten wie Berlin brauchte man Lieferwagen in der Größe des ROBUR. Zuerst wollte man den LO in Ludwigsfelde mit unterbringen. Die Berechnungen ergaben aber, dass im damaligen Produktionsablauf des W 50 der ROBUR nicht mit über das Band genommen werden konnte. Was wir da für den Papierkorb gemacht haben, war immens.

Beinahe zeitgleich brach die Erdölkrise über die Weltwirtschaft herein, und für die DDR wurde der Dieselmotor wichtig. Bis dahin gab es eine RGW-Festlegung, dass LKW bis drei Tonnen Nutzlast ausschließlich mit Otto-Motoren auszurüsten sind. Nun galt das nicht mehr. Deshalb wurde unser Diesel, den wir in der Versenkung hatten verschwinden lassen, wieder hochgepäppelt. Man gewährte uns sogar ein paar neue Maschinen für die Fertigung. Die kamen von einer italienischen Firma und machten eine Menge Probleme. Wir haben unseren alten Motor einigermaßen verbessert und dann in der zweiten Hälfte der 80er Jahre auch Versuche gemacht, mit Direkteinspritzung zum Beispiel. Aber das waren alles Dinge, bei denen wir immer hörten: Wenn es Investitionen kostet, geht es nicht.

Als die Wende kam, war der LO auch in der weiterentwickelten Version veraltet. Wir wussten: Mit unserer Motorleistung kommen wir nicht weiter. Wir brauchten ein Zugpferd von einem renommierten Motorhersteller und erinnerten uns: In den 60er Jahren hatten wir mal einen Auftrag vom Außenhandel für Indonesien. Für Rechtslenker. Die Firma Deutz betrieb dort ein Montagewerk. Damals hatten wir Kontakt mit der Firma Deutz und kriegten einen Mustermotor aus Köln. Unsere Rechtslenker sollten zerlegt nach Indonesien geliefert und dort mit dem Deutz-Motor montiert werden. Das lief ganz gut an, bis zu dem Militärputsch im Jahr 1965.

Auf den Deutz-Kontakt griffen wir 1990 zurück. Doch das half uns nicht weiter, weil das Unwesen der Treuhand einsetzte und mit der D-Mark außerdem der ganze Osthandel zusammenbrach. In dieser Zeit wurden viele ROBUR-Kipper mit Deutz-Motoren verkauft, weil sie billiger als ein gebrauchter Mercedes waren. Das war offenbar das Signal für gewisse Strippenzieher bei der Treuhand. Es durfte nicht sein, dass im Osten marktfähige Fahrzeuge gebaut werden. Sie wollten, dass Mercedes hier Autos verkauft. Wir hatten einen Treuhänder im Betrieb, der uns sehr zugetan war. In Berlin, wo die Treuhandstelle war, kriegte er mit, was für Leute dort für westdeutsche Firmen als Lobbyisten hantierten. An denen sind wir gescheitert. So wurden wir liquidiert. Im Herbst 1991 wurde der Betrieb stillgelegt und der ganzen Belegschaft gekündigt.

Heute sage ich jedem: Wir waren und sind stolz auf unsere alten Autos, darauf, dass die Fahrzeuge immer liefen. Nicht wenige werden als Kultautos gesammelt. Dass wir das mit den Möglichkeiten, die wir hatten, geschafft haben, das ist schon was. Aber die 30 Jahre lang umgesetzte Fahrzeugkonzeption- das muss man heute eingestehen – war 1990 veraltet. Eine Neuentwicklung wäre für ein so kleines Unternehmen wie eben ROBUR in Zittau nicht finanzierbar gewesen. Dazu kam noch die geografische Randlage im äußersten Osten. Ein Konzept für die Fertigung bestimmter Fahrzeugzubehörteile wäre jedoch eventuell realisierbar gewesen. Aber auch dazu kam es nicht.

Was möglich gewesen wäre

Was im Fahrzeugbau der DDR bei anderer Weichenstellung möglich gewesen wäre, zeigt sich bei einem Blick auf die Produktion des in der Truppe sehr beliebten Geländewagens P 3. Das in Hohenstein-Ernstthal entwickelte Fahrzeug war universell einsetzbar, sehr geländegängig und für den Transport von sieben Personen geeignet. Es besaß sehr gute Leistungsparameter und ein für den damaligen Geschmack modernes Design, tauglich auch für den zivilen Bereich, besonders in der Land- und Forstwirtschaft, bei der Feuerwehr und möglicherweise – bei Fortsetzung der Entwicklungsarbeiten – für den Export. Entsprechende Anfragen des RGW lagen vor.

Produziert wurde der P 3 aber nur in geringen Stückzahlen, und zwar immer nur dort, wo gerade mal freie Kapazitäten erkennbar waren: in Karl-Marx-Stadt, bei der SDAG Wismut waren es 570 Fahrzeuge und im Industriewerk Ludwigsfelde wurden bis September 1965 etwa 3.050 P 3 gefertigt. Auch ohne den P 3 hatte die Fahrzeugindustrie der DDR bereits ihre Kapazitätsgrenzen erreicht. Für eine Fortführung der Entwicklungs- und Produktionslinie reichte die Kraft nicht aus. Schließlich wurde die Fertigung mit dem Hinweis auf den angeblich nur geringen Binnenbedarf und die hohen Fertigungskosten eingestellt.

Der Trabant-Kübel P 601 A, ab 1966 im Einsatz, war kleiner und nicht geländegängig – kein Ersatz für den P 3.

Der Geländewagen P 3 wurde bis 1965 gebaut, dann kam der Trabant-Kübel

Fortan wurden sowjetische Fahrzeugmodelle importiert, was für die Lieferanten eine Ausweitung des Marktes bedeutete und zudem der Vorstellung einer weitgehend einheitlichen Ausrüstung im östlichen Verteidigungsbündnis zu entsprechen schien.

Die Entscheidung über das Schicksal des P 3 hätte bei anderer industriepolitischer Weichenstellung und anderer finanzieller Prioritätensetzung auch zukunftsorientiert ausfallen können. Voreilig wurde eine Produktlinie aufgegeben, für die sich in den westlichen Ländern ab Mitte/Ende der 70er Jahre beachtliche Marktanteile ergaben. Den Trend der westlichen Konsumgesellschaft zum Offroader als Zweitwagen erkannten und nutzten – wenn auch mit Verzögerung – Unternehmen wie Rover, VW und Mercedes, die aus dem militärischen Fahrzeugbau über die technologischen Voraussetzungen zur Bedienung des zivilen Offroader-Marktsegments verfügten. Bei mehr Weitsicht und mehr Mut zur Wahrnehmung eigener Interessen hätte vielleicht auch der Automobilbau der DDR von diesem Markttrend profitieren können.

Das Marktsegment militärischer Nutzfahrzeuge mit mehr als fünf Tonnen Tragfähigkeit war in der DDR durch Hersteller aus der UdSSR und aus der CSSR besetzt. Die DDR hätte schon aus wirtschaftspolitischen Gründen keine Chance auf weitere Eigenentwicklungen gehabt. Für die Nutzfahrzeugindustrie blieb also nur eine Marktnische im Segment bis zu fünf Tonnen, die hauptsächlich durch die ROBUR-Werke in Zittau und das IFA-Werk in Ludwigsfelde ausgefüllt wurden.

Der IFA W 50 fuhr auf allen Kontinenten, Australien ausgenommen

Die Marktchancen für die Entwicklung eigener militärischer Nutzfahrzeuge mit mehr als fünf Tonnen Tragfähigkeit waren auch dadurch eingeschränkt, dass beim Kauf militärischer Spezialtechnik aus der UdSSR – zum Beispiel von Radarstationen – zumeist auch die Basisfahrzeuge eingeführt werden mussten. Diese Spezialtechnik auf Nutzfahrzeugen aus DDR-Produktion zu installieren, war technisch oft nicht möglich und wirtschaftlich unsinnig.

Der im Kfz-Werk Werdau ursprünglich für die Landwirtschaft entwickelte und erst danach im IFA-Automobilwerk Ludwigsfelde auch für den militärische Bedarf modifizierte mittlere LKW W 50L/A und das in Ludwigsfelde entwickelte Nachfolgemodell L 60 erwiesen sich dagegen bald als gute Devisenbringer. 70 Prozent der insgesamt 592.108 produzierten LKW W 50 und L 60 gingen in den Export. Bis zum Ausbruch des ersten Golfkrieges 1980 lieferte die DDR 11.057 IFA W 50 an den Iran und 72.209 dieser robusten Fahrzeuge an den Irak. Dort zeigte sich während des Krieges, dass die Nutzfahrzeuge aus Ludwigsfelde unter extremen klimatischen Bedingungen zuverlässig eingesetzt und relativ einfach gewartet und repariert werden konnten.

Eine erstklassige Referenz für das Unternehmen und seine Mitarbeiter.

Dietrich Carl, Vertriebsmanager:
»Unser W 50 fuhr im Vietnamkrieg«

Als ich 1950 meine Lehrzeit im VEB Hauptreparaturwerk in Ludwigsfelde begann, wurden in diesem Betrieb Kraftfahrzeuge repariert. Die alte Daimler-Flugmotorenproduktion gab es damals nicht mehr, die kriegswichtigen Anlagen waren aufgrund der Beschlüsse der Alliierten im Potsdamer Abkommen gesprengt worden.

Ab 1952 hatte man den Betrieb als VEB Industriewerke Ludwigsfelde komplett neu aufgebaut, zum Bau von Schiffsdieselmotoren des Typs 20 KVD 25. Diese Dieselmotoren sollten für Schnellboote des schließlich nicht in die Volksmarine eingeführten Typs Forelle und für den Export in die UdSSR gefertigt werden. Doch als der Motor soweit entwickelt war, dass er serienmäßig hätte produziert werden können, kam im November 1958 das Aus.

Zu jener Zeit begann man in der DDR an einen eigenen Flugzeugbau zu denken. Deutsche Flugzeugspezialisten, vor allem aus den Dessauer Junkers-Werken, die nach dem Krieg in die Sowjetunion verfrachtet worden waren, kamen zurück und entwarfen in Dresden und Pirna das Düsenpassagierflugzeug

152. Zugleich wurden entscheidende Entwicklungen in anderen Betrieben vorangetrieben, so in der Mineralölindustrie, in der Elektroindustrie, in der Gießereitechnik. Selbst Stahlguss und Walzmaterial in Luftfahrtqualität konnten wir in der DDR wieder herstellen.

Das ergab eine neue Chance für Ludwigsfelde. Die frei gewordenen Produktionskapazitäten konnten für die Serienproduktion der Turbinenluftstrahlriebwerke Pirna TL 014 genutzt werden. Wir rüsteten die Prüfstände der Dieselmotoren 20 KVD 25 für diese Strahltriebwerke um. Doch dann zogen sich die Interessenten zurück. Es kamen wieder keine Aufträge. Die 152 wurde nicht gebaut, weil die sowjetischen Auftraggeber nichts mehr davon wissen wollten.

Als das Flugzeugprojekt gekippt wurde, waren alle aus der Belegschaft sehr betroffen. Betriebsführung, kaufmännische Leitung, Materialwirtschaft – alle bemühten sich, die Kapazitäten mit anderen Projekten auszulasten und die Fachkräfte zu beschäftigen. Schon in der Zeit vor der Umstellung auf den Triebwerksbau wurde Ludwigsfelde mit dem Bau von Motorrollern beauftragt.

So bekam der Pitty seine Chance. Ab 7. Februar 1955 wurde er in Serie produziert. Später folgten die Motorroller Wiesel, Berlin und Troll. Und dabei blieb es nicht.

Die Luftstreitkräfte der NVA hatten inzwischen Jagdmaschinen vom Typ MiG-15/MiG-17 erhalten und meldeten Reparaturbedarf an. Parallel zur Fertigung von Triebwerken für die zivile Luftfahrt wurden ab 1959 Triebwerke für diese Jagdmaschinen instandgesetzt. Nach dem Ende des zivilen Flugzeugbaus war das eine Chance für viele Mitarbeiter.

Als wir mit der Triebwerksinstandsetzung für die NVA-Maschinen begannen, mussten wir uns alle Geräte, Spezialwerkzeuge und Prüfstände selber bauen und entwickeln. Der Großprüfstand musste wieder umgebaut werden. Auch bei den Geräteprüfständen hatten wir erhebliche Sorgen. Aber unsere Ingenieure und Physiker schafften, dass die Parameter der Fluggeräte ordnungsgemäß geprüft werden konnten. Wir hatten Kontakt zu Betrieben in Polen, in der Sowjetunion, in der CSSR und in Bulgarien. Wenn wir unsere Anlagen mit denen der Partner verglichen, konnten wir erkennen, dass wir die Geräteprüfstände mit der höchsten Qualität hatten. Hier wurde bewiesen, dass wir Qualitätsarbeit leisteten.

Wir brauchten natürlich technische Dokumente. Die waren weder regelmäßig noch offiziell zu bekommen. Wir holten sie uns bei den sowjetischen Reparaturgeschwadern, die Vertrauen zu uns hatten, weil sie unser Interesse an gemeinsamer guter Arbeit schätzten. Obwohl die Weitergabe für sie nicht statthaft war, haben sie es gemacht. Geholfen hat uns die Zusammenarbeit mit den Reparaturgeschwadern der Sowjetarmee in Elstal und Rangsdorf. In Elstal versorgten sie uns mit Ersatzteilen, erledigten für uns galvanische Arbeiten und testeten, solange wir keine eigenen Prüfstände hatten, unsere reparierten Geräte für die Triebwerke. Daraus wurde ein ständiges Geben und Nehmen. Sie sagten zum Beispiel: Wir haben da eine Drehmaschine, die repariert werden muss. Oder: Für unseren Härteofen brauchen wir Schamottesteine. Oder: Könnt ihr uns mit Heizstäben für die Wärmeöfen aushelfen, habt ihr Schaltrelais usw., usw.

Ich war damals zuständig für Produktionsorganisation im Triebwerkreparaturbereich und führte zwei Bücher. Das eine für unseren Bedarf, das andere über das, was die Sowjets uns überließen. Damit stand ich bei der Revision immer gut da. Die Russen waren großzügig. Wertmäßig gaben sie uns sicher das Doppelte, gemessen an dem, was wir für sie tun konnten. Das wussten sie natürlich auch selbst. Als wir zum ersten Mal zum Gratulieren da waren, standen wir mit einer Offiziersgruppe zusammen, und der Versorger, ein Georgier, erzählte einen kaukasischen Witz: »Ein Jude betrügt zehn Christen. Ein Georgier betrügt zehn Juden. Aber der Genosse hier – damit meinte er mich – kann zehn Georgier betrügen.«

Daraufhin habe ich mich von weiteren Tauschgeschäften erst einmal zurückgehalten. Aber ganz ohne ging es nicht. Auf beiden Seiten nicht. In Rangsdorf kamen die Tauschgeschäfte erst recht in Gang, als der sowjetische Kommandeur einmal den Wolga-Motor seines Kübelfahrzeugs kaputt gefahren hatte. Um den Schaden nicht dem Oberkommando in Wünsdorf melden zu müssen, fragte er an, ob wir helfen könnten. Damit er den Motor mit seinen Kfz-Leuten reparieren konnte, brauchte er einen Motorblock. Den haben wir ihm beschafft, und seit diesem Tag waren wir auch da voll drin und haben die Geschäfte auf Tauschbasis abgewickelt.

Das wird in der heutigen Gesellschaft kein Mensch verstehen, aber das hat gut funktioniert, solange man gegenseitig ehrlich miteinander umgegangen ist. Man kann das heute nicht nachvollziehen, weil das nach einer völlig anderen Philosophie gehandhabt wurde und weil manchmal auch zu viel Geheimhaltung betrieben wurde, statt die Leute einfach nur arbeiten zu lassen. Manche Holzköpfe in höheren Stellen hatten zwar einen Dienstgrad, aber keine Ahnung, was sie da tun. Deswegen verstanden sie nicht, warum wir bei bestimmten Problemen intervenierten und warum wir trotz der allgemeinen Knappheit die Pläne erfüllten. So war das. Es war nicht immer schön, aber es war interessant, man konnte sich bestätigen in seiner Arbeit. Man musste unter diesen Bedingungen eben bloß die richtigen Methoden anwenden.

Hätten wir diese Tauschgeschäfte mit den Russen nicht gemacht, wäre uns 1962 ein großer Vertrag mit Ägypten durch die Lappen gegangen. Wir sollten Triebwerke, die für zwei Jahre konserviert waren, nachkonservieren. Das hieß:

völlig entkonservieren, teilzerlegen, wieder montieren, auf dem Prüfstand die vorgeschriebenen Läufe fahren und dann wieder für zwei Jahre konservieren. Dafür brauchten wir 20 Sätze Schläuche. Kraftstoffschläuche und andere Versorgungsschläuche, die wir einfach nicht hatten. Die hat uns eben die Einheit in Elstal beschafft.

Wir waren in Ludwigsfelde inzwischen soweit, dass wir die Armaturen der alten Schläuche rückgewinnen konnten. Wir bauten uns neue Presskappen und konnten Schläuche selber anfertigen. Alle Vorrichtungen dafür bauten wir uns selber. Damit konnten wir dann sogar den Sowjets helfen. Sie besorgten Rohschläuche aus Polen – dort befand sich ihr Versorgungsbetrieb. Dann haben wir zehn Sätze Schläuche für uns und zehn Sätze für die Sowjets gemacht und alles hat wieder funktioniert.

Der technische Chef von dieser Reparaturbasis in Elstal, der immer ein bisschen Zurückhaltung übte und nicht gern sah, wenn wir Ersatzteile holten, kam eines Tages und fragte, ob wir röntgen können. Er schrieb an seiner Dissertation und brauchte dazu Röntgenaufnahmen.

Ich wusste, bei uns in der Luftfahrtindustrie musste ja fast alles geröntgt werden. Ich habe gesagt, wir haben das, aber ich kann nicht zusichern, wann wir das machen können, weil wir nicht so viele Kapazitäten haben. Er hat mir sein Material mitgegeben, und dann habe ich ihn drei, vier, fünf Wochen hingehalten, bis ich dann gesagt habe: Jetzt habe ich es. Da war der heilfroh und hat selber ins Ersatzteillager »durchgestellt«, dass ein Feldwebel allein entscheiden konnte, was ich an Teilen bekam. So ging das eben.

1965 gab es eine betriebliche Teilung. Die zivile Triebwerksproduktion lief aus und die Instandsetzung für die NVA wurde ausgegliedert. Das Industriewerk Ludwigsfelde wurde der Vereinigung Volkseigener Betriebe Automobilbau angegliedert. Zu jener Zeit kämpfte die VVB mit Kapazitätsmängeln bei der Herstellung des Führungs- oder Geländefahrzeuges P 3. Nirgendwo gab es für diesen Pkw eine Serienproduktion. Nun wurde in Ludwigsfelde die große Montagehalle, die eigentlich für die zivile Triebwerksfertigung gebaut worden war, dafür eingerichtet. Eine höchst kurzfristige Sache.

Ich selbst hatte in meiner Armeezeit von 1955 bis 1957 noch den P 2 gefahren. Ich war damit schon zufrieden, aber der P 3 besaß natürlich Vorteile, so die zwei synchronisierten Getriebe und andere Geländeeigenschaften dank des neuen Fahrgestells und des leistungsstärkeren Motors. Die Resonanz in der Truppe auf dieses Fahrzeug war sehr gut. Doch kaum, dass die P 3-Fertigung in Ludwigsfelde eingerichtet worden war, drückte in neues Problem. Es mussten Kapazitäten zur Achsfertigung für die W 50 eingerichtet werden. Die P3-Produktion musste endgültig weichen.

Der LKW IFA W 50, konzipiert für volumenreiche und schnelle Transporte in der Landwirtschaft und auch in anderen Bereichen wurde ab 1965 im umbenannten Betrieb VEB IFA Automobilwerke in Ludwigsfelde produziert. Und was für die rauen Einsatzbedingungen auf Äckern und Feldwegen taugte, das musste auch für die Armee gut sein. Bald produzierten wir W 50 für den Fahrzeugpark der NVA.

Der Fünftonner schien unverwüstlich. Ich habe seine Bewährungsprobe sogar unter kriegsmäßigen Bedingungen miterlebt. Das war in Vietnam, wo ich von 1969 bis 1978 regelmäßig im Kundendienst tätig war. Als ich in Hanoi ankam, bombardierten US-amerikanische strategische B 52-Bomber jede Verbindungsstraße, jede Brücke im Norden. Im Süden kämpfte die vom Norden gesteuerte Befreiungsfront. Das ganze zivile Transportwesen war während der Zeit der US-Aggression militärisch organisiert. Unser W 50, ausgelegt nicht als Geländefahrzeug, sondern als normaler LKW mit 4x2-Antrieb, also Hinterachsantrieb, geriet unter den widrigsten Geländebedingungen nicht in Verlegenheit. Er befuhr sogar die schwierige, unwegsame Nachschub-Strecke unter Umgehung der Grenze am 17. Breitengrad, also über Laos und Kambodscha, in den Süden. Ich sah Fahrzeuge, die völlig zerschossen zurückkamen. Sie wurden alle wiederhergestellt. Die Vietnamesen regenerierten sogar Elemente der Einspritzpumpe. Für die Ersatzteillagerschalen der Motoren benutzten die Vietnamesen auch Dur-Aluminium-Material abgeschossener US-Flugzeuge. Probleme gab es, wenn der Kraftstoff nicht richtig gefiltert war. Die Vietnamesen versteckten die Reserven zum Schutz vor den Bombenangriffen in Reisfeldern. Da baute sich mancher eigene Filteranlagen für den Dieselkraftstoff.

Der W 50 war einfach zu beherrschen. Das erwies sich im ersten Golfkrieg 1980 zwischen Irak und Iran als großer Vorteil. Bekanntlich nutzten beide Kriegsparteien unsere Fahrzeuge. Volvo, Mercedes und alle anderen LKW aus dem Westen waren schon mit Elektronik bestückt. Damit sind die Kraftfahrer und Schlosser unter den chaotischen Kriegsbedingungen nicht so gut zurechtgekommen.

In Äthiopien, in Mocambique, in Angola, in Tansania, in Sambia, im arabischen Raum, Sudan glaube ich auch – überall sind unsere W 50 gelaufen. Wir haben mit unseren LKW in Sibirien Kältetests bis Minus 50°C durchgeführt und gemeinsam mit ROBUR haben wir Tropentests in Madagaskar gemacht.

In den Jahren von 1965 bis 1990 exportierte der Betrieb mehr als 417.300 Lastwagen vom Typ IFA W 50 und IFA L 60 in 53 Länder. Die höchste Stückzahl erwarb Ungarn, danach folgten der Irak, China, die UdSSR, die Tschechoslowakei, Vietnam, Bulgarien, Angola, Iran, Ägypten, Nicaragua, Kuba und

141

Äthiopien. Das UNICEF-Kinderhilfswerk setzte 100 IFA-W 50-Laster in Kambodscha ein.

Unsere Lieferverpflichtungen in diese Länder haben wir immer erfüllt. Und es wird keinem unserer Mitarbeiter was ausgemacht haben, dass die Fahrzeuge auch für militärische Zwecke eingesetzt wurden. Es hat zumindest keiner diese Arbeit verweigert. Es war ja sein Verdienst, sein Brot. Und es war ohne Kammerreifen eigentlich auch keine Kriegstechnik, sondern Transporttechnik, die jeder braucht.

Man könnte nun fragen, warum wir nicht auch Fahrzeuge mit größerer Nutzlast für die NVA gebaut haben, was die teuren Importe solcher LKW aus der Sowjetunion oder der CSSR überflüssig gemacht hätte. Darauf gibt es eine einfache Antwort: Wir verfügten nicht über eine solche Fertigungskapazität. Kein anderer Betrieb in der DDR hätte parallel eine weitere Produktionslinie für LKW betreiben können. Die materiell-technische Basis der DDR war, bei allem Respekt vor dem Geschaffenen, zu klein. Wir sind mit unserem Fahrzeugprogramm immer an die finanziellen Grenzen der DDR gestoßen.

Das ändert nichts an der Leistung der Autobauer, die fast aus nichts eine Autoindustrie aufgebaut haben, zivil wie militärisch. Sicher nicht immer perfekt, aber ein Beitrag zur Sicherung der Existenz dieses Landes, vierzig Jahre lang.

W 50 aus Ludwigsfelde, der in den 80er Jahren in den Irak exportiert und während des Golfkrieges 1991 von den US-Truppen zerstört worden war. Dieses Fahrzeug wurde von den Irakern als Führungs- und Kommandofahrzeug genutzt

VEB Peene-Werft Wolgast
Kampfschiffe für den Ostseeeinsatz

Die Peene-Werft Wolgast führt selbstbewusst auf ihrer Internet-Seite das für die Volksmarine der DDR realisierte Kampfschiffprogramm als Referenz auf. Die Kleinen Torpedoschnellboote des Typs Libelle, die U-Jagd-Korvetten der Parchim-Klasse, die Patrouillenboote der Sassnitz-Klasse und die Landungsschiffe der Klasse Frosch I werden als Beispiele für das Leistungsspektrum des Unternehmens im Marineschiffbau präsentiert.

Dass bis 1990 für die DDR und für den sowjetischen Bündnispartner über 220 Kampfschiffe gebaut wurden, ist bis heute ebenso Ausweis spezieller Fähigkeiten der Wolgaster Schiffbauer, wie der Umbau von zwei Patrouillenbooten der hoch modernen Sassnitz-Klasse für den Bundesgrenzschutz und von U-Jagd-Korvetten der Parchim-Klasse für Indonesien. Für Brasilien wurden von 1995 bis 1999 sechs Patrouillenboote vom Stapel gelassen. Im Auftrag der Bundesmarine erfolgten zwischen 1998 und 2001 die Modernisierung und der Umbau von fünf schnellen Minenräumschiffen des Typs 343 zum Minenjäger des Typs MJ 333 sowie Reparaturen von U-Booten.

Die Mitarbeiter der Peene-Werft Wolgast entwickelten und bauten qualitativ hochwertige Kampfschiffe, die selbst unter heutigen Bedingungen, zwanzig Jahre nach dem Ende der DDR-Volksmarine, zum Teil noch für militärische Zwecke brauchbar sind. Dass sich mit dieser durch das Volksvermögen der DDR finanzierten Kompetenz bis vor Kurzem die in Bremen und Berlin-Spandau ansässige Hegemann-Gruppe schmücken konnte, gehört zu den Kuriositäten der Marktwirtschaft und des Einigungsprozesses.

Wegen ihrer Spezialisierung auf den Kriegsschiffbau erwies sich die Pennewerft nach dem Zusammenbruch der DDR und dem Ende des Ost-West-Konflikts zunächst als Problemfall. Das gemeinsam mit der UdSSR begonnene Programm zum Bau des hochmodernen Kleinen Raketen-Artillerie-Schnellbootes (Projekt 151) wurde ohne Vorwarnung durch das Ministerium für Abrüstung und Verteidigung am 11. September 1990 abgebrochen, obwohl die Pläne eines Umbaus zum Patrouillenboot offenbar zuvor Zustimmung gefunden hatten. Der sowjetische Vertragspartner, der ursprünglich 19 dieser Boote ordern wollte, trat bereits im Juli 1990 von dem Projekt zurück, wofür die Währungsunion ein wesentlicher Grund gewesen sein mag. Die Schiffe hätten nun in D-Mark bezahlt werden müssen.

Die Währungsunion ruinierte die Chancen der Wolgaster Werft auf dem sowjetischen Markt faktisch über Nacht. In dieser Situation war die Existenz des Traditionsunternehmens gefährdet. Eine Entschädigung des ostdeutschen militärischen Auftraggebers für den gekündigten Vertrag und die schnelle Realisierung eines Auftrages zum Bau von 14 zivilen Küstenmotorschiffen retteten die Marinewerft zunächst. Sie blieb aber durch die politischen und wirtschaftlichen Umbruchprozesse in schwerem Fahrwasser und wurde so zu einem zunächst verschmähten Übernahmekandidaten, den die Treuhandanstalt so schnell wie möglich privatisieren wollte.

Als die Peene-Werft dann im Mai 1991 eine Ausschreibung zum Bau ziviler Schlepper gegen die zur Hegemann-Gruppe gehörende Roland-Werft gewann, weckte das offenbar bei dem westdeutschen Unternehmen Unmut und Begehrlichkeiten. Nun übernahm die Hegemann-Gruppe die Werft von der Treuhandanstalt gegen die Zusage, 183 Millionen D-Markt an der Peene zu investieren und 850 Arbeitsplätze von ehemals 3.500 (Stand September 1990) zu erhalten. Der vorwitzige ostdeutsche Konkurrent der Roland-Werft war damit domestiziert und die Hegemann-Gruppe konnte zudem die Meriten für besonderes industriepolitisches Engagement im Osten einheimsen. Ohne das beherzte Engagement der Unternehmensführung und der Mitarbeiter für eine Umprofilierung und die Akquisition ziviler Aufträge wäre die Peene-Werft jedoch kaum für den neuen Eigentümer von Interesse gewesen.

Die Geschichte der einzigen Marinewerft der DDR begann am 20. Juni 1948 als Herstellerin von Fischereifahrzeugen für die UdSSR. Der Chronist des DDR-Schiffbaus, Dietrich Strobel, beschreibt die schwierigen Rahmenbedingungen für den Aufbau der Wolgaster Marine-Werft: Der heraufziehende Kalte Krieg und die Übermacht der Westmächte auf See führten dazu, dass die UdSSR ihre eigenen Schiffbaukapazitäten vor allem für den Bau von Kriegsschiffen einsetzte. Zugleich benötigte aber das durch den Krieg schwer gezeichnete Land, das Mühe hatte seine Bevölkerung mit Nahrungsmitteln zu versorgen, Fischereifahrzeuge, um die Versorgungssituation etwas entspannen zu können. 144 dieser dringend benötigten Fischereischiffe lieferte die Peene-Werft Wolgast im Rahmen der Reparationsleistungen bis Ende 1953 aus. Die Produktionskosten betrugen 50 Millionen Mark. Nur 20 Millionen wurden dem Reparationskonto gutgeschrieben.

Standort der Werft war das Gelände eines ehemaligen Zellmehlwerkes der Wehrmacht, das demontiert worden war. Zwar war Deutschland mit dem Potsdamer Abkommen der Bau von Kriegsschiffen untersagt, aber die Zeiten und

Ansichten der sowjetischen Siegermacht änderten sich angesichts der wachsenden Entfremdung von den westlichen Alliierten schnell. Die DDR brauchte zunächst Küstenschutzboote für die Volkspolizei See, den Vorläufer der Volksmarine, um hoheitliche Aufgaben wahrnehmen zu können. So beauftragten die Sowjetische Militäradministration und das Ministerium des Innern der DDR die Werft bereits im März 1949 mit dem Bau von zunächst sechs Seekuttern für die Volkspolizei See zum Stückpreis von 638.000 Mark. Die Küstenschutzboote wurden innerhalb eines halben Jahres fertig und sollten zur Sicherung der Seegrenzen und zur U-Boot-Jagd eingesetzt werden. Sie waren mit leichten Fliegerabwehrwaffen und Vorrichtungen zum Einsatz von Wasserbomben ausgerüstet.

Ursprünglich als reine Endbauwerft geplant, wurde mit einem Beschluss aus dem Jahr 1950 die Erweiterung des Unternehmens zur Neubau- und Reparaturwerft festgelegt, wobei nicht nur an den Bau kleiner Kampfschiffe gedacht war. Die Planungen sowjetischer Strategen sahen für die DDR bei der Sicherung der Ostsee und ihrer Zugänge perspektivisch eine wesentlich wichtigere militärische Rolle als bisher vor. Dietrich Strobel hat recherchiert, dass Anfang der 50er Jahre unter Hinzuziehung deutscher Marinespezialisten über den Bau von zehn Zerstörern Falke (Projekt 10) nachgedacht wurde. Diesen Planungen sollte die Erweiterung der Werft entsprechen.

Doch der 17. Juni 1953 und die damit offenbar werdende wirtschaftliche Überforderung der DDR führten zur Reduzierung des offenkundig überdimensionierten Marinerüstungsprojektes. An der grundsätzlichen Orientierung der Schutzmacht und der DDR-Führung auf den Aufbau eigener Seestreitkräfte änderte sich freilich nichts. Strategische Planspiele sahen die Ostsee als ein potentielles Operationsgebiet, wo die aufzubauende Marine der DDR im Verbund mit den sowjetischen und polnischen Ostseeflotten ein Gegengewicht zu NATO-Kräften bilden sollte. Das militärische Schiffbauprogramm der DDR wurde daher nicht aufgegeben, sondern den ökonomischen Möglichkeiten des Landes angepasst. Weder Zerstörer noch U-Boote sollten zukünftig das Rückgrat der DDR-Marine bilden. Vielmehr orientierte man nun auf den Bau kleiner, vielseitig einsetzbarer Einheiten.

Die von Weltkriegsminen verseuchte Ostsee und die Erkenntnis sowjetischer Militärs, dass im Kriegsfall der Durchbruch von Flottenkräften durch Minensperren hindurch in die Nordsee erkämpft werden müsse, lieferten 1955 Gründe genug für den Bau von sechs Minenleg- und Räumschiffen des Typs Habicht zum Stückpreis von sieben Millionen Mark. Diese Schiffe entsprachen trotz des für damalige Verhältnisse stolzen Preises den ökonomischen und militärischen Möglichkeiten der DDR eher als Zerstörer. Sie sollten neben dem Räumen und Legen von Minen auch die U-Boot-Ortung und -bekämpfung sowie den Vor-

Das Minenleg- und -räumschiff »Habicht«. Es wurden in den 50er Jahren sechs dieser MLR gebaut, von denen jedes Schiff rund sieben Millionen Mark kostete

postendienst an der Seegrenze übernehmen. Hinzu kamen zwischen 1957 und 1958 zehn Minenleg- und Räumschiffe des Typs Krake (Projekt 15) zum Stückpreis von nun schon 7,8 Millionen Mark. Diese Schiffe wurden erst 1972 außer Dienst gestellt.

Doch mit der Finanzierung des Schiffbaus war es ökonomisch nicht getan. Von 1950 bis 1958 wurden für die technische Realisierung des Marinebauprogramms etwa 60 Millionen DDR-Mark in den Ausbau der Werft investiert. Die Beschaffung von Maschinen, der Aufbau von Werkhallen und Hebewerken, der Ausbau von Slip- und Kai-Anlagen liefen parallel zur Produktion. Die Peene-Werft galt zu dieser Zeit als ein Schwerpunktunternehmen der DDR-Volkswirtschaft.

Vor allem mit dem Aufbau der Bundesmarine ab Mitte der 50er Jahre und der Integration der Bundesrepublik in die Militärorganisation der NATO stand die nun ebenfalls im Aufbau befindliche Volksmarine der DDR vor der militärischen Notwendigkeit, die Sicherheit des Warschauer Vertrages in ständiger Konfrontation mit der anderen deutschen Marine zu gewährleisten. Die Rivalität der Militärblöcke verstärkte sich auch im Operationsgebiet Ostsee.

Doch selbst angesichts dieser Gefahr konnte man das Produktionsprogramm der einzigen Marinewerft der DDR nicht auf Kriegsschiffe beschränken. Die Anforderungen der zivilen Wirtschaft standen dem entgegen. Parallel zum Marine-Programm liefen daher 1955 sechs zivile Küstenmotorschiffe des Typs

Das Nachfolgemodell »Krake«, davon wurden 1957/58 zehn Schiffe in Wolgast gebaut. Kosten je Schiff: rund 7,8 Millionen Mark

500 und von 1959 bis 1963 25 Küstenmotorschiffe des Typs 840 vom Stapel. Neben den Küstenmotorschiffen wurden zwischen 1960 und 1961 fünf Seitentrawler und von 1966 bis 1968 23 Spezial-Zubringertrawler für das Fischkombinat Rostock und einen Kunden in der UdSSR gebaut. Hinzu kamen in den Jahren 1959 bis 1964 diverse Schlepper und Mitte der 70er Jahre zwei See-Eimerketten-Schwimmbagger für die UdSSR.

Es waren jedoch nicht nur volkswirtschaftliche Zwänge, die verhinderten, dass in Wolgast ausschließlich Kriegsschiffe vom Stapel liefen. Auch aus betriebswirtschaftlicher Sicht war der Kriegschiffbau wenig attraktiv. Unter Schiffbauexperten der DDR war es kein Geheimnis, dass der Produktionsaufwand in der militärischen Schiffskörperfertigung wegen der besonderen Anforderungen drei Mal so hoch ausfiel wie im zivilen Schiffbau. Große Fertigungstiefe, kleine Serien, Zulieferprobleme, vor allem bei Lieferungen aus der UdSSR, hielten die Euphorie über den eigenen Marineschiffbau in Grenzen. Bei der Marinerüstung ging es der DDR nicht um militärische Muskelspiele, sondern um zähneknirschend akzeptierte bündnispolitische Zwänge, denen man sich gerne entzogen hätte. Dietrich Strobel verweist in seiner Chronik der Peene-Werft darauf, dass von der DDR-Führung im Jahr 1965 eine generelle Einstellung des Marineschiffbaus erwogen wurde. Die benötigten Kampfschiffe wollte man lieber aus der UdSSR importieren, um die eigenen Kapazitäten für den Zivilschiffbau zu nutzen. Einen Gutteil dieser Erzeugnisse wollte man in die UdSSR exportieren, um die Kriegschiffimporte zu finanzieren. Allerdings waren zum damaligen

Zeitpunkt die Möglichkeiten der sowjetischen Werftindustrie offenbar ausgereizt. Die UdSSR sah sich nicht in der Lage, der DDR in dieser Frage entgegenzukommen und bestand auf einem höheren Verteidigungsbeitrag des ostdeutschen Juniorpartners angesichts der immer massiver werdenden politischen und militärischen Konfrontation zwischen den Blöcken.

Die 60er Jahre waren durch eine militärische Aufholjagd des östlichen Bündnisses gerade im Bereich der Seerüstung gekennzeichnet. Sowjetische Marinestrategen erwarteten einen Angriff der NATO-Flotten, wofür die zunehmende Präsenz westlicher Kriegsschiffe in der Ostsee ein Indikator zu sein schien. Die östliche Nachrüstung hatte das Ziel, auch in diesem Bereich ein strategisches Gleichgewicht zu erreichen und dauerhaft zu sichern. Dafür brauchte man die Kriegsschiffe aus Wolgast.

Die Volksmarine sollte im Rahmen des östlichen Militärbündnisses eine größere Rolle im Operationsgebiet Ostsee übernehmen. Für den Kriegsfall kam ihr die Aufgabe zu, die Seeherrschaft in der westlichen Ostsee zu sichern und die Meerengen bei Dänemark bis zum Eintreffen der verbündeten sowjetischen und polnischen Flotten freizuhalten. Die Lösung dieser Aufgabe wäre in einem Krieg von substanzieller Bedeutung für die Sicherung der Ostseeausgänge gewesen. Neben der Abwehr gegnerischer Angriffe auf die Küste sollte daher die DDR-Marine U-Boote jagen und eigene Seelandungskapazitäten durch Aufbau eines auf Seelandungen spezialisierten Mot.-Schützenregiments schaffen. Die offensiv operierenden Torpedo- und Raketenschnellboote der 6. Flottille (Stoßkräfte) waren für überraschende Schläge gegen gegnerische Schiffe, die Abwehr von U-Booten, das Verlegen von Minen und die Durchführung von Aufklärungsmissionen vorgesehen.

Leichte Torpedoschnellboote vom Typ »Iltis«. Von den LTS wurden von 1961 bis 1965 in Wolgast 38 Stück gebaut, Kosten je LTS rund 400.000 Mark

Das Einsatzkonzept der Marine wurde also breiter und offensiver. Vor allem sollte der potentielle Gegner im Flachwasser des Küstenvorfeldes überraschend mit Torpedos angegriffen werden, was nach damaliger Erfahrung wegen der zu geringen Tiefe nicht möglich war.

Ab 1961 wurden daher neben diversen Marine-Hilfsschiffen 38 Leichte Torpedoschnellboote des Typs 63.3 Iltis für nur drei Mann Besatzung mit einer Spitzengeschwindigkeit von 55 Knoten gebaut, die schnelle, überraschende Torpedoschläge im Flachwasser führen sollten. Für diesen speziellen Einsatzzweck mussten die Torpedos entwickelt werden (Heckausstoß, nach vorn), und der Bootskörper musste in konsequenter Leichtbauweise ausgeführt werden. Das Ergebnis war ein Gleitboot, das mit einem Preis von 400.000 Mark den Verteidigungshaushalt entlastete, der in jenen Jahren durch den massiven Ausbau der NVA extrem strapaziert war. Allerdings war dieses maritime Kleinkampfmittel nur bis Seegang Stärke 4 einsetzbar. Die Besatzung wurde durch die Stampfbewegungen bei hohen Geschwindigkeiten extremen physischen Belastungen unterworfen, und die Verwundbarkeit durch gegnerisches Feuer vor Erreichen der Abschussposition war hoch. Die Peene-Werft hatte nun mit ihren Kooperationspartnern ein innovatives Produkt für den speziellen Operationsraum Ostsee entwickelt, das vor allem mit der hohen Einsatzgeschwindigkeit Maßstäbe setzte und im Kriegsfall unter Umständen die Ausnutzung des Überraschungsmoments ermöglicht hätte.

Die Fähigkeit zur Anlandung von Marineinfanteristen wurde durch die Indienststellung von zwölf Landungsbooten LABO 100 (Projekt 46, Stückpreis 1,4 Millionen Mark) im Jahr 1962, und der sechs Mittleren Landungsschiffe Robbe (Projekt 47, Stückpreis 4 Millionen Mark) von 1962 bis 1964 geschaffen. Damit konnte die NVA im Verbund mit den sowjetischen und polnischen Koalitionstruppen Landungsoperationen an den Ostseeküsten durchführen.

Landungsboot (»LABO 100«). Davon entstanden 1962 auf der Peenewerft zwölf Exemplare für die Volksmarine, Stückpreis etwa 1,4 Millionen Mark

Mittleres Landungsschiff, Typ »Robbe«, gebaut zwischen 1962 und 1964 in sechs Exemplaren, Kosten je Laschi: etwa vier Millionen Mark

Schwerpunkt der DDR-Marinerüstung blieb allerdings die U-Boot-Abwehr. Die 14 U-Jagdschiffe der Klasse Hai, die zwischen 1964 und 1966 in Dienst gestellt wurden, waren für die damalige Zeit ein Spitzenerzeugnis des Marineschiffbaus. Sie sollten NATO-U-Boote begleiten, Minen legen und im Vorpostendienst zum Einsatz kommen. Von Marine-Experten wird dieses Schiff im Rückblick als damals bestes seiner Klasse in Ost- und Nordsee eingeschätzt.

Innovativ war neben der konsequenten Verwendung hochfester, leichter Materialien vor allem das Antriebskonzept. Neben einem Diesel-Motor kam eine Gasturbine zum Einsatz, die auf der Grundlage des Flugzeugtriebwerks Pirna 014 entwickelt wurde. Mit dem neuartigen Antriebskonzept erreichte der U-Jäger eine maximale Geschwindigkeit von 32 Knoten, was in Kombination mit der aus der UdSSR importierten modernen Bewaffnung und Feuerleitanlage sowie dem ABC-Schutzsystem aus diesem Schiff die damals modernste, schlagkräftigste Waffe der Volksmarine machte. Und mit einem Stückpreis von etwa 6,5 Millionen Mark wohl auch eine der bis zu diesem Zeitpunkt teuersten.

Die Entstehungsgeschichte des U-Jägers Hai liefert ein Beispiel für die beginnende Vernetzung verschiedener Unternehmen, die bis zum Ende der DDR für die Landesverteidigung tätig waren. Die für den Bedarf der Marine modifizierte Flugzeug-Gasturbine stammte aus dem VEB Entwicklungsbau Pirna, dem späteren VEB Strömungsmaschinen. Dieses 1955 gegründete und mit großem Aufwand in kürzester Zeit technisch modern ausgestattete Unternehmen nahm in der im Aufbau befindlichen Flugzeugindustrie der DDR eine Schlüsselstellung ein. Denn es war zuständig für die Triebwerksentwicklung. Der Dresdner Raum gedieh durch dieses und andere Unternehmen der Luftfahrtindustrie damals zu einer Hightech-Region.

Die Konstruktion von Schiffsantrieben wurde nach dem Ende der DDR-Luftfahrtindustrie im Jahr 1961 zu einem wichtigen Tätigkeitsfeld des Pirnaer Technologie-Unternehmens. Die Konstruktion des Turbinenantriebes für den Hai ging mit der Entwicklung neuartiger automatischer Verstellpropeller einher. Das war für das sächsische Unternehmen der Einstieg in die Marine-Rüstung. Nach dem Abbruch des zivilen Flugzeugbauprogramms der DDR wurde so der für die Triebwerksentwicklung betriebene Aufwand nicht völlig entwertet, sondern als Technologievorsprung im Schiffbau genutzt.

In Pirna wurden die Antriebsanlagen für die Minensuch- und Räumschiffe 89.1 und 89.2, für das Kleine Torpedoschnellboot Libelle und für die U-Boot-Abwehrschiffe der Parchim-Klasse gebaut. Ebenso die Minensuchgeräte MSG-1-S/Sp und MSG-3-S/Sp. Die Ingenieure und Techniker waren auch für die Wartung und Instandhaltung von Gasturbinen und Antriebsanlagen zuständig, die auf aus der UdSSR importierten Kampfschiffen der Volksmarine zum Einsatz kamen (Küstenschutzschiffe und Kleines Raketenschiff Tarantul). Ende der 70er Jahre übernahm das sächsische Unternehmen die Lizenzfertigung sowjetischer Umsteuergetriebe für den militärischen Schiffbau, die in die UdSSR exportiert wurden. Wende und Währungsunion führten dann schlagartig zum Zusammenbruch über Jahre gewachsener Geschäftsbeziehungen zwischen den Pirnaer Triebwerksentwicklern und ihren sowjetischen Partnern im militärischen Schiffbau. 1997 wurden die letzten Reste dieses modern ausgestatteten ostdeutschen Entwicklungszentrums liquidiert. 2005 wurden die Werksanlagen abgerissen.

Doch zurück zur Peene-Werft. In der Phase des Ausbaus und der Modernisierung der Streitkräfte zwischen 1961 und 1965 erreichte sie – wie andere

U-Bootabwehrschiff »Hai«, zwischen 1962 und 1966 in einer Zwölfer-Serie gebaut, Stückpreis etwa 6,5 Millionen Mark

Unternehmen der wehrtechnischen Industrie auch – ein überdurchschnittliches jährliches Produktionswachstum von knapp 14 Prozent. In den Folgejahren bis 1970 wurde ein durchschnittliches jährliches Produktionswachstum von etwa sechs Prozent erreicht, das allerdings hauptsächlich auf den Zuwachs des Jahres 1969 von 44 Prozent zurückgeht.

Zwischen 1969 und 1973 liefen insgesamt 51 Minensuch- und Minenräumschiffe der Klassen Kondor I und Kondor II (Projekt 89.1 und 89.2) vom Stapel. Die für diese Schiffe unverzichtbaren Minensuchgeräte aus Pirna waren den damals in der Bundesmarine verwendeten Ausrüstungen deutlich überlegen. Die Schiffe konnten zudem auch zur U-Boot-Abwehr eingesetzt werden. Vorgesehene Einsatzgebiete waren neben der Ostsee auch die Nordsee und der Ärmelkanal. Vor allem die Schiffe des Typs Kondor II waren für die Erzwingung des Durchbruchs in die Nordsee vorgesehen. Bei Stückpreisen von sieben beziehungsweise neun Millionen Mark wurde durch diese Beschaffungsmaßnahme der DDR-Verteidigungshaushalt mit 410 Millionen Mark belastet, verteilt über fünf Jahre.

Die Entwicklung in den 70er Jahren erzwang für fast alle Schiffsklassen einen Generationswechsel. Sowohl bei der Minensuch- und Minenräumtechnik, als auch beim Schiffbau war der technologische Sprung zu berücksichtigen, der sich in der Marinetechnik international vollzog. Der stärkere Einsatz von Gefechtsleitelektronik, neue Möglichkeiten der funkelektronischen Aufklärung und Abwehr sowie Veränderungen der Waffentechnik bei Raketen und elektronisch gesteuerten automatischen Waffen führten zu erheblichen Produktinnovationen.

Das zwischen 1972 und 1977 gebaute Kleine Torpedoschnellboot (KTS) Libelle (Projekt 131) verkörperte mit seinen hervorragenden Gefechtseigenschaf-

Minensuch- und -räumschiff (»MSR kurz«, NATO-Bezeichnung »Kondor I«), 21 Schiffe 1969/70 gebaut, Stückpreis etwa 7,3 Millionen Mark

»MSR lang« (NATO-Bezeichnung »Kondor II«). Das Nachfolgemodell wurde zwischen 1971 und 1973 in einer 30er Serie aufgelegt, Stückpreis 9 Millionen

ten diesen technologischen Sprung augenfällig. Die 30 Serienboote zum Stückpreis von 2,5 Millionen Mark setzten das mit den Booten vom Typ Iltis begonnene Konzept fort. Die KTS Libelle sollten Überwasserschiffe im Flachwasserbereich torpedieren, Fernzünder-Minen legen und bei Bedarf bis zu 16 Kampfschwimmer absetzen oder nach deren Einsatz wieder aufnehmen. Technisch neue Lösungen, bessere Arbeits- und Lebensbedingungen für die Besatzung, ein deutlich erweiterter Aktionsradius im Vergleich zum Vorgängermodell und der Einsatz bis Seegang Stärke 6 machten ebenso wie die Höchstgeschwindigkeit von 48 Knoten aus diesen Schiffen eine schlagkräftige Waffe.

Der veränderten Bedrohungssituation in der Ostsee und dem erweiterten, offensiven Einsatzprofil trug die ostdeutsche Marineführung Anfang der 70er Jahre mit der Indienststellung der in Wolgast gebauten Aufklärungsschiffe Komet und Meteor Rechnung. Die Admiralität wollte ihre Operationen durch ein eigenes optisches, funkelektronisches und hydroakustisches Aufklärungspotential absichern. Die auf der Basis des Projektes 89.1 gebaute Meteor verfügte neben ihrer Aufklärungstechnik über eine Taucherschleuse zum Absetzen von Kampfschwimmern unter der Wasserlinie. Auch das eigentlich zivile, mit aus dem Westen beschaffter Hochtechnologie ausgestattete Vermessungsschiff Carl Fr. Gauss wurde 1976 im Auftrag des Verteidigungsministeriums gebaut.

Mehr als zehn Jahre nach Indienststellung des Landungsschiffes Robbe wurden von 1976 bis 1979 zwölf neue, besser ausgestattete und vor allem stärker bewaffnete Landungsschiffe des Typs Frosch I (Projekt 108) an die Marine über-

Das Kleine Torpedoschnellboot vom Typ »Libelle«. Wolgast bautete zwischen 1974 und 1977 dreißig KTS in verschiedenen Versionen – hier eine Ausführung zum Absetzen von Kampfschwimmern. Die Serie einschließlich der Entwicklungskosten betrug rund 97 Millionen Mark

geben. Diese für den Einsatz in Ost- und Nordsee ausgelegten Schiffe waren mit automatischen Schnellfeuerkanonen, Geschosswerfern und einer neuartigen Feuerleitanlage ausgerüstet. Die Schiffe konnten somit anlandenden Truppen wirksame artilleristische Feuerunterstützung zur Niederhaltung gegnerischer Kräfte geben. Für die Volksmarine hätte sich im Kriegsfall die Aufgabe stellen können, unter Einsatz dieser neuen Landungsschiffe Seelandeoperationen an den Ostseeausgängen durchzuführen. Mit den aus der UdSSR importierten Geschosswerfern lag der Stückpreis für diese Schiffe bei 47,5 Millionen Mark.

Zur effektiveren Versorgung der Kampfverbände auf See wurden durch die Peene-Werft zudem auf der Basis des Landungsschiffes zwei Gefechtsversorger Frosch II (Projekt 109) gebaut, was hinsichtlich der Belade- und Übergabetechnik die Werft vor neue Herausforderungen stellte. Damit erhöhte sich der Aktionsradius der Volksmarine beträchtlich.

Die Produktion des Unternehmens stieg in der zweiten Hälfte der 70er Jahre um durchschnittlich neun Prozent. Dieses Wachstum kam sowohl durch die Neubauten, als auch durch höhere Instandsetzungsleistungen zustande. Die Schiffe wurden länger eingesetzt und waren daher stärker abgenutzt. Zudem erforderten veränderte Sicherheitsbestimmungen größere Modernisierungsarbeiten. Daraus resultierten nicht nur ein insgesamt höherer Instandsetzungsaufwand, sondern auch Veränderungen der Instandsetzungstechnologie.

Diese enormen Leistungen des Unternehmens im Kerngeschäft wurden unter Bedingungen des westlichen Technologieembargos, nicht immer unkom-

Mittleres Landungsschiff (NATO-Bezeichnung »Frosch I«) aus der Peenewerft. Zwölf Mal zwischen 1976 und 1979 gebaut

plizierter Beziehungen zu deutschen und sowjetischen Zulieferern und dem Zwang zur Eigenentwicklung von speziellen Ausrüstungen, Werkzeugen, Minenräumtechnik, Torpedoabschussvorrichtungen, Wasserbombenabwurfanlagen etc. erbracht.

Überdies hatte die Peene-Werft als typisches DDR-Unternehmen nicht nur soziale Einrichtungen zu finanzieren, sondern musste auch noch Konsumgüter wie Kreissägen, Wochenendhäuser und Motorkajütboote produzieren.

Zwar waren die in Wolgast hergestellten Schiffe und Boote Eigenentwicklungen, doch viele elektronische und waffentechnische Zulieferungen wurden – aus Gründen der Kompatibilität – aus der UdSSR importiert. Auch bei der Gestaltung der neuen Schiffskörper und der Antriebe gab es eine Zusammenarbeit beider Länder. Der Zeitgewinn bei der Projektierung und Erprobung neuer Schiffe wurde jedoch durch Zulieferschwierigkeiten und Probleme bei der Erstellung von Projektdokumentationen häufig wieder zunichte gemacht. Hinzu kamen die DDR-typischen Reibungsverluste durch nicht termin- und qualitätsgerechte Leistungen der Zulieferer aus der DDR. Die relativ geringen Stückzahlen für Zulieferteile erwiesen sich für die Hersteller als wenig attraktiv.

Insofern ist die Geschichte der Peene-Werft ein Spiegelbild sowohl der strukturellen Verwerfungen in der DDR-Volkswirtschaft als auch der schwierigen Kooperationsbeziehungen im Bündnis, zusätzlich erschwert durch die Geheimhaltung. Eine effektivere Zusammenarbeit zwischen der DDR und der UdSSR im Marineschiffbau gab es im Grunde erst mit Beginn der 80er Jahre. Die UdSSR war aus wirtschaftlichen Gründen an einer Neuverteilung der Rüstungslasten im Warschauer Vertrag interessiert und die DDR trat aufgrund ihres höheren militärischen Beitrages aus dem Windschatten der östlichen Führungsmacht. Mit der gemeinsamen Entwicklung moderner U-Boot-Jagdschiffe der Parchim-Klasse (Projekt 133.1 für die Volksmarine und 133.1M für den Export in die UdSSR) veränderte sich sowohl die Qualität der Zusammenarbeit als auch das technologische Niveau.

Der Einsatz des Werkstoffes Titan für die Umhüllung der hydroakustischen Ortungsanlage und die spezielle Geräuschdämpfung wurden von den Mitarbeitern mit Bravour bewältigt. Jedes der 16 neuen Schiffe (Parchim I) für die Volksmarine kostete 55 Millionen Mark, während für die zwölf Schiffe der Exportversion Parchim II 117 Millionen Mark pro Stück durch die UdSSR zu bezahlen waren. Die DDR machte keine Freundschaftspreise mehr.

Zur Unterbringung von Schnellbootbesatzungen und zur Versorgung von Schnellbooten in nichteingerichteten Bereitstellungsräumen lieferte die Werft parallel zum Bau der Parchim-Schiffe von 1984 bis 1985 sechs Schwimmende Stützpunkte (Projekt 162) zum Stückpreis von 40 Millionen Mark an die Marine.

Dem Bau der U-Jagd-Schiffe in den Jahren 1981 bis 1985 (Parchim I) und 1986 bis 1990 (Parchim II) schloss sich laut Vereinbarung zwischen der DDR und der UdSSR die Entwicklung des Raketen-Artillerie-Schnellbootes der Sassnitz-Klasse (Projekt 151) an. Dieses Boot sollte die bisher eingesetzten Raketenschnellboote OSA 1 (Projekt 205) aus sowjetischer Produktion in der Volksmarine, der sowjetischen Seekriegsflotte und in anderen Flotten des östlichen

U-Jäger »Parchim II« (NATO-Bezeichnung »Balcom-4«), davon wurden 16 zwischen 1981 und 1985 gebaut, Stückpreis 55 Millionen Mark

Militärbündnisses ablösen. Die UdSSR meldete einen Bedarf von 19 Booten an, die Volksmarine bestellte 18, Polen drei. Der Stückpreis sollte bei 77,1 Millionen Mark der DDR liegen.

Entwicklung und Bau der Schiffe unterlagen strengster Geheimhaltung. Die UdSSR sollte die Motoren, die Radar- und Lenksysteme sowie die Feststoffseezielrakete liefern. Das Schiff hätte sowohl durch die Raketenbewaffnung, als auch durch die Rohrartillerie über eine enorme Feuerkraft verfügt. So sollte die Bewaffnung aus einer 76 mm-Kanone AK-176 am Bug, aus einer sechsrohrigen 30 mm-Fliegerabwehrkanone am Heck, zwei Vierfach-Startanlagen TPK-1520 für acht Seezielraketen und leichten Fliegerabwehrwaffen (Strela) bestehen.

Neben Entwicklung und Bau der Schiffe übernahm die DDR die Lizenzproduktion des Bordrechners durch das Kombinat Robotron, die Entwicklung der Startcontainer TPK-1520 für die Seezielrakete und die – schließlich abgebrochene – Entwicklung eines optoelektronischen Zielsuchkopfes für diese Rakete im Kombinat Carl Zeiss Jena.

Die DDR war auch für die Ausrüstung der Schiffe mit leichten Flugabwehr- und Tarnmitteln verantwortlich. Die Startanlagen FASTA für Strela-Raketen und die 32-rohrigen Düppelwerfer PK-16 hätte das Instandsetzungswerk Pinnow geliefert. Die Raketen der Typen SDW-3 und SDW-1 für den Werfer PK-16 wären vom VEB Pyrotechnik Silberhütte gebaut worden.

Das neue Schiff erforderte einen enormen Forschungs- und Entwicklungsaufwand. Die Leichtbauweise unter Verwendung neuartiger Materialien, innovative Verarbeitungstechnologien, die Entwicklung der Startcontainer für die Raketen und anderer Ausrüstungskomponenten war durch die Werft zu einem Zeitpunkt zu bewältigen, als das Ende der DDR näherrückte. Die allgemeinen wirtschaftlichen Schwierigkeiten des Landes schlugen nun auch auf den Kriegsschiffbau durch. Beschlüsse zur vorrangigen Realisierung von Aufträgen für die Landesverteidigung waren angesichts dieser prekären Lage nur noch Makulatur. Mit enormer Kraftanstrengung wurde das Prestigeprojekt bis zum Beginn der Serienfertigung im Jahr 1990 fortgeführt. Der Baupreis lag pro Schiff bei etwa 56 Millionen Mark. Nach Einschätzung sowjetischer Militärs wäre dieses Schiff durch seine enorme Feuerkraft das stärkste seiner Klasse gewesen und hätte das Ziel der Erlangung einer operativ-taktischen Überlegenheit über den potentiellen Gegner wohl erreicht.

Die politische Großwetterlage und die ökonomische Situation der DDR führten jedoch bereits 1989 dazu, dass die Volksmarine ihren ursprünglich angemeldeten Bedarf von 18 auf zehn dieser Schiffe reduzierte. Mit den politischen Veränderungen in Ostdeutschland veränderte sich auch die Position sowjetischer Partner zu diesem Projekt. Zunächst blieb die Lieferung der Seezielraketen aus. Daher wurde kurze Zeit eine Lizenzproduktion der Raketen im Kombinat Carl Zeiss Jena oder im Instandsetzungswerk Pinnow erwogen. Doch diese Überlegungen erwiesen sich schnell als nicht mehr zeitgemäß. Das Ende dieses Projektes kam noch vor Vollzug der deutschen Einheit.

Die Peene-Werft baute bis 1990 unter oft schwierigen Rahmenbedingungen insgesamt 68 Minenleg- und –Räumboote, 81 Torpedoschnellboote und Patrouillenboote, 44 U-Boot-Jäger und U-Jagd-Korvetten sowie 32 Landungsschiffe. Durch die Leistungen der Wolgaster Schiffbauer verfügte die DDR 1990 über modern ausgerüstete, leistungsfähige Seestreitkräfte. Für das Marineprogramm brachten die Bürger der DDR allein von 1965 bis 1990 3,2 Milliarden Mark auf. Es war einer von vielen Beiträgen der Menschen dieses Landes zur Sicherung des militärischen Gleichgewichts in einer oft von Säbelgerassel erfüllten Zeit.

Weil die U-Boot-Jäger der Parchim-Klasse und andere Schiffe der Volksmarine nicht NATO-kompatibel waren, wurden sie nach einer weltweiten Ausschreibung an Indonesien verkauft. Den Umbau für Tropenbedingungen übernahm die Wolgaster Werft. Indonesien erhielt so aus der Konkursmasse der DDR-Marine 16 Schiffe der Parchim-Klasse I, alle zwölf Landungsschiffe Frosch I, die zwei Gefechtsversorger Frosch II sowie neun MSR Kondor II. Alle Kleinen Torpedoboote des Typs Libelle bis auf zwei wurden verschrottet. Der größte Teil der Schwimmenden Stützpunkte (Projekt 162) wurde von der Bundesmarine übernommen.

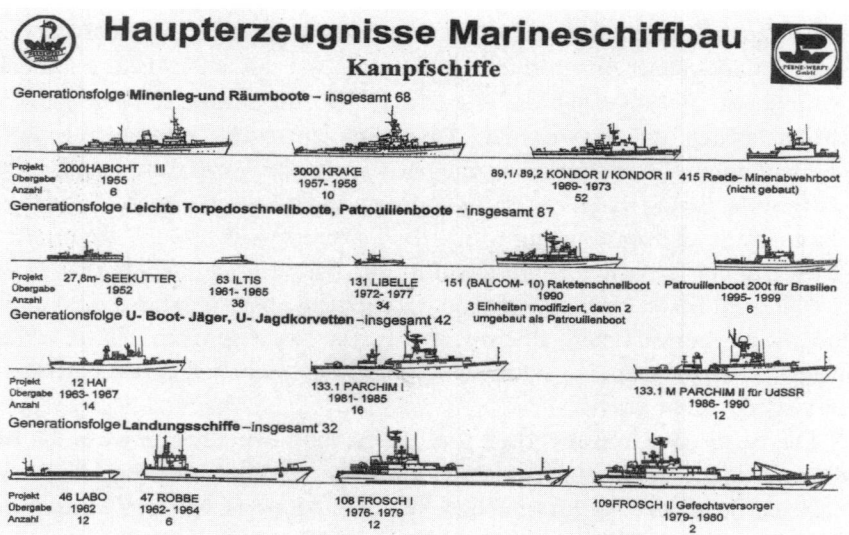

Die Bilanz der Wolgaster Peene-Werft, dargestellt von Günter Dame 2006

Die Hegemann-Gruppe, die Anfang der 90er Jahre nicht nur die Peene-Werft, sondern auch die Volkswerft in Stralsund von der Treuhandgesellschaft übernommen hatte, wurde mit ihrer Wendebeute jedoch nicht glücklich. Sie musste Ende des Jahres 2009 fast alle ihre Geschäftsanteile, die sie an den Werften hielt, an die HSW Treuhand- und Beteiligungsgesellschaft abtreten. Ursache war nach Informationen des Norddeutschen Rundfunks die wirtschaftliche Schieflage der Werften. Künftig sollen die Stralsunder Volkswerft und die Peene-Werft als P+S Werften am Markt agieren. Die traditionsreichen Markennamen beider Schiffbauunternehmen bleiben erhalten.

Bernd Velske, Kommandant von U-Boot-Abwehrschiffen: *»Im Kriegsfall hätten wir Probleme miteinander gehabt«*

An der Offiziershochschule in Stralsund, an der ich von 1972 bis 1976 studierte, durchlief ich in den ersten drei Jahren die gesamte seemännische und technische Ausbildung. Im vierten Studienjahr begann die Spezialisierung, ich entschied mich für die U-Boot-Abwehrkräfte.

Die UAW-Kräfte gab es nur in Peenemünde. Kein besonders attraktiver Standort, obwohl dort noch viel zu sehen war von den Einrichtungen, in denen Wernher von Braun im Zweiten Weltkrieg die Wunderwaffe V-2 bauen wollte. Ein Vierteljahr lang absolvierte ich ein Truppenpraktikum in Peenemünde. Ab September 1976 wurde ich dann als 2. Wachoffizier auf einem Schiff der 5. U-Jagd-Abteilung eingesetzt.

Die Einsatzkonzeptionen der NATO sahen damals Operationen mit den westdeutschen U-Booten vom Typ 205 und 206 vor, die für den Einsatz in Flachwassergebieten geeignet waren. Ab 15 Meter Wassertiefe konnten diese getaucht, oder in Kreuzerlage, also halb getaucht, fahren. Wenn diese U-Boote der Bundesmarine aus Kiel oder Eckernförde ausliefen, hätten die UAW-Kräfte der Volksmarine von Peenemünde aus zu viel Zeit gebraucht, um das Einsatzgebiet zu erreichen und die Begleitung aufzunehmen. Die Einzigen, die dagegen hielten, waren die alten Küstenschutzschiffe Projekt 50, die zu dieser Zeit in Warnemünde noch in Dienst standen. Aber mit denen war nicht mehr viel los.

Also war klar: Die Volksmarine brauchte für ihre Sicherungskräfte einen Stützpunkt näher an der Westgrenze, um im Einsatzfall schneller draußen zu sein. Deshalb wurde die 4. Sicherungsbrigade in Warnemünde mit UAW-Kräften verstärkt. Sechs Schiffe wurden dorthin verlegt, und ich war bei diesem Kontingent dabei.

Die Sicherungsbrigade bestand aus zwei Minensuch- und Räumschiffs-Abteilungen und einer U-Jagd-Abteilung mit U-Jagd-Schiffen vom Typ Hai, den schnellen Schiffen mit der Gasturbine Pirna 051. Der Vorposten 72 lag bei der Insel Fehmarn, er hatte die erste Aufklärung sicherzustellen.

Wenn wir als Bereitschaftsschiff eingeteilt waren, hatten wir eine Auslaufzeit von 40 Minuten, konnten also binnen kürzester Frist die vorgegebene Position erreichen. Die Begleitung der westdeutschen U-Boote war schon deshalb wichtig, weil diese ebenfalls zur Aufklärung eingesetzt waren.

Zu dieser Zeit verfügte die Bundesmarine über 24 U-Boote, zwölf vom Typ 205 und zwölf von dem neueren Typ 206. Dazu kamen noch drei oder vier dänische U-Boote älterer Bauart. Im Ernstfall sollten diese Boote den Durchbruch der Baltischen Rotbanner-Flotte in die Nordsee und den Atlantik verhindern. Die Baltische Rotbanner Flotte wäre aus Kaliningrad/Baltijsk und Leningrad ausgelaufen und sollte möglichst schon in der mittleren Ostsee dezimiert werden. Das war der Auftrag der NATO-U-Boote.

Nachdem ich drei Jahre als Wachoffizier gefahren bin, wurde ich 1979 Kommandant, auch noch auf dem Hai. Das Schiff war nicht sehr groß, aber von seinem Einsatzverhalten sehr gut für die U-Jagd geeignet. Mit der Mittelmaschine, einem Dieselmotor vom Typ Dora-40, konnte man über lange Zeit mit geringer Geschwindigkeit fahren. Das war wichtig bei der Begleitung eines U-Bootes.

Ein U-Boot läuft in Unterwasserlage mit sechs, acht oder zehn Knoten. Im tiefen Wasser und um sich dem Kontakt zu entziehen, sind auch bis zu 15 Knoten möglich. Im Flachwasser, 20 oder 30 Meter tief, auch in Periskop-Lage, tuckert so ein Boot mit fünf bis acht Knoten durch die See.

Zur Begleitung brauche ich also ein Schiff, das auch so langsam fahren kann. Wenn aber ein U-Boot auf einer weit entfernten Position ausgemacht wurde, konnte ich dieses durch den Einsatz der Gasturbine mit einer Spitzengeschwindigkeit von 32 Knoten (zirka 60 km/h) recht schnell erreichen.

Der Hai war, wie wir damals sagten, unkaputtbar, jedenfalls im Ostsee-Einsatz. Für die Nordsee und den Atlantik hätte ich mich nicht verbürgt, bei Seegang hat er ganz schön geschaukelt. Ich war eigentlich seefest, bis zu einer Windstärke von 8 oder 9 blieb es für mich unproblematisch. Man kann ja bei schwerem Wetter mit dem Schiff auch gegen die See angehen. Dann ist der Krängungswinkel geringer, und es lässt sich einiges abfangen. Jedenfalls hatte ich nie Angst. Wenn es zu haarig wurde, haben wir natürlich abgebrochen und sind irgendwo unter Land vor Anker gegangen, so dass letztendlich nichts passierte.

Die Lebensbedingungen auf dem Hai waren natürlich bescheiden, um es vorsichtig auszudrücken. Die Kommandantenkammer bot kaum sechs Quadratmeter Platz. Es gab eine Koje, einen Spind, einen Schreibtisch und das war es. Die Matrosen waren in einem 18-Mann-Deck im Achterschiff untergebracht. Das war primitiv. Aber wir waren ja nicht auf See, um uns zu erholen.

Einige Male schickte man uns DDR-Mariner zu taktischen Trainings in die Sowjetunion. Wenn wir zurückkamen, machten wir uns manchmal einen Spaß, fahren ums Blaue Band. Also alle Schiffe in Dwarslinie, Turbine angeworfen und dann wurde ermittelt, wer der Schnellste war. So oft sind wir allerdings nicht mit Gasturbine gefahren, weil das schweineteuer war.

Die Volksmarine hat in den 50er und 60er Jahren auch Landungskräfte aufgebaut. Diese waren in der 1. Flottille in Peenemünde stationiert. Trainiert wurden Anlandungen vor Peenemünde und auch an der polnischen Ostseeküste. Uns wurden des Öfteren Sicherungsaufgaben zugewiesen. In den 80er Jahren gab es vor der polnischen Küste eine riesige Landungsübung, die Baltische Rotbanner Flotte setzte sogar Luftkissenfahrzeuge ein.

Hinsichtlich der Rolle der Volksmarine bei solchen Planspielen mache ich aus heutiger Sicht mal ein Fragezeichen. Es war ein bisschen größenwahnsinnig, glaube ich. Wenn wir in Dänemark, Schweden oder Schleswig-Holstein ein paar Panzerkompanien oder auch ein Regiment abgesetzt hätten – was hätte es für einen Sinn haben sollen? Letzlich hat die Volksmarine nur den Puffer zwischen der Baltischen Flotte und den Kräften der NATO abgegeben. Es gab auch eine Anzahl von Stoßkräften, Torpedo- und Raketenschnellboote, sowie leichte, später dann kleine Torpedoschnellboote (LTS, KTS). Wenn diese in einer Stärke von zehn Booten ausgelaufen wären, um einen NATO-Verband anzugreifen, wurde damit gerechnet, dass sieben Boote nicht zurückkommen. Wir hätten den ersten Stoß abgefangen und wären schnell verheizt worden.

Im Vergleich zum Hai waren die Schiffe der Parchim-Klasse größer und mit moderneren Waffensystemen bestückt. Die Einsatzkonzeption für die Wasserbomben war die gleiche. Neu waren die UAW-Torpedos. Ich selbst, als Kommandant, habe bei einem taktischen Training den ersten UAW-Übungstorpedo der Volksmarine geschossen. Das U-Boot, welches als Zieldarstellung fungierte, tauchte auf eine vorher festgelegte Tiefe ab und der Torpedo wurde auf 20 Meter tiefer eingestellt, damit er unten durchlief. Wenn er das Ziel in der vorbestimmten Zeit nicht fand, begann er mit selbständiger Suche und lief Schleifen. Dabei ging auch schon mal ein Übungstorpedo verloren. Wenn die See etwas kabbelig war, wurde es schwierig diese Dinger wiederzufinden und an Bord zu nehmen. Dafür gab es auch Torpedofangschiffe, die in Dranske stationiert waren und die Bergung übernahmen.

Der Wechsel zur Parchim-Klasse hatte vor allem mit dem technischen und auch moralischen Verschleiß des Vorgängers zu tun. Wir benutzten auf dem Hai eine hydroakustische Anlage vom Typ KLA-58, eine Weiterentwicklung der Fischlupe aus der Fischerei. Bei guten hydroakustischen Bedingungen – in Abhängigkeit von Salzgehalt, Wassertemperatur und Wassertiefe – waren schon mal Reichweiten von zwölf bis 15 Kabellängen, also knapp drei Kilometer, möglich. Mit den modernen Anlagen der Parchim waren größere Reichweiten, zirka 30 Kabellängen drin.

Die Lebensbedingungen für die Besatzung an Bord der neuen Schiffe waren bedeutend besser. Für alle Dienstgradgruppen gab es vernünftige Unterkünfte, einschließlich Duschen und jeweils einer Messe für Mannschaften, Unteroffiziere und Offiziere.

Die Maschinenanlage bestand aus drei modifizierten russischen Schnellbootsmotoren. Die Mittelmaschine lief auf einem Verstellpropeller für geringe Geschwindigkeiten. Beide Außenwellen hatten Festpropeller und waren für hohe Drehzahlen ausgelegt. Bei niedrigen Drehzahlen machten diese manchmal nicht, was sie sollten, sondern sie verrußten. Also wurde an der Einsatzkonzeption gefeilt. Dafür gab es den Begriff Freibrennen. Nach zwei oder drei Stunden Fahrt im niedrigen Drehzahlbereich musste die Maschine hochgefahren und »freigebrannt« werden. Das hat, so glaube ich, unsere Gegenspieler von der Bundesmarine anfangs sehr gewundert. Jetzt haut der plötzlich ab, legt alle Hebel auf die Back und verschwindet!

Ein Vorteil der Parchim war die Ausrüstung mit zwei hydroakustischen Anlagen, einer fest eingebauten, die auch in Fahrt betrieben werden konnte und einer absenkbaren. Um letztere einsetzen zu können, musste das Schiff auf Stopp liegen. Im Zusammenspiel mit einem zweiten Schiff oder einem Hubschrauber konnten so die U-Boote der NATO besser begleitet werden.

Die anderen haben das natürlich auch mitbekommen und auf die eine oder andere Weise versucht, sich dem Kontakt zu entziehen. Bis Rügen hoch, bis zum Adlergrund ging das recht schlecht, weil die Ostsee dort flach ist und zudem eine hohe Verkehrsdichte aufweist. Auch U-Boote müssen sich an internationale Gepflogenheiten halten, an Verkehrsregeln und Seerecht.

Über den Adlergrund hinaus, im tieferen Wasser, wurde es für uns schwieriger, den Kontakt zu halten. In der mittleren Ostsee übernahmen dann die Polen oder die Russen. Wenn das U-Boot wieder in Richtung Westen lief, haben wir es irgendwo vor Rügen erwartet und bis zum Vorposten 72 zurück begleitet. Dann war die Aufgabe erledigt.

Die Schiffe der Parchim-Klasse galten für Ostseeverhältnisse als sturmfest. Einmal sind wir abends gegen acht raus geklingelt worden. Ein U-Boot lief in

Richtung Osten, hatte Fehmarn passiert, wir sollten die Begleitung mit zwei Schiffen aufnehmen. Aber es gab auch eine Sturmwarnung, das Schiff wurde zur Sturmfahrt klargemacht. Alles festzurren, alles dicht machen. Wir sind dann ausgelaufen und haben die Begleitung übernommen. Der Wind erreichte inzwischen Stärken 6 bis 8.

Zum Glück kamen Wind und See von achtern, so lag das Schiff immer noch relativ ruhig. Das U-Boot lief in Überwasserlage. In diesem Gebiet sind sie nicht getaucht, größenwahnsinnig waren sie nicht. Also war es für uns relativ einfach, dran zu bleiben. Das Wetter verschlechterte sich zusehends. Je mehr wir in tiefes Wasser kamen, umso höher ging die See. Der Sturm erreichte Stärke 12, in der Spitze waren es 48 Meter pro Sekunde. Da fing das Schiff wirklich an zu schaukeln. Östlich der Insel Bornholm legte sich das U-Boot in die dänischen Gewässer, wo die See relativ ruhig war und wetterte ab. Wir dagegen sind weiter im schweren Wetter herumgedümpelt.

Irgendwann bekam das Kommando der Volksmarine unsere Lage mit und brach den Einsatz ab. Wir erhielten den Befehl, nach Sassnitz abzulaufen. Doch dann ging es erst richtig los. Wir bekamen die Gewalt des Wassers richtig zu spüren. Mit süd-östlichem Kurs gingen wir gegen die See an. Die Brecher rissen Relingstutzen weg, knickten den vorderen Mast um, verbogen die Arbeitsplattform am Buggeschütz.

Wir waren zirka 60 Mann an Bord, aber zeitweise hatte ich nur noch 15 voll einsatzfähige Leute zur Verfügung. Viele waren jenseits von gut und böse, die Seekrankheit hatte mit voller Wucht zugeschlagen. Auch ich selbst hielt eine Blechbüchse griffbereit, falls das Essen hoch wollte. Die Schiffsführung gab ich aber nicht ab, sondern stand oft selbst an der Funkmessanlage, um den Seeraum zu beobachten und Besatzung und Schiff heil nach Hause zu bringen.

Endlich liefen wir in Sassnitz ein. Als wir das Schiff innen und außen auf Schäden kontrollierten, begriff ich erst richtig, welcher Gefahr wir entgangen waren. Im Vorschiff schwappten etliche Tonnen Wasser, die über undichte Lüfterköpfe und den Kettenkasten des Ankers eingedrungen waren. Als ich das sah, wurde mir nachträglich noch ein bisschen schlecht. Wenn man soviel Wasser in einem sehr sensiblen Bereich wie dem Vorschiff hat, kann es kritisch werden, da sich die Stabilität des Schiffes verändert. Aber auf diesem Schiff hatte ich keine Angst und habe auch allen Leuten gesagt: Das Schiff geht nicht unter – wenn wir alle Regeln guter Seemannschaft einhalten.

Natürlich gab es hinterher eine Untersuchung. Uns Kommandanten war jedoch kein Fehlverhalten anzulasten. Den Einsatzbefehl hatte, in Kenntnis der Wettervorhersage, das Kommando der Volksmarine erteilt. Punkt. Aus. Ende.

Aber es kam auch zu einer positiven Erkenntnis: Der Waffeneinsatz ist nur bis zu einer bestimmten Grenze möglich, aber das Schiff kann in der Ostsee auch Windstärke 12 ab. Man kriegt es heil von See. Das war die eigentliche Quintessenz dieses Einsatzes, oder besser, dieses Abenteuers.

Die Schiffe der Parchim-Klasse haben sich auch im Eis bewährt. Während der See-Erprobung durch die Peene-Werft habe ich an einer Fahrt im Eis teilgenommen. Der Werftkapitän fuhr, und wir hörten uns in Räumen unterhalb der Wasserlinie an, wie die Eisschollen sich am Schiff vorbei schoben. Wenn man dann noch sieht, wie die Außenhaut des Schiffes sich zwischen den Spanten nach innen wölbt, bekommt man schon ein etwas mulmiges Gefühl. Schließlich steckten wir im Eis des Greifswalder Boddens fest und mussten von einem Schlepper frei gebrochen werden. Wobei – wann haben wir schon mal richtiges Festeis auf der Ostsee?

Die Schiffe der Parchim-Klasse waren keine Angriffswaffe, sondern hatten reine Sicherungsaufgaben, also Geleite fahren und den Schutz der küstennahen Gewässer. Der waffentechnische Bereich wurde im Vergleich zum Hai bedeu-

U-Jäger der Parchim-Klasse. Die Schiffe der Volksmarine wurden verkauft. Die vormalige »Lübz« fuhr als »Tjut Nyak Dien« unter indonesischer Flagge, hier in der Straße von Malaga am 14. März 1994

tend verbessert. Das betraf die neuen Wasserbombenwerfer mit einer Reichweite von sechs Kilometern und die UAW-Torpedos. Die beiden Bordgeschütze AK-230 und AK-725 dienten zur Luftabwehr und Selbstverteidigung. Für die Luftabwehr im Nahbereich gab es noch die Fla-Rakete Strela-M.

Bis 1986 war ich Kommandant auf diesem Schiff. Dann wechselte ich für ein Jahr als Stabs-Chef in die 2. UAW-Schiffsabteilung. Danach wurde ich als Fachoffizier für U-Boot-Abwehr in den Stab der 4. Sicherungsbrigade versetzt. Dort diente ich bis 1990, bis ich meine Mütze abgab.

Als die Einheit Deutschlands kam, entschloss ich mich, die andere Uniform nicht anzuziehen. In der Nacht vom 2. zum 3. Oktober 1990 wurden in Warnemünde die Dienstflaggen der Schiffe niedergeholt, einen Tag später habe ich mein Entlassungsgesuch zum 1. Dezember 1990 eingereicht.

Mit der Bundesmarine bekam ich dann relativ wenig zu tun. Erleben konnte ich aber noch, wie einige der Herren große Augen machten, als sie sahen, in welchem Einsatzzustand unsere Schiffe waren, mit der Bewaffnung und den vollen Kampfsätzen an Bord. Sie hatten wohl vor 1990 nicht damit gerechnet, dass wir wirklich in zwei Stunden einsatzbereit gewesen wären.

Meine letzten Tage bei der Marine verbrachte ich damit, Munition zu zählen. Ich glaube, letztendlich waren die verantwortlichen Kommandeure der Bundesmarine froh, dass wir kooperativ waren und keiner durchgedreht hat. Schließlich wurden die Schiffe von 24.00 Uhr auf 00.00 Uhr festgemacht, es war vorbei, und nichts drehte sich mehr. Dann wurde eben abgewickelt.

Natürlich habe ich mir später, als Zivilist, ein U-Boot Typ 206 auch mal von innen angesehen. Im Kriegsfall hätten wir wohl erhebliche Probleme miteinander bekommen. Wir haben sehr offen miteinander geredet und letztendlich gesagt: Bloß gut, dass es dazu nicht gekommen ist.

Auf einer neuen Fregatte der Bundesmarine war ich auch einmal. Im Vergleich zu unseren Schiffen kann ich sagen: So schlecht waren wir gar nicht. Von der technischen Entwicklung her hätten wir das auch alles technisch auf die Reihe bekommen. Wenn wir ein bisschen mehr Geld gehabt hätten.

Als die Schiffe der Parchim-Klasse dann nach Indonesien gegangen sind, habe ich gedacht: Gute Sache, wenigstens schmeißt man sie nicht gleich weg, wenn sie dort in den küstennahen Gewässern eingesetzt werden. Das geht mit diesen Schiffen durchaus. Fand ich ganz gut.

VEB Instandsetzungswerk Pinnow
Raketen für die Panzerjagd

Fährt man, von der Bundesstraße 2 zwischen Angermünde und Schwedt an der Oder kommend, vier Kilometer nach Norden durch den Uckermärkischen Ort Pinnow, mag man nicht glauben, dass hier Raketen instandgesetzt und produziert wurden. Der liebevoll restaurierte Ortskern vermittelt ein idyllisches Bild ländlicher Ruhe und Abgeschiedenheit. Der bei Pinnow liegende Felchowsee ist ein Vogelschutzgebiet, in dem in jedem Herbst Tausende Wildgänse auf ihrem Zug nach Süden Zwischenstation machen – die ideale Kulisse für einen Heimatfilm.

In dieser Umgebung, zwischen Wiesen und Wäldern, befand sich – gut abgeschirmt vor möglichen Ausspähversuchen – auf einem zirka 200 Hektar großen Gelände das geheime Raketenwerk der DDR, das Instandsetzungswerk Pinnow (IWP). 1674 hochqualifizierte Mitarbeiter waren dort damit beschäftigt, die Gefechtsbereitschaft der Raketentechnik von Luftstreitkräften und Marine der NVA zu sichern und Raketen für die Panzerabwehr zu produzieren.

Oberst a. D. Dipl.-Ing. Ralf Rudolph war von 1970 bis 1980 Betriebsdirektor des IWP und beschreibt die Rahmenbedingungen, unter denen in Pinnow gearbeitet wurde. Einer Chronik zufolge gliederte sich das Werk in vier verschiedene Zonen.

In der Allgemeinen Zone, die von einer Betonmauer umgeben war, befanden sich die Heizwerke, der Verladepunkt und der Hangar der Werkseisenbahn, Fahrdienst, KfZ-Werkstatt und Fuhrpark, die Wasserversorgung, die Werkstätten der Hauptmechanik, die Betriebsfeuerwehr und der Werkschutz, soziale Einrichtungen wie Küche und Kantine, Betriebspoliklinik, Klub mit Bücherei und Gaststätte, sowie Bürogebäude für das Rechenzentrum und die Abteilungen Technologie, Konstruktion, Ökonomie und Planung, die Hauptbuchhaltung, Technische Kontrolle, Betriebsorganisation, Logistik und die Direktion. Hinzu kamen die Lehrwerkstatt und das Internat für die Auszubildenden des IWP. Außerdem war in dieser Zone die Raketenkontroll- und Prüfwerkstatt untergebracht, die allerdings nicht zum IWP gehörte, sondern dem Kommando Luftstreitkräfte/Luftverteidigung unterstand. Diese Einrichtung war für operative Reparaturen in der Truppe sowie für deren Versorgung mit Ersatzteilen zuständig.

Die Zonen 1 und 2 waren durch einen Betonzaun und zusätzlich durch einen Drahtzaun und einen Hochspannungszaun gesichert. Allerdings wurde der Hochspannungszaun nach Überführung des IWP in die zivilen Wirtschaftsstrukturen im Jahr 1970 und nach Übernahme des Betriebsschutzes durch die Polizei aufgrund internationaler Bestimmungen außer Betrieb gesetzt.

In der Zone 1 befanden sich die Produktionshallen 1 und 2. In Halle 1 erfolgten die Raketen- und Rampeninstandsetzung, die mechanische Ersatzteilfertigung, die Galvanisierung und die Fertigung von Plastik- und Gummiteilen. Die Produktionshalle 2 war für die Instandsetzung der Raketenleitkomplexe ausgerüstet. Dort befanden sich auch die Werkstätten für Elektronik, Elektromechanik und Elektrokabel. Hinzu kamen in Zone 1 der Platz für den Abgleich und die Eichung der Raketenleitkomplexe, drei Instandsetzungsgebäude für die Tanktechnik (Treibstoff, Oxydator, Luft), die Halle für die Farbgebung (Großtechnik und Kleinteile), die Tischlerei und die später erbaute Produktionshalle 3.

In Halle 3 sollten Ende der 70er/Anfang der 80er Jahre die Raketenkomplexe der Truppenluftabwehr instand gesetzt werden. Dabei kam es aber zu erheblichen Verzögerungen, weil der sowjetische Hersteller die vorgegebenen Nutzungsfristen für diese Technik ständig verlängerte. Deshalb wurden die Instandsetzungsintervalle gestreckt. Daher wurden schließlich in den 80er Jahren verschiedene Werkstätten und der Abgleichplatz für die Radarstationen aus Halle 2 in Halle 3 verlagert.

In der Zone 2 befanden sich die Lager für Ersatzteile und Baugruppen sowie für die Unterbringung angelieferter bzw. für die Auslieferung instandgesetzter Technik.

Eingang zum geheimen IWP, das trotz 200 Hektar im Uckermärker Wald auf keiner DDR-Karte zu finden war

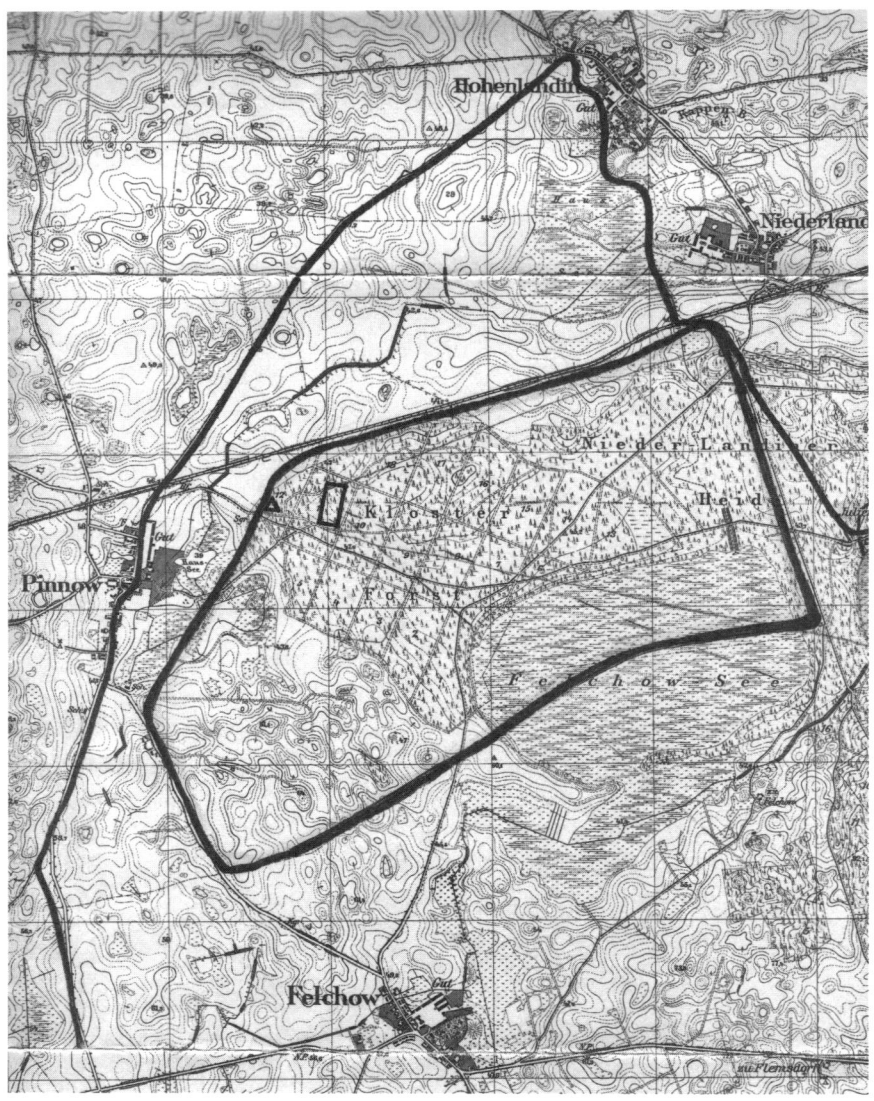

Ausdehnung des Instandsetzungswerkes auf einer (damals) geheimen Karte

Als zu Beginn der 80er Jahre das IWP die Aufgabe erhielt, die sowjetische Panzerabwehrlenkrakete Konkurs als Finalproduzent zu fertigen, entstand die Zone 3 mit einem Bürogebäude und einer Halle für die Produktion dieser Raketen. Dort baute man mehrere Bunker für die Lagerung der Gefechtsköpfe und Triebwerke, die aus Königswartha angeliefert wurden und Sprengstoff enthielten. In den Bunkern wurden auch die fertiggestellten Raketen bis zur Auslieferung gelagert.

Außerdem gehörte sicherheitstechnisch zu dem gesamten Komplex Pinnow die Zone 4, die allerdings nicht dem IWP zugeordnet war, sondern als Speziallager für Raketentreibstoffe dem Chef Rückwärtige Dienste der NVA unterstand.

Das Gelände war zwar für den Aufbau des Instandsetzungswerkes gut geeignet. Jedoch mussten große Investitionen vorgenommen werden, weil viele Gebäude zerstört waren. Die Ursache dafür lag in der militärischen Nutzung des Standortes vor 1945. Auf dem weitläufigen Areal hatten sich seit 1940 ein Laborierungswerk und mehrere Bunker für die Lagerung von Artilleriegranaten der deutschen Wehrmacht befunden. In dieser Heeresmunitionsanstalt waren Zwangsarbeiter zur Montage und Bestückung von Artilleriemunition eingesetzt worden. Das zugehörige Barackenlager befand sich an der südlichen Standortgrenze. Entsprechend den Beschlüssen des Potsdamer Abkommens wurden nach Kriegsende sowohl die Munitionsbunker als auch das Laborierungswerk von sowjetischen Truppen gesprengt. Nur die Bürogebäude, die Unterkünfte des Wachpersonals und das Barackenlager existierten noch. Sie wurden zunächst von deutschen Flüchtlingen aus den ehemaligen deutschen Ostgebieten als Zwischenunterkunft genutzt.

Das IWP aus der Luft

Ab 1947 dienten diese Gebäude dann der Volkspolizei, der Hauptverwaltung Ausbildung der Kasernierten Volkspolizei und der NVA als Basis. Bereits 1952 wurden in Pinnow zukünftige Kampfpiloten auf ihre Ausbildung in der UdSSR vorbereitet. 1957 erfolgte die zeitweilige Stationierung eines Mot.-Schützenregiments der NVA auf dem Gelände. 1959 schließlich entstand am Ort der ehemaligen Heeresmunitionsanstalt das Ausbildungszentrum für das Personal der neu aufzustellenden NVA-Fla-Raketen-Regimenter, die mit den Fliegerabwehr-Raketenkomplexen Dwina ausgerüstet wurden. 1962 diente das Gelände für ein Jahr als Interims-Standort der Offiziersschule der Luftverteidigung, die zuvor in Potsdam-Geltow angesiedelt war und danach in die sächsische Stadt Kamenz verlegt wurde.

Mit der Einführung moderner sowjetischer Fliegerabwehrraketen Anfang der 60er Jahre ergab sich die Notwendigkeit diese mit hohem finanziellen Aufwand beschaffte Technik zu warten und instand zusetzen, weil die Vorgaben der sowjetischen Hersteller das so bestimmten. Die festgelegten Nutzungsfristen der Technik waren penibel einzuhalten. Dabei ging es naturgemäß nicht nur um die Raketen selbst, sondern auch um die anderen Systemkomponenten wie Startkomplexe, Führungsstellen, Radaranlagen, Messgeräte etc..

1963 befahl daher der damalige Chef der Luftstreitkräfte/Luftverteidigung, General Keßler, unter Regie der NVA ein Reparaturwerk zur Instandsetzung von Spezialtechnik (RWS) aufzubauen. Dieser Entscheidung lagen Empfehlungen des Vereinten Oberkommandos zugrunde. Grundlage für den Aufbau des Werkes war das sowjetische Projekt 2000 zur Errichtung eines Instandsetzungswerkes für die Raketentechnik der Luftverteidigungskräfte. Dieses Projekt wurde durch die NVA modifiziert, um auch die Raketentechnik der Landstreitkräfte und der Volksmarine in Pinnow instandsetzen zu können.

Fortan sorgten aus allen NVA-Teilstreitkräften abkommandierte Spezialisten und in der Sowjetunion ingenieurtechnisch ausgebildete Offiziere dafür, dass die NVA ihre Verpflichtungen im Diensthabenden System der Luftverteidigung des Warschauer Vertrages erfüllen konnte. Das RWS durfte zur Sicherung des Facharbeiterbestandes in allen Wehrkreiskommandos Wehrpflichtige mit den benötigten fachlichen Qualifikationen für die Arbeit im Werk auswählen. Die Sicherung des Werkes übernahm eine Wachkompanie der NVA, die dem Werkleiter unterstand.

Mitte der 60er Jahre erfolgte eine Namensänderung. Statt RWS hieß das Unternehmen nun Instandsetzungswerk Pinnow (IWP). Auf der 27. Sitzung des Nationalen Verteidigungsrates der DDR am 27. Oktober 1966 wurde unter dem Tagesordnungspunkt 5 auch die Perspektive des IWP verhandelt. Es wurde festgelegt, dass dieses Werk »unter voller Ausnutzung der vorhandenen Kapazität und entsprechend der nationalen und internationalen Kooperations- und Spezialisierungsmöglichkeiten zu einer Instandsetzungsbasis für die Raketenbewaffnung und für die elektronische sowie für die messtechnische Ausrüstung der Nationalen Volksarmee zu entwickeln« ist. In diesem Zusammenhang wurde auch festgelegt, dass das Werk bis mindestens 1970 der NVA unterstehen sollte. Allerdings wird im Protokoll der Sitzung bereits darauf verwiesen, dass die weitere Perspektive des Werkes »im Zusammenhang mit den Untersuchungen über die Gesamtproblematik der industriellen Instandsetzung der Technik der Nationalen Volksarmee« zu klären sei. Offenkundig wurde bereits zu diesem Zeitpunkt die Unterstellung von Wehrtechnikunternehmen unter die Befehlsgewalt des Militärs als zeitlich befristete Übergangslösung betrachtet. Der Nationale Verteidigungsrat verfügte, dass durch Realisierung eines Wohnungsbauprogramms, die Zuführung ziviler Arbeitskräfte und die Realisierung von Investkorrekturen bis 1968/69 die Voraussetzungen für die volle Nutzung der Instandsetzungskapazitäten im IWP zu schaffen seien.

Seit Inbetriebnahme des Werkes hielten sich ständig sowjetische Offiziere als Berater in Pinnow auf, deren offizielle Aufgabe in der Sicherung der Kommunikation mit den sowjetischen Herstellern der Waffensysteme und dem Vereinten Oberkommando des Warschauer Vertrages bestand. Die Anwesenheit sowjetischer Verbindungsoffiziere gewährleistete jedoch zugleich die permanente Kontrolle durch die Führungsmacht in diesem sensiblen Bereich. Die gesamte instandgesetzte Militärtechnik wurde zudem von Militärabnehmern, die der Verwaltung Instandsetzung des Ministeriums für Nationale Verteidigung unterstanden, geprüft und zertifiziert.

Alle Projektierungen – einschließlich der Modifizierung des sowjetischen Projektes 2000 – wurden von der Firma KBA in Berlin realisiert. Dieses Unternehmen war ein federführendes Projektierungsbüro für Investitionen der NVA und teilweise der Gruppe der Sowjetischen Streitkräfte in Deutschland sowie für alle Betriebe der speziellen Produktion. Die Durchführung der für das IWP projektierten Baumaßnahmen übernahm in der Regel eine Sonderabteilung des Baubetriebes Schwedt/Oder, der auch das Petrolchemische Kombinat Schwedt errichtet hatte.

Nach dem Aufbau der ersten beiden Produktionshallen und der notwendigen Infrastruktur konnte 1965 der erste in Pinnow instandgesetzte Fla-Raketenkomplex des Typs Dwina an die Truppe ausgeliefert werden.

Auf die ursprünglich in dem modifizierten Projekt 2000 vorgesehene Instandsetzung von taktischen und operativ-taktischen Raketen der Landstreitkräfte wurde wegen der zu geringen Stückzahlen auf Befehl des Chefs der NVA-Landstreitkräfte offiziell verzichtet. Interne Kompetenzrangeleien in der NVA führten dazu, dass das für diesen Zweck bereits errichtete Gebäude als Investruine leer stand und der Aufwand für die Konsultationen von IWP-Spezialisten in sowjetischen Instandsetzungs-betrieben nutzlos blieb. In den Landstreitkräften wurden nun eigene Truppeninstandsetzungskapazitäten aufgebaut oder die Raketen in der UdSSR instandgesetzt.

Das IWP konzentrierte sich in den Folgejahren auf die Instandsetzung der Raketentechnik der Luftverteidigung und der Volksmarine: Das betraf zunächst die Fliegerabwehrraketenkomplexe SA-75 Dwina und S-75M Wolchow mit den dazugehörigen Raketen 11D und 20DP/20DSU. Mit dem System Dwina war 1960 über der UdSSR das US-Spionageflugzeug U-2 abgeschossen worden. Das System Wolchow kam als Nachfolgetechnik des Komplexes Dwina ab Beginn der 70er Jahre in allen Staaten des Warschauer Vertrages zum Einsatz, während die Komplexe Dwina in die Reserve überführt wurden. Hinsichtlich der einzelnen Systemkomponenten und der äußeren Gestaltung gab es zwischen beiden Komplexen kaum Unterschiede. Das galt auch für das Einsatzspektrum. Beide waren für die Vernichtung von Luftzielen in mittleren und großen Höhen konzipiert.

In die Instandsetzung dieser Raketenkomplexe waren auch andere DDR-Betriebe eingebunden. Während das IWP für die Radaranlagen, die Feuerleitsysteme, die Rechentechnik, die Startrampen und Raketen, das Treibstoff- und Pressluftsystem und die Raketenkontroll- und -Prüfstation verantwortlich war, erfolgte die Instandsetzung der Raketentransport- und Ladefahrzeuge im VEB Maschinenbau Babelsberg und der mobilen Kabinen mit Elektroaggregat im VEB FIMAG Finsterwalde. Die Mustererprobung der Raketen und –komplexe fand auf dem nördlich von Astrachan gelegenen sowjetischen Raketenschießplatz Ashuluk statt.

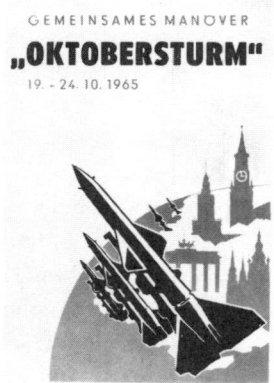

Fliegerabwehrraketenkomplex Wolchow – in Stellung, auf dem Plakat ...

Insgesamt waren auf dem Territorium der DDR etwa 500 Fla-Raketenkomplexe der Luftverteidigung und der Truppenluftabwehr sowie 1000 Radaranlagen im Einsatz. Der ostdeutsche Luftraum war sechsfach mittels Fliegerabwehrraketensystemen der NVA und der sowjetischen Truppen abgedeckt. Damit existierte auf dem Territorium des ostdeutschen Staates an der Grenze zwischen beiden Militärblöcken das massivste Luftverteidigungssystem in Europa. Allein die sechs in der DDR stationierten Armeen der GSSD führten in ihrem Bestand 28 Fliegerabwehr-Raketenregimenter bzw. -brigaden mit zirka 400 Systemen (davon etwa 95 Prozent Raketen der Truppenluftabwehr). Die NVA verfügte über 39 Systeme der Luftabwehr (Dwina, Wolchow, Newa, Wega) und 35 Systeme der Truppenluftabwehr (Kub, Krug, OSA-AK und Strela-10). Die Systeme der Luftverteidigung sollten im Konfliktfall östlich der Linie Stralsund-Potsdam-Dresden in den Luftraum der DDR eingedrungene Ziele vernichten, während westlich dieser Linie die Raketen der Truppenluftabwehr zum Einsatz gekommen wären.

Im Jahr 1989 befanden sich im Bestand der NVA noch 384 Raketen des Typs 11D und 1746 Raketen des Typs 20DP/20DSU sowie 26 dazu gehörende Komplexe Wolchow, die später am Standort des IWP auch entsorgt wurden.

Neben der Raketeninstandsetzung realisierte das IWP für die NVA und für die polnische Armee die Instandsetzung der Radarstationen PRW-16 und PRW-19 zur Bestimmung der Flughöhe von Luftzielen und in den 80er Jahren der Radarstation der Truppenluftabwehr P-40 Bronja auf Kettenfahrzeug für die Raketenkomplexe der Truppenluftabwehr Kub, Krug und OSA-AK. Die Instandsetzung der Radarstation P-40 – im NVA-Jargon Eisenschwein genannt – wurde auch für die Streitkräfte der CSSR und Polens erbracht. Das zugehörige Trägerfahrzeug 426-U wurde im RWN Neubrandenburg überholt.

... und in der Raketenwerkstatt in Pinnow

Ein weiteres wichtiges Tätigkeitsfeld des IWP war die Instandsetzung von Freund-Feind-Kennanlagen für die Luftstreitkräfte und die Luftverteidigung, von Wetterradarstationen für die Raketentruppen der NVA, von handelsüblichen Messgeräten und von Übungsversionen der Luft-Luft-Rakete K13-M1 mit Infrarotzielsuchkopf. Alle handelsüblichen Messgeräte der NVA wurden in Pinnow überprüft, geeicht und instandgesetzt.

Für die Raketenschnellboote der Volksmarine des Typs OSA (Projekt 205) wurden die dazu gehörigen Seezielraketen P-15 (45 sm Reichweite) nach eigener Technologie instandgesetzt, wobei die Raketen in Pinnow und die Feuerleitanlagen in der IWP-Außenstelle auf dem Gelände der Peene-Werft Wolgast überholt wurden. Die in Pinnow entwickelte Instandsetzungstechnologie wurde in den 70er Jahren von der sowjetischen Marine übernommen. Die Instandsetzungserprobungen führte das IWP im Auftrag der Volksmarine vor dem sowjetischen Marinestützpunkt Baltisk (Pillau) durch. Bei diesen Erprobungen wurden instandgesetzte Raketen mit einem Übungsgefechtskopf aus Beton auf abgetakelte Frachtschiffe, die als realistisches Ziel dienten, abgefeuert. Zwischen

Ein Raketenschnellboot der Volksmarine bei der Übernahme einer Rakete P-15

Die P-15 in der Pinnower Werkstatt zur Instandsetzung

die Masten der Frachter wurden Netze mit Reflektoren gespannt. Es war beim Erprobungsschießen vorgeschrieben, die Raketen so einzustellen, dass die Netze getroffen werden, das Zielschiff aber unversehrt bleibt und für weitere Tests zur Verfügung steht. Im Kriegsfall hätten diese Raketen aber auch so programmiert werden können, dass sie kurz vor dem Ziel in das Wasser eintauchen und den Gegner unter der Wasserlinie treffen.

Dass die Erprobungen der Raketen mitunter anders verliefen als geplant, gehört zur inoffiziellen Geschichte des IWP. Während eines Erprobungsschießens wollte der für die Zieleinstellung der Raketen zuständige Offizier des IWP auf eigenen Entschluss demonstrieren, dass die instandgesetzten Raketen auch bei einem technisch möglichen Einsatz im Unterwasserbereich die vorgegebenen Leistungsparameter erreichen. Die Rakete wurde von ihm entsprechend programmiert und das Zielschiff durch einen Volltreffer unter der Wasserlinie versenkt. Damit war die hohe Instandsetzungsqualität auch für diese taktische Einsatzmöglichkeit belegt, das Erprobungsschießen musste aber abgebrochen und das Zielschiff gehoben werden. Volksmarine und IWP teilten sich die Rechnung in Höhe von 28.000 Rubel für die Bergung des versenkten Zielschiffes.

Das Instandsetzungswerk Pinnow war jene Einrichtung der NVA, in der auf der Grundlage sowjetischer Vorgaben die Anpassung der Luftverteidigungs-Raketentechnik an neue Einsatzbedingungen vorgenommen wurde. Zu diesem Zweck wurden deutsche Spezialisten durch sowjetische Brigaden des Herstellers im IWP auf die Modifikation der Gefechtstechnik vorbereitet. Diese sowjetischen Brigaden führten während der Einsätze in Pinnow auch selbst solche Anpassungen der Technik durch.

Abschuss einer P-15 von einem Raketenschnellboot der Volksmarine

Während des Vietnamkrieges und nach den Kriegen zwischen Ägypten und Israel 1967 und 1973 wurden ständig Modifikationen an den instandzusetzenden Systemkomponenten ausgeführt.

In Auswertung der taktischen Einsatzgrundsätze und technischen Möglichkeiten insbesondere des potentiellen Kriegsgegners USA im Vietnamkrieg entwickelte die Sowjetunion neue Verfahren, die die Störanfälligkeit und Verwundbarkeit der eigenen Raketensysteme verringern sollten. Denn dieser Krieg war der Beginn des sogenannten elektronischen Kampfes. Die US Air Force rüstete nach dem anfänglichen Verlust von 31 strategischen B-52-Bombern alle Flugzeuge mit Geräten zur elektronischen Abwehr von Fla-Raketen aus. In die Kampfflugzeuge wurden Störsender zur Niederhaltung der Frequenzen vietnamesischer Radarstationen eingebaut und Warnempfänger, die anfliegende Raketen anzeigten. Die Air Force störte die Raketenfrequenzkanäle, was auf vietnamesischer Seite oft zum Verlust von Fla-Raketen führte. Zum Einsatz kamen auch Drohnen, die die Frequenzen vietnamesischer Radarstationen aufklären sollten.

Die amerikanischen Luftstreitkräfte setzten in Vietnam außerdem Anti-Radar-Raketen des Typs Shrike ein, die sich an den Frequenzen vietnamesischer Radarstationen orientierten und diese zu vernichten versuchten, um die raketengestützte Luftabwehr der vietnamesischen Armee auszuschalten. Die vietnamesischen Verteidiger mussten zunächst improvisieren und schalteten in solchen Fällen kurzzeitig die Radaranlagen der Luftverteidigungskomplexe ab. Damit war aber zugleich die eigene Luftabwehr gleichsam blind.

Mit dem Wissen um diese neuen Entwicklungen in der Technik des elektronischen Krieges führte die Sowjetunion weitgehende konstruktive Modernisierungen der Raketenleitkomplexe Dwina und Wolchow durch. Kern dieser Kampfwerterhöhung waren der Einbau eines Systems zur sofortigen Frequenzumschaltung bei den Antwortsendern der Fla-Raketen, die Schaffung von Möglichkeiten zur teleoptischen Zielbegleitung, der Einbau des Systems Schmales Antennendiagramm sowie die Verringerung der Reaktionszeiten und die Senkung der Zielbekämpfungsdistanzen auf unter fünf Kilometer Entfernung und weniger als 300 Meter Höhe.

Die der NVA unterstehenden Instandsetzungsbetriebe konnten wie alle anderen Rüstungsunternehmen nicht aus dem Vollen schöpfen. Neben der zyklischen Überprüfung und Hauptinstandsetzung der Raketensysteme wurde durch den Austausch verschleißanfälliger Bauteile und die Nachjustierung elektronischer Mess- und Steuerelemente eine deutliche Erhöhung der ursprünglich vorgesehenen Nutzungsdauer für Boden-Luft- und Seezielraketen (werksseitig maximal 10 Jahre) erreicht. Die Waffen hätten ansonsten nach Ablauf der vom Hersteller vorgeschriebenen Nutzungsfristen ausgemustert und durch teuere Importe ersetzt werden müssen.

Ein Dauerthema blieb die Bereitstellung von Ersatzteilen für die Instandsetzung der Gefechtstechnik. Alle wesentlichen Ersatzteile wurden aus der UdSSR importiert. Die zu kalkulierende Zeit zwischen Auslösung der Bestellung und Lieferung betrug zwei bis drei Jahre. Als Notbehelf zur Verkürzung der Lieferfristen bestellte das IWP deshalb in der UdSSR sogenannte EWZ-Sätze (Ersatzteile, Werkzeug, Zubehör), die eigentlich für Truppeninstandsetzungen gedacht waren. Allerdings waren nur 20 Prozent der in diesen EWZ-Sätzen enthaltenen Teile für die Hauptinstandsetzung brauchbar, was zu einer Anhäufung übrig bleibender Materialbestände im IWP führte. Zunehmend stellte man deshalb in Pinnow die benötigten Ersatzteile selbst her. Zudem wurde geprüft, welche sowjetischen Normteile durch DDR-Normteile substituiert werden könnten. Hinzu kam ein Ersatzteil-Tauschhandel mit ähnlichen Unternehmen in Ungarn, der CSSR und Polen. So wurde versucht die Kooperations- und Logistikprobleme innerhalb des RGW durch direkte Kontakte auszugleichen.

Die 70er und 80er Jahre brachten für das IWP nicht nur strukturelle Veränderungen, sondern auch eine massive Ausweitung des Leistungsspektrums. Zunächst erfolgte 1970 auf Beschluss des Nationalen Verteidigungsrates die Herauslösung des Werkes aus der Zuständigkeit der NVA und die Unterstellung unter das Ministerium für Allgemeinen Maschinen-, Landmaschinen- und Fahrzeugbau (MALF). In diesem Ministerium wurde das Kombinat Spezialtechnik gebildet, dem nun auch das IWP angehörte. Damit entstand das einzige Großunternehmen der DDR, das auf die Erbringung von Leistungen für die Streitkräfte spezialisiert war und das Profil der Speziellen Produktion prägte. Beteiligt waren folgende Kombinatsbetriebe, die Mitarbeiterzahlen sind die von 1989:

- Flugzeugwerft Dresden (FWD, 2.400 Mitarbeiter),
- Instandsetzungswerk Pinnow (IWP, 1.675 Mitarbeiter),
- Instandsetzungswerk Ludwigsfelde (INL, 923 Mitarbeiter),
- Lehrgeräte- und Reparaturwerk Mittenwalde (LRM, 676 Mitarbeiter),
- Spreewerk Lübben (813 Mitarbeiter),
- Geräte- und Werkzeugbau Wiesa (GWW, 1098 Mitarbeiter)
- VEB Mechanische Werkstätten Königswartha (MWK, 1.000 Mitarbeiter),
- Feuerlöschgerätewerk Apolda (zirka 700 Mitarbeiter),
- Elektromechanischen Werke Radeberg (270 Mitarbeiter)
- Zentrum für Forschung und Technik Dresden (ZFT, 424 Mitarbeiter).

1984 erwirtschaftete das Kombinat Spezialtechnik 949,6 Millionen Mark an industrieller Warenproduktion. Davon entfielen 149,2 Millionen auf den Export in das Bündnisgebiet und 102,2 auf den sogenannten NSW-Export. Diese Proportionen sind Ausdruck einer vorzugsweise auf die Deckung des Eigenbedarfs der DDR und ihrer Verbündeten gerichteten Rüstungsproduktion. Selbst als die außenwirtschaftlichen Probleme der DDR und die Devisenknappheit unübersehbar wurden, machte der Export von Rüstungsgütern und entsprechenden Serviceleistungen auf die Märkte außerhalb des RGW nur knapp elf Prozent der gesamten Warenproduktion des Unternehmens aus.

Das Kombinat Spezialtechnik hatte in der Speziellen Produktion der DDR unter anderem durch die Erarbeitung der Vorleistungsstufen für die industrielle Instandsetzung, die Entwicklung einer Gliederung der Instandsetzungsarten und wesentlicher betriebswirtschaftlicher Grundlagen der industriellen Instandsetzung (zum Beispiel hinsichtlich der Preisbildung) eine Schlüsselstellung. Auch bei der Spezialisierung und Eigenproduktion von Militärtechnik war das Unternehmen federführend, was letztlich auch eine Steigerung des Exports in das Nichtsozialistische Wirtschaftssystem ermöglichte.

Die Überführung des IWP in die zivile Wirtschaftsstruktur war mit der Auflage verbunden, die Anzahl der im Werk eingesetzten Wehrpflichtigen massiv zu verringern und sie durch zivile Mitarbeiter zu ersetzen. Die Offiziere wurden vorerst weiter im Werk beschäftigt, weil sie mit ihrem Fachwissen kurzfristig nicht durch zivile Spezialisten ersetzt werden konnten. Das IWP sollte sich schrittweise in ein ziviles Unternehmen verwandeln, das sich mit seinen Leistungen in das Spektrum der DDR-Volkswirtschaft und in die allgemeinen Planungsabläufe einordnen ließ.

Die politisch Verantwortlichen waren der Meinung, dass sich die NVA auf die Sicherung der Gefechtsbereitschaft konzentrieren müsse. Damit wurden Entscheidungsbefugnisse der Militärführung eingeschränkt, was dazu führte, dass vor allem der Bereich Technik und Bewaffnung der NVA und die Politische Hauptverwaltung ständig versuchten, ihren Einfluss auf das Kombinat Spezialtechnik und die ehemals der NVA unterstehenden Kombinatsbetriebe zu sichern.

Mit manchmal kuriosen Folgen. Im IWP beispielsweise existierten aus diesem Grund zwei Betriebsparteiorganisationen mit zwei Parteisekretären. Die Parteiorganisation der Militärangehörigen unterstand der Politischen Hauptverwaltung der NVA, die der Zivilangestellten der Kreisleitung Angermünde. Diese paradoxe Situation führte dazu, dass die Führungskräfte des Kombinats und des IWP bei wichtigen politischen Entscheidungen die Abstimmung mit beiden Instanzen sichern mussten.

Von 1970 bis 1990 wurde dann auch der Offiziersbestand im IWP ständig reduziert. Waren es 1970 noch 98 Offiziere, so ging ihre Zahl bis 1985 auf 35

Sende- und Empfangsstation des Fla-Raketenkomplexes Wolchow auf dem Abgleichplatz des IWP

zurück. Diese Entwicklung lag durchaus auch im Interesse der Personalverantwortlichen in der NVA. Das für die Armee festgelegte Limit an Offiziersplanstellen wurde somit nicht mehr durch in der Wirtschaft tätige Militärs belastet.

Die Gewinnung ziviler Mitarbeiter war für das IWP jedoch mit großen sozialen Problemen verbunden. Nur wenige hochqualifizierte zivile Arbeitskräfte waren bereit, ihren Lebensmittelpunkt aus Sachsen oder Thüringen in die »uckermärkische Taiga« zu verlagern. Daher mussten materielle Anreize geschaffen werden, die das Manko des wenig attraktiven Standortes ausglichen. In

Radarstation (Höhenfinder) PRW auf dem Abgleichplatz in Pinnow ...

Schwedt wurden 790 Wohnungen für das IWP errichtet, was ermöglichte, dass IWP-Mitarbeiter sofort mit modernem Wohnraum versorgt werden konnten. Am Standort Pinnow selbst unterstützte das Werk später den Bau von 40 Eigenheimen. Man zahlte – abgestimmt mit der Gewerkschaft – deutlich überdurchschnittliche Löhne im Schwermaschinenbautarif. Das zivile Industrieministerium stellte jährlich 50 Pkw aller in der DDR angebotenen Typen für die Mitarbeiter in Pinnow bereit. Auch soziale Maßnahmen wie der Umbau und die Modernisierung von Werksküche und Kantine, die Verkürzung von Wegezeiten zum Arbeitsplatz durch Einrichtung des direkt am Werk liegenden Bahnhofs Pinnow-Ost, die bevorzugte Versorgung mit Ferienplätzen durch die Gewerkschaft, die Einrichtung eines Kindergartens und einer Kinderkrippe im Werk und die Freistellung der IWP-Mitarbeiter vom Wehrdienst entfalteten ihre Wirkung. Damit wurden manch lästige Realitäten des DDR-Alltags für Beschäftigte des IWP gemildert oder völlig beseitigt. Ein Beleg dafür, dass die DDR in Schwerpunktbereichen jenseits der offiziell propagierten Nivellierung von Lebensbedingungen durchaus zur Anwendung eines differenzierten Leistungsbewertungssystems in der Lage war. Für die IWP-Mitarbeiter machte das die propagierte Einheit von Wirtschafts- und Sozialpolitik im Alltag erlebbar, was die Bindung an das Unternehmen und den Zusammenhalt auch über das Jahr 1990 hinaus gefördert hat.

Das Werk warb nun über Inserate in Zeitungen und durch direkte Ansprache junger Fach- und Hochschulabsolventen um Arbeitskräfte. Außerdem wur-

... und bei der Truppenluftabwehr im Einsatz

Blockabgleich für einen Höhenfinder der PRW in der Werkstatt

den eine Lehrwerkstatt und ein Internat für 120 Lehrlinge eingerichtet, um durch die attraktive theoretische und praktische Ausbildung des eigenen Facharbeiternachwuchses die Personalengpässe langfristig beseitigen zu können. Wer sich als Wehrpflichtiger im Werk zu einer weiteren Tätigkeit als ziviler Mitarbeiter verpflichtete, dessen Wehrdienst konnte sofort abgebrochen werden.

Allerdings schränkte die Verpflichtung zur Geheimhaltung der damals hochmodernen Waffensysteme die Personalauswahl für den Aufbau einer Stammbelegschaft zusätzlich zu den hohen fachlichen Anforderungen naturgemäß ein, was kein Spezifikum der DDR war, sondern in allen ähnlich ausgerichteten wehrtechnischen Unternehmen der Welt üblich sein dürfte. Alle zivilen Mitarbeiter wurden durch das Ministerium für Staatssicherheit einer peniblen Sicherheitsüberprüfung unterzogen. Denn gerade das IWP weckte Interesse und Begehrlichkeiten westlicher Dienste und Militärverbindungsmissionen. Mitarbeiter westlicher Militärverbindungsmissionen versuchten dreimal, sich Zugang zum Werk zu verschaffen, wurden gestellt und – der Vorschrift entsprechend – durch herbeigerufene sowjetische Kommandos zurück eskortiert.

Die Sicherheitsüberprüfungen der Mitarbeiter wurden auch deshalb für unverzichtbar gehalten, weil das IWP neben der Instandsetzung von Raketentechnik der Luftstreitkräfte/Luftverteidigung und der Volksmarine nun zusätzlich die Instandsetzung der hochmodernen Raketenkomplexe der Truppenluftabwehr vorbereiten sollte. Dazu kam es jedoch nicht. Einerseits hatten sich die Nutzungsfristen verlängert. Der damit verbundene vorläufige Verzicht auf die Leistungen des IWP entsprach jedoch nicht nur aus ökonomischen Gründen den Intentionen des Kommandos der Landstreitkräfte. Das IWP war ja nunmehr ein ziviles Unternehmen. Weil aber in der UdSSR und in anderen Staaten des Warschauer Vertrages die Betriebe für die Instandsetzung von Wehrtechnik grundsätzlich dem Militär unterstanden, gab es seitens des Kommandos der NVA-Landstreitkräfte ständig Bedenken die Raketen der Truppenluftabwehr – abweichend von der Norm – in einem zivilen Wirtschaftsunternehmen instandsetzen zu lassen.

Ein besonderes Kapitel der IWP-Geschichte stellt die Lizenz-Produktion der Panzerabwehrlenkrakete Konkurs dar.

Um die sowjetische Rüstungsindustrie zu entlasten, begann 1984 auf Beschluss des Nationalen Verteidigungsrates die Lizenzproduktion von Panzerabwehrlenkraketen 9M113 Konkurs im IWP und des zugehörigen Startkomplexes 9P135 bzw. 9P135M im VEB Kombinat Carl Zeiss Jena für die Landstreitkräfte der NVA und den Export. Mit diesem Produkt wurde aus dem Instandsetzungsbetrieb ein Finalproduzent für hochmoderne Waffentechnik.

Die Rakete Konkurs war bis 1973 in der russischen Stadt Tula entwickelt und 1974 in die Truppe eingeführt worden, und wurde noch bis 1988 in Tula produziert. Zum Einsatz kamen diese Panzerabwehrlenkraketen auf den Schützenpanzern BMP-1P und BMP-2 sowie als tragbare Panzerabwehrwaffen. Sie hatten eine Reichweite von 4.000 Metern. Die sowjetische Originalausführung durchschlug bis zu 550 Millimeter Panzerstahl. Die Konkurs-Raketen wurden aus einem Transport- und Startcontainer verschossen und waren drahtgesteuert.

Für die Errichtung neuer Produktionsräume wurden im IWP mehrere Millionen Mark investiert. Geplant war eine jährliche Produktion von 5.000 bis 6.000 Stück. Von den 4.500 bis Ende 1989 gefertigten Panzerabwehrraketen gingen 3.000 als Export in die UdSSR, die daraufhin die Produktion dieses Typs einstellen konnte, und 1.000 in die CSSR, die Kooperationspartner für zwei Baugruppen war. Die Verzögerung bei der Erreichung der geplanten Produktionszahlen ergab sich aus der nicht termingerechten Lieferung der Baugruppen durch die CSSR sowie aus Auseinandersetzungen zwischen beiden Ländern über die für die Zulieferungen zu zahlenden Preise. Dadurch wurden nicht geplante Importe gleicher Baugruppen aus der UdSSR notwendig, was die ursprünglichen Planungen zur Makulatur werden ließ.

Die Serienfertigung der Konkurs wurde zu einem nationalen und internationalen Kooperationsprojekt, bei dessen Realisierung die Leistungen wie folgt verteilt waren:

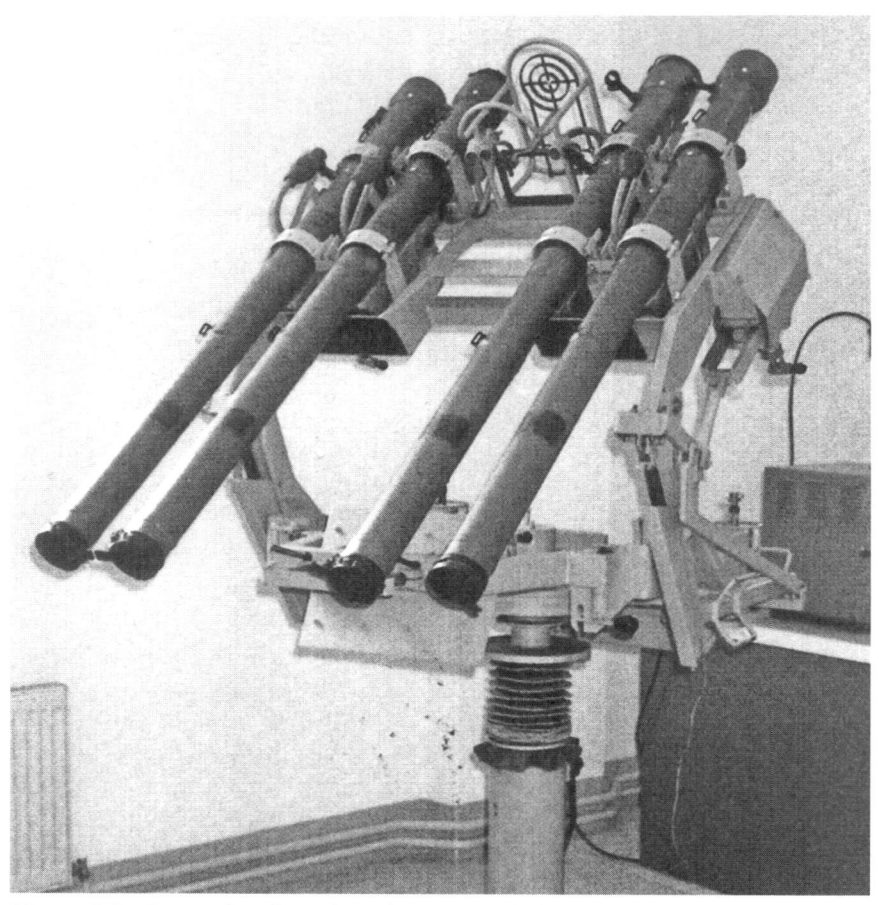

Viermal Strela M, die Fla-Rakete der Truppenluftabwehr, als FASTA 4

Ruderblock, Kabelbaum, Raketenhülle, Flügel, Endmontage und Farbgebung übernahm das IWP. Der Kreiselblock kam aus Brno, die Lenkdrahtspule aus Bratislava. Der Infrarotstrahler wurde im VEB NARWA Berlin, der Akkumulator im VEB Grubenlampen Zwickau und der Elektronikblock in den Elektromechanischen Werkstätten Radeberg gefertigt. Triebwerk und Gefechtskopf kamen – wie bereits erwähnt – aus dem VEB Mechanische Werkstätten Königswartha und der Transport- und Startcontainer aus dem LRM Mittenwalde. Den Rahmen für den Ruderblock lieferte der VEB Druckguss Weißensee, die Ruder wurden im VEB Schaltelektronik Oppach hergestellt.

Die automatische Kontroll- und Prüfstation für die Konkurs produzierte das Werk für Nachrichtenelektronik Magdeburg, während die wiederverwendbare,

Die Einmann-Fla-Rakete 9M32M/Komplex 9K32M Strela 2M

tragbare Lenk-Steuer- und Starteinrichtung im VEB Carl Zeiss Jena gefertigt wurde.

Die stete Aufrechterhaltung dieser Kooperationskette in der damaligen Zeit und unter sozialistischen Wirtschaftsbedingungen war eine logistische Meisterleistung, die allerdings oftmals mittels der für die Rüstungsbetriebe zuständigen Speziellen Abteilung des Vertragsgerichtes durchgesetzt werden musste.

Zur Herstellung des mit feinsten mechanischen Bauelementen ausgestatteten Ruderblocks wurden über den Bereich Kommerzielle Koordinierung im Ministerium für Außenhandel computergesteuerte Präzisionswerkzeugmaschinen aus dem NSW für den Einsatz im IWP beschafft. Auch für die Kontrolle und Vermessung der Flugbahn der Konkurs bei Testflügen (aus jedem gefertigten Los musste eine Rakete verschossen werden) wurden unter Umgehung der westlichen Embargo-Bestimmungen spezielle Computer beschafft. Die Raketentests fanden auf dem Truppenübungsplatz Nochten in der Lausitz statt. Die letzte Raketenlieferung an die UdSSR verließ das IWP am 2. Oktober 1990.

Neben der Panzerabwehrlenkrakete Konkurs wurde im IWP der Raketenstartkomplex FASTA für 4 Fla-Raketen Strela (9k-34/Strela 2) produziert. Die Strela war eine von einem Schützen einsetzbare Fliegerfaust und das östliche

Gegenstück zur amerikanischen Stinger-Rakete. Die Startkomplexe FASTA konnten auf Schiffen und Gefechtsfahrzeugen der Landstreitkräfte eingesetzt werden und dienten der effektiveren Bekämpfung tief fliegender Luftziele. Durch die Verknüpfung von vier dieser Raketen in einem Startkomplex erhöhte sich die Trefferwahrscheinlichkeit der Waffen, weil nun gleichzeitig zwei Raketen auf ein Ziel abgefeuert werden konnten. Das war eine technische Lösung, die auch Kunden im Irak, Ägypten und Algerien zu überzeugen schien. So wurde die im IWP gefertigte Starteinrichtung über den offiziellen Außenhandelsbetrieb für Wehrtechnik ITA in diese Länder exportiert. Auch die UdSSR zeigte damals Interesse an diesen Startanlagen. Die Erprobungen der Waffe fanden auf dem Schießgebiet der Volksmarine vor der Ostseehalbinsel Darß statt.

Außerdem fertigte das IWP Startanlagen für die Tarnrakete PK-16 der Marine. Dieses System diente der passiven Infrarot-, Radar- und Rauchtarnung von Kampfschiffen. Auf sowjetischen Wunsch sollten die Pinnower auch die Produktion von Fliegerabwehrraketen des Typs Igla übernehmen. Anders als das Vorgängermodell Strela, dessen Infrarot-Zielsuchkopf auch auf intensive Sonnenstrahlung oder Reflexionen der Sonne auf Wasserflächen reagierte und damit von gegnerischen Zielen abgelenkt werden konnte, unterschied die Igla zwischen beweglichen und unbeweglichen Infrarotquellen, was die Trefferquote bei der Bekämpfung tiefffliegender Luftziele deutlich erhöhte. Aber diese Produktion wäre für die DDR mit einem nicht vertretbarem ökonomischen Aufwand verbunden gewesen. Daher verweigerte sie sich die DDR selbstbewusst dem Anliegen des sowjetischen Partners.

Ausschließlich für den Eigenbedarf der NVA und den Export in das Bündnisgebiet sollte in Pinnow auch die Lizenzfertigung der laserstrahlgelenkten Panzerabwehrlenkrakete 9M117 Bastion erfolgen. Der Beschluss erging im Zusammenhang mit der in der zweiten Hälfte der 80er Jahre vorgenommenen Modernisierung des Kampfpanzers T-55 AM zum T-55 AM2B und der Modernisierung der bereits in der Truppe befindlichen Kampfpanzer T-72. Der Umbruch des Jahres 1989 beendete dieses Projekt. Die bereits gelieferten Lizenzunterlagen wurden auf Bitte der sowjetischen Seite zurückgegeben.

Die Liste der IWP-Produkte ist damit aber noch keineswegs abgearbeitet. Auf Anforderung der Politischen Hauptverwaltung der NVA baute man in Pinnow mobile Radio-Kino-Fernseheinrichtungen (RKFE) für die Truppenbetreuung. Das Radio- und Fernsehstudio sowie die Sende- und Empfangsanlagen waren in drei Kabinen auf LKW W 50 installiert. Ebenfalls in Kfz-verladefähigen Containern wurden eine Mobile Kurier- und Feldpoststelle (KFS), eine mobile Felddruckerei und eine mobile mechanische Werkstatt zur Reparatur von Gefechtstechnik im Felde untergebracht.

Im neu errichteten Betriebsteil Schwedt des IWP stellte man schussfeste Isotherm-Kofferaufbauten aus glasfaserverstärktem Polyester für die militärischen Nutzfahrzeuge ROBUR/LO 3000 her. Dabei kamen auch Insassen des Militärstrafvollzuges Schwedt zum Einsatz.

Um auch im Winter die Gefechtsbereitschaft des Diensthabenden Systems der Luftstreitkräfte zu sichern, wurden in Pinnow (und in der Flugzeugwerft Dresden) Eisabtaugeräte auf der Basis der LKW G5 und des MiG-17 Triebwerkes gebaut. Der Einsatz dieser Geräte auf den Flugplätzen war jedoch nicht problemlos. Extreme Hitzeentwicklung und z. T. unsachgemäßer Einsatz führten zu Schäden an den Start- und Landebahnen, so dass diese Geräte schließlich kaum noch verwendet wurden. Wenn allerdings – wie 1978/79 – ein besonders harter Winter die Braunkohlenhalden der Kraftwerke vereisen ließ und die Bagger keinen Brennstoff aus den Vorratshalden herausbrechen konnten, griff man auf die Eisabtaugeräte zurück, um die Energieversorgung der DDR zu sichern.

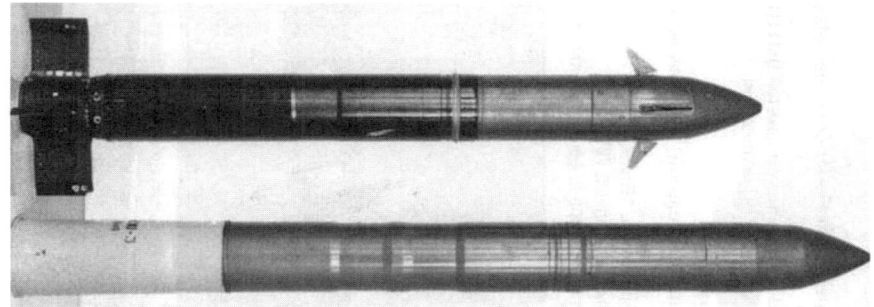

Die Panzerabwehrlenkrakete 9M14M wurde noch per Hand mit Draht gesteuert, ganz oben die mit Laser gelenkten PALR mit der Bezeichnung 9M117 Bastion, die auch in Pinnow gefertigt werden sollten

In diesem von einer Schneekatastrophe begleiteten Winter 1978/79 bewies der damalige Betriebsdirektor ein hohes Maß an Improvisationstalent und Zivilcourage. Am Standort Pinnow standen zu dieser Zeit Hunderte aus der UdSSR importierte militärische Nutzfahrzeuge der Typen SIL, KRAS, URAL und GAS, die im IWP auf die Anforderungen der DDR-Straßenverkehrsordnung umgerüstet werden sollten. Als die ganze Region eingeschneit und von allen Versorgungsmöglichkeiten abgeschnitten war, entschloss sich Oberst Ralf Rudolph, die Lastwagen zur Versorgung der Bevölkerung einzusetzen. Daran erinnert er sich so: »Mich rief der Kreissekretär von Angermünde an und bat um Hilfe, weil das in Schwedt für Angermünde gebackene Brot transportiert werden musste. In Schwedt dagegen fehlte das Fleisch für die Versorgung der Bevölkerung, das in Angermünde bereitgestellt wurde. Ich habe ohne Genehmigung, auf eigenen Entschluss, einige umzurüstende Fahrzeuge zur Versorgung der Bevölkerung über die Felder fahren lassen, weil die Straßen völlig blockiert waren. Im IWP hatten wir das Problem, dass wir unsere Mitarbeiter nicht nach Hause kriegten, weil das gesamte Nahverkehrssystem zusammengebrochen war. Wir haben also eine Versammlung anberaumt und gefragt, was zu machen wäre. Da haben die Mitarbeiter gesagt: Wir räumen den Betriebsklub aus, ihr legt Matratzen rein und wir fahren die Schichten wie gewohnt. Die Mitarbeiter haben in solchen Situationen mitgezogen, sich engagiert.« Heute würde man das Teamgeist nennen und zum Gegenstand von Kommunikationsseminaren für angehende Führungskräfte machen. Damals wurde diese Unternehmenskultur gelebt.

Ende der 80er Jahre realisierte das Werk mit der Instandsetzung und Produktion von Militärtechnik einen jährlichen Umsatz von zirka 290 Millionen Mark der DDR. Überdies beteiligte man sich – wie alle DDR-Kombinate – am Programm zur Fertigung von Konsumgütern. Das IWP stellte Gepäckträger für Mofas des VEB Simson Suhl und Gehäuse für Leuchtstofflampen, Kinderspielplatzrutschen und Dachgepäckbehälter für Pkw aus glasfaserverstärktem Polyester her.

1989 begann im Zusammenhang mit dem Beschluss des Nationalen Verteidigungsrates der DDR über die einseitige Reduzierung von Truppen und Rüstungen der NVA der Abbau von Offiziersplanstellen in der Wirtschaft und die Rückunterstellung dieser Führungskräfte unter das Ministerium für Nationale Verteidigung, bzw. deren Entlassung aus den Streitkräften.

Nach der Einstellung der Rüstungsproduktion im IWP 1989 versuchte die Werkleitung durch Bildung eines Industrieparks (INPAR-Pinnow) mit mehreren für den zivilen Markt produzierenden GmbHs eine Entlassung der Mitarbeiter zu verhindern. Ein Teil der Mitarbeiter verließ nun auch das Unternehmen auf eigenen Wunsch, um wieder in die Heimatregionen zurückzukehren.

Das Unternehmen entwickelte und fertigte jetzt komplette Wohnmodule in 20-Fuß-Stahlkontainern (Treppenhäuser, Küchen, Sanitärräume und Wohnräume) zur Errichtung von Wohnhäusern für die russischen Offiziersfamilien, die aus Ostdeutschland in die Heimat verlegt wurden.

1991 wurde der INPAR Pinnow von der in Bad Reichenhall ansässigen Rüstungsfirma Buck (Pyrotechnische Munition und Nebelmunition) für einen symbolischen Preis von der Treuhandanstalt gekauft. Bedingungen der Treuhand für die Übernahme waren, dass erstens keine betriebsbedingten Kündigungen vorgenommen werden und zweitens eine Munitionsentsorgungsanlage im Wertumfang von 28 Millionen D-Mark errichtet wird. In Pinnow wurden daraufhin von 1991 bis 1998 70.000 t Rüstungsgüter vernichtet.

Die Geschäfte des Unternehmens waren allerdings nicht auf dieses Tätigkeitsfeld begrenzt. Neben der Vernichtung von Munition aller Kaliber und Kriegswaffen widmete man sich dem Container- und Raumzellenbau, der Fertigung von Medizintechnik, dem Fenster- und Türenbau, der Fertigung von Wohnraummodulen sowie dem Häuserbau und der Bauträgerschaft. Nach einem öffentlich geförderten, fulminanten Start geriet das Unternehmen schließlich in geschäftliche Turbolenzen. Bei allen von Buck in der Nähe von Bernau errichteten Fertigteilhäusern traten durch massive technologiebedingte Nässeschäden hohe Reklamationsforderungen auf, die dem Unternehmen das wirtschaftliche Aus bescherten. Am 1. Dezember 1998 wurde das Gesamtvollstreckungsverfahren gegen die BUCK INPAR GmbH eröffnet. Alle noch im Unternehmen verbliebenen 600 Mitarbeiter wurden in die Arbeitslosigkeit entlassen. Ein kleiner Teil von ihnen erhielt zu gleichen tarifvertraglichen Konditionen wie bei BUCK INPAR die Möglichkeit eines Neubeginns. Jener Teil des Unternehmens, der sich auf Konversion und Zerlegung militärischer Güter spezialisiert hatte, ist heute im Verbund der skandinavischen Nammo-Gruppe unter dem Namen Nammo Buck GmbH tätig. Zu diesem im Bereich der Rüstung und Konversion aktiven Konzern gehört seit 1998 auch das ehemalige DDR-Sprengstoffwerk in Schönebeck an der Elbe. Insgesamt finden heute in verschiedenen Unternehmen, die sich auf dem alten IWP-Gelände angesiedelt haben, etwa 200 Mitarbeiter Lohn und Brot.

Die Nammo Buck GmbH beschäftigt derzeit in Pinnow 75 festangestellte Mitarbeiter und profitiert heute noch von dem Fachwissen und der Einsatzbereitschaft der alten IWP-Belegschaft. Dabei geht es nicht mehr um die Vernichtung alter NVA-Munition, sondern um die Demilitarisierung von Waffensystemen und Munition der Bundeswehr und anderer Armeen.

Die nicht verkaufsfähigen Gebäude des ehemaligen IWP gingen an die Kommune Pinnow über.

VEB Flugzeugwerft Dresden
Fluggerät für das Selbstbewusstsein

Die abenteuerliche Geschichte des DDR-Flugzeugbaus beginnt in der unmittelbaren Nachkriegszeit. Im Osten Deutschlands waren 60 Prozent der Luftfahrtindustrie des Deutschen Reiches angesiedelt. Dieser unbestreitbare Standortvorteil konnte jedoch zunächst nicht genutzt werden. Zuerst bedienten sich die US-Streitkräfte beim Einmarsch in Thüringen und Sachsen-Anhalt aus der Hinterlassenschaft der deutschen Luftfahrtindustrie. In den Dessauer Junkers-Werken war beispielsweise der erste strahlgetriebene Bomber JU 287 entwickelt worden, dessen Prototyp im August 1944 bereits seinen Erstflug absolviert hatte. Diese neue Maschine weckte ebenso Begehrlichkeiten, wie Laboreinrichtungen, Spezialmaschinen und Entwicklungsdokumentationen. Als schließlich die sowjetischen Truppen einrückten, galt deren Interesse ebenfalls der Nutzung deutscher Technologien und Entwicklungspotentiale in der Hightech-Branche Flugzeugbau. Wie ihre westlichen Verbündeten, wollte die östliche Siegermacht vom technischen Know How des geschlagenen Kriegsgegners profitieren, nicht nur in dieser Branche, sondern auch in der Raketentechnik, dem Triebwerksbau und der Nuklearforschung.

Die in Dessau verbliebenen Flugzeugspezialisten arbeiteten nun im Auftrag der Sowjetischen Militäradministration an der Weiterentwicklung der JU 287 zur EF-131. Nach Bau und erfolgreicher Erprobung der Maschine verfügte die Besatzungsmacht 1946 die Demontage der Fertigungsanlagen und die Zwangsrekrutierung des deutschen Entwicklungspersonals. In der Nähe Moskaus taten die deutschen Entwickler, was sie auch während des Krieges getan hatten – sie konstruierten Militärflugzeuge. Die Erprobung des von den Junkers-Spezialisten entwickelten Bombers EF-140 war im Mai 1949 abgeschlossen. Die Maschine erreichte eine Geschwindigkeit von 904 km/h und konnte eine Flugstrecke von 2.000 Kilometern bewältigen. Als die UdSSR den Bomber IL-28 in Dienst stellte, wurde das Projekt EF-140 allerdings gestoppt und den Entwicklern die Aufgabe gestellt ein Langstreckenaufklärungsflugzeug zu entwickeln (EF-141P). Diese Maschine startete im Oktober 1949 zu ihrem ersten Flug, war jedoch technisch noch nicht ausgereift. Da sich die technischen Probleme nicht beheben ließen, wurde die Entwicklung im März 1950 eingestellt. Mittlerweile hatten die sowjetischen Konstruktionsbüros – unter Nutzung deutschen Knowhow – genügend eigene Projekte zur Serienreife gebracht.

Nun benötigte man die deutschen Spezialisten und ihr Expertenwissen nicht mehr. Mit Blick auf ihre Rückkehr nach Deutschland entstanden im Auftrag des sowjetischen Luftfahrtministeriums bereits ab Dezember 1953 Pläne für ein strahlgetriebenes Passagierflugzeug, das in der DDR produziert werden sollte. Diese Entscheidung korrespondierte mit den Ambitionen von DDR-Wirtschaftsstrategen.

Schon 1952 gab es in den DDR-Planungsbehörden Vorstellungen über die Revitalisierung der Luftfahrtindustrie in Ostdeutschland. Einerseits rechnete man für die Zukunft mit einem enormen Bedarf an zivilen Flugzeugen. Andererseits wollte man ab 1954 auch Militärmaschinen herstellen, was sich zu diesem Zeitpunkt gut in die Konzepte sowjetischer Militärs einordnen ließ.

Der 17. Juni 1953 bewirkte jedoch die Aufgabe dieser hochfliegenden Pläne. Die wirtschaftlichen Möglichkeiten der DDR reichten für eine solche massive Kraftanstrengung in kürzester Zeit nicht aus. Wegen der offenkundig gewordenen Instabilität des Staates mussten sogar die bereits an die DDR zu Ausbildungszwecken gelieferten Jagdflugzeuge des Typs MiG-15 an die UdSSR zurückgegeben werden. Der neue Bündnispartner DDR galt nicht als verlässlich genug.

Doch damit waren nicht alle Planungen für den Bau von Flugzeugen vom Tisch. Man versuchte nun, die Dimensionen des Projektes den Möglichkeiten der DDR besser anzupassen. Die sowjetische Weichenstellung zur Entwicklung des Passagierflugzeugs 152 eröffnete der DDR die Chance mit ihrer traditionell deutschen Produktionskultur erneut eine eigene Flugzeugindustrie aufzubauen. Davon hätte die Führungsmacht profitiert, weil deren Fertigungskapazitäten für die Luftrüstung benötigt wurden. Der steigende Bedarf der UdSSR an modernen zivilen Mittelstreckenmaschinen sollte nach dem Willen sowjetischer Planer offenbar durch Importe der 152 zumindest teilweise gedeckt werden.

Zugleich bot die prestigeträchtige Flugzeugentwicklung und -fertigung in der DDR ideale Möglichkeiten für die Propagierung der Systemvorteile des sozialistischen Gesellschaftsmodells. Hätte die DDR das erste deutsche strahlgetriebene Passagierflugzeug zur Serienreife geführt, wäre das eine politische Steilvorlage für die DDR-Führung gewesen. Außerdem sollte für die aus der Sowjetunion zurückkehrenden Fachleute ein attraktives Betätigungsfeld geschaffen werden, um eventuelle Ambitionen dieser Geheimnisträger auf Übersiedlung in den Westen zu dämpfen. Ähnlich verfuhr man auch mit jenen deutschen Wissenschaftlern, die nach dem Krieg in das sowjetische Atomprogramm und die Entwicklung von Raketen eingebunden worden waren.

191

Der VEB Flugzeugwerft Dresden, rechts Halle 221, im Hintergrund Halle 219

1954/55 begannen die Vorbereitungen für den Aufbau der DDR-Luftfahrtindustrie. Zunächst nahm man die Lizenzfertigung des sowjetischen Passagierflugzeuges IL-14P, die Entwicklung des eigenen Passagierflugzeuges 152 und die Reparatur und Wartung von Militärmaschinen der im Aufbau befindlichen DDR-Luftstreitkräfte (Aeroklubs) in den Blick. Im Raum Dresden entstanden neue Betriebe, die mit modernster Technik ausgestattet waren. Dresden und Pirna-Sonnenstein wurden Standorte einer Zukunftsindustrie der damaligen Zeit. Fachleute und Spezialisten, die zum Teil in anderen Branchen untergekommen waren, konnten reaktiviert werden, demontierte Unternehmen wurden wieder mit Maschinen und Anlagen ausgerüstet. Das Luftfahrtprogramm der DDR wurde zum Synonym für die Aufbruchstimmung der sozialistischen Gründerjahre.

Ähnlich wie in Sachsen verlief die Revitalisierung der Luftfahrtindustrie in anderen Regionen der DDR. In Brandenburg war insbesondere die Stadt Ludwigsfelde als Standort für die Triebwerksproduktion und Triebwerksinstandsetzung prädestiniert. Das hatte neben wirtschafts- und personalpolitischen auch historische Gründe: Zum einen gab es im neu errichteten VEB Industriewerke Ludwigsfelde moderne Kapazitäten für die Motorenproduktion und entsprechend qualifizierte Arbeitskräfte. Zum anderen besaß Ludwigsfelde eine luftfahrttechnische Tradition.

Im Jahr 1935 hatte das Luftfahrtministerium des Dritten Reiches die Firma Daimler-Benz mit dem Bau eines Großserienwerkes für Flugzeugmotoren beauftragt. Diese strategische Entscheidung zur Forcierung der Luftrüstung führte ein Jahr später zur Gründung der Daimler-Benz-Motorenwerk Genshagen GmbH in Ludwigsfelde. Bereits im Februar 1937 lief der erste Flugzeugmotor vom Band. Die Massenproduktion von mehr als 1000 Flugzeugmotoren der Typen DB 601, DB 603, DB 605 und DB 610 – unter massivem Einsatz von Zwangsarbeitern – bescherte dem Unternehmen eine zweifelhafte Blüte. Im Jahr 1943 war das Werk Genshagen die größte Fertigungsstätte des Konzerns. Alliierte Bombenangriffe, die Demontage der Produktionsanlagen und die Sprengung des Werkes durch die sowjetische Armee nach dem Ende des Krieges beendeten zunächst die luftfahrttechnische Entwicklung in der Region.

Als nun in der DDR die Pläne für den Wiederaufbau einer Luftfahrtindustrie reiften, wollte man auch auf das Spezialwissen noch in der Gegend ansässiger ehemaliger Daimler-Mitarbeiter zurückgreifen. So erfolgte die Auswahl des VEB Industriewerke Ludwigsfelde (IWL) als Serienbetrieb für die Produktion der Strahltriebwerke TL 014, die für den in Entwicklung befindlichen Passagierjet 152 benötigt wurden. Als Werk 807 gehörte das IWL zur VVB Flugzeugbau. Das erste Triebwerk Tl 014 wurde 1959 fertiggestellt. Bis zur Einstellung des DDR-Flugzeugbauprogramms im Jahr 1961 folgten 17 weitere funktionsfähige Triebwerke. Bereits 1958 war zudem durch die DDR-Regierung festgelegt worden, dass parallel zur Serienfertigung der Triebwerke für die Zivilmaschinen Kapazitäten für die Generalreparatur von NVA-Kampfflugzeuge aufzubauen sind.

Seit 1955 verfügte die DDR wieder über eine zukunftsfähige Luftfahrtindustrie, von der man sich einen Innovationsschub für die übrige Wirtschaft und attraktive Exportmöglichkeiten versprach. Insbesondere das gewaltige Marktpotential der UdSSR und der Volksrepublik China ließ einen Absatzboom für

Die 152 auf einer zeitgenössischen Darstellung

moderne Zivilflugzeuge erwarten. Für die DDR als rohstoffarmes Land schien sich damit die Möglichkeit zu bieten, die Rohstoffimporte durch technologisch anspruchsvolle Exporte zu finanzieren. Diese optimistischen Marktprognosen sollten sich jedoch bald als Ergebnis reinen Wunschdenkens erweisen. Weder die UdSSR, noch andere Staaten ihres Einflussgebietes konnten oder wollten zum damaligen Zeitpunkt konkrete Abnahmezusagen machen. Bereits zu diesem Zeitpunkt gab es einzelne Experten, die das Projekt für deutlich überdimensioniert hielten und dazu rieten, zunächst kleine Maschinen zu bauen. Solchen Bedenken schenkte die politische Führung der DDR kein Gehör. Zwischen 1955 und 1959 wurde der neue Industriezweig durch den Staat mit 1,3 Milliarden Mark subventioniert.

Zunächst erfolgte die Lizenzfertigung und Weiterentwicklung der sowjetischen IL-14P. Im Oktober 1955 hob die erste Lizenzmaschine ab. Wegen der vergleichsweise geringen Stückzahl war diese Lizenzfertigung allerdings ein Zuschussgeschäft für die ohnehin strapazierte DDR-Volkswirtschaft.

Gleichzeitig setzten die aus der UdSSR zurückgekehrten Entwicklungsingenieure ihre Arbeiten an dem strahlgetriebenen Passagierflugzeug 152 fort – wegen der Konfiszierung aller Unterlagen durch sowjetische Behörden unter erschwerten Bedingungen. Aus dem VEB Maschinen- und Apparatebau Dresden und dem Industriewerk Dresden entstand 1958 der VEB Flugzeugwerke Dresden. Dort sollte die 152 in Serie gefertigt werden. Von der neuen Maschine wurden mehrere Prototypen gebaut und Testflüge durchgeführt. Der zweite endete am 4. März 1959 mit einem Absturz und dem Tod der Besatzung. Der offiziellen Version zufolge waren technische Unzulänglichkeiten des Treibstoffversorgungssystems die Unfallursache. Im Sinkflug hätte dies zu einem Ausfall der Turbinen geführt.

An der Beseitigung dieser technischen Probleme wurde ebenso fieberhaft gearbeitet, wie an der Entwicklung von Nachfolgemodellen der 152. Doch mit dieser Katastrophe war das Ende des Projektes und einer eigenständigen DDR-Flugzeugindustrie politisch faktisch vorprogrammiert. Mancher einflussreiche Kritiker des Luftfahrtprogramms fühlte sich durch den Absturz bestätigt. Bis heute halten sich Spekulationen über die Ursachen für diesen tragischen Unfall. Wurde der Testflug sabotiert, um einen Anlass für den politisch gewollten Ausstieg aus dem Programm zu liefern?

Tatsache ist, dass Zeitpläne schon vor der Katastrophe ins Wanken geraten waren und Zulieferungen nicht termingerecht erfolgten. Und vor allem: Die UdSSR war mittlerweile in der Lage, ihren Bedarf an zivilen Kurz- und Mittelstreckenmaschinen aus eigener Produktion zu decken. Sie baute inzwischen die TU-124. Damit verringerten sich die Marktchancen des DDR-Jets im gesamten Bündnisgebiet dramatisch. Zwar hatte die Sowjetunion das DDR-Flugzeugprogramm bisher auf kommerzieller Basis unterstützt, doch nun ging es um Marktanteile für die eigene Flugzeugindustrie. Das Projekt 152 verwandelte sich innerhalb kurzer Zeit vom durchaus gewünschten Nischenprodukt zum potentiellen Konkurrenten sowjetischer Maschinen.

Rückstände der DDR in der Grundlagenforschung und die an nationalen Egoismen scheiternde Kooperation mit der Sowjetunion, Polen und der ČSSR erschwerten die weiteren Entwicklungsarbeiten zusätzlich. Angesichts der bereits eingetretenen Zeitverluste wäre zudem die 152 bei ihrer Markteinführung technisch überholt gewesen. Die DDR wäre aus eigener Kraft nicht in der Lage gewesen, den technologischen Rückstand gegenüber international führenden Herstellern aufzuholen. Auch die Absatzprognosen für die in der Entwicklung befindlichen Nachfolgemodelle boten keinen Anlass zu großem Optimismus.

Eine Fortführung des Flugzeugprojektes hätte unter diesen Umständen für die Jahre von 1960 bis 1965 voraussichtlich noch einmal 1,2 Milliarden Mark an Subventionen erfordert. Diese Konstellation führte zu der ökonomisch alternativlos erscheinenden Beerdigung des Industriezweiges. Eine eventuell mögliche Umprofilierung der DDR-Flugzeugindustrie auf die Herstellung von Kleinflugzeugen wurde nicht in Erwägung gezogen.

Die DDR-Führung zog in der üblichen radikalen Manier die Notbremse. Das Projekt 152 wurde ein Jahr nach dem geglückten Erstflug mit den neu entwickelten Triebwerken Pirna 014 am 26. August 1960, nach Beginn der Serienfertigung von 26 Maschinen – also kurz vor der Markteinführung – gestoppt. Damit wurde faktisch ein Teil der bisherigen Investitionen entwertet, vom Verlust an technologischem Knowhow und Motivation der Mitarbeiter ganz zu schweigen.

Die Beschäftigten der Flugzeugindustrie brauchten ein neues Betätigungsfeld. Aus der Konkursmasse der VVB Flugzeugbau entstand am 1. Oktober 1961 die Flugzeugwerft Dresden, die in den Folgejahren die Wartung und Instandsetzung von NVA-Kampfflugzeugen und Hubschraubern übernahm. Von 9.000 Mitarbeitern der Flugzeugwerke Dresden wurden nur 2500 in die Flugzeugwerft übernommen. Diese Entscheidung führte zu erheblichen strukturellen Verwerfungen in diesem Zweig der DDR-Volkswirtschaft. Anpassungsinvestitionen mussten vorgenommen werden, die eigentlich in anderen Bereichen dringend benötigt wurden. Das korrespondierte jedoch andererseits – nachdem die strategische Entscheidung einmal gefallen war – mit dem nun massiv erfolgenden Ausbau und der Modernisierung der NVA.

Die Flugzeugtypen MiG-15 und MiG-17 waren seit 1956 bzw. 1957 in der NVA im Einsatz. Ab 1959 begann die Zuführung der MiG-19 in das Jagdflie-

MiG-15, die 1956 in der NVA eingeführt wurde

gergeschwader 3 und ab 1962 wurde schrittweise die MiG-21 in die 6 Jagdfliegergeschwader eingeführt. Seit 1961 waren die Luftstreitkräfte zudem in das Diensthabende System des Warschauer Vertrages eingebunden. Um den Aufbau entsprechender industrieller Instandsetzungskapazitäten wäre die DDR in dieser Situation ohnehin nicht herumgekommen. In diesem Sinne wurde aus der ökonomischen und politischen Not des ambitionierten Flugzeugbaus pragmatisch eine Tugend gemacht.

Der Wechsel vom zivilen Flugzeugbau zur militärischen Flugzeuginstandsetzung erforderte erhebliche technologische und personelle Veränderungen. Ingenieure und Facharbeiter, die bisher im Flugzeugneubau tätig waren, mussten nun mit Instandsetzungstechnologien vertraut gemacht werden. Von 1961 bis 1963 wurden daher zuerst Reparaturen der IL-14P und anderer aus der UdSSR importierter Maschinen, wie AN-2, Jak-18 und MiG-15, vorgenommen. Flugzeuge des Typs L-60 wurden für die Landwirtschaft umgerüstet. Außerdem wurden in dieser Zeit 355 Kartoffel-Legemaschinen für die Landwirtschaft hergestellt. Hinzu kamen Teile für die Fahrzeugindustrie, Lampen für die Straßenbeleuchtung, Campingleuchten und Zeltgestänge. Ein herbes Ende des Traums von der eigenen Flugzeugindustrie.

Für die angestrebte industrielle und betriebswirtschaftlich sinnvolle Instandsetzung von Militärflugzeugen wurden 1962 Investitionen in Höhe von 10 Millionen DDR-Mark getätigt. 1964 begann man in Dresden mit der Instandset-

Die MiG-19 kam ab 1959 in die Luftstreitkräfte der DDR

zung von MiG-21 Jagdflugzeugen. Ab 1965 schrieb das Unternehmen schwarze Zahlen. Der Umprofilierungsprozess war erfolgreich abgeschlossen.

Wie in anderen Bereichen auch, gestaltete sich die Bereitstellung von Ersatz- und Verschleißteilen durch Importe aus der Sowjetunion jedoch sehr schwierig. So wurden bis zum Aufbau einer eigenen Ersatzteilfertigung die benötigten Teile und Baugruppen aus später zu reparierenden Maschinen ausgebaut. Dieser Ersatzteilkannibalismus war Gift für den Aufbau einer industriellen Flugzeuginstandsetzung. Lange Bestellzeiten für Instandsetzungen waren die Folge. Dennoch war die Flugzeugwerft Dresden bereits in den ersten Jahren (1961-1965) durch Reparaturleistungen für die Bündnispartner CSSR, Polen und Ungarn im Exportgeschäft präsent. Diese Exporte machten 17 bis 24 Prozent der Gesamtproduktion aus.

Die Umrüstung der Jagdfliegergeschwader auf das Überschalljagdflugzeug MiG-21 und Bereitschaftsanforderungen durch die Einbindung in das Diensthabende System des Warschauer Vertrages erforderten in der zweiten Hälfte der 60er Jahre die Spezialisierung der Flugzeugwerft Dresden auf die Instandsetzung dieser Maschinen. Erschwerend – neben dem nach wie vor bestehenden Ersatzteilproblem – wirkten sich der diskontinuierliche Instandsetzungsbedarf der Luftstreitkräfte und mangelnde Koordination zwischen Unternehmen und Kunden aus. Der Zwang zur Herstellung von Ersatz- und Regenerierungsteilen wurde zum Dauerzustand im Unternehmen. Hier offenbarten sich allerdings

Auch Triebwerke der Hubschrauber MI-8 wurden in Ludwigsfelde instandgesetzt

nicht in erster Linie Defekte der DDR-Wirtschaft, sondern Defizite der Arbeitsteilung innerhalb des RGW. Insbesondere die Sowjetunion als Hauptlieferant der Flugzeugtechnik war nicht in der Lage, den Vertrieb der benötigten Ersatzteile termin- und bedarfsgerecht zu organisieren, weil die instandzusetzenden Maschinen in der UdSSR zum Teil gar nicht mehr hergestellt wurden.

Ab 1970 schufen sich deshalb die Dresdner Ingenieure die Voraussetzungen für Regenerierungsverfahren beim Verchromen, beim Kugellagerwechsel, beim Ausbuchsen und Vulkanisieren. Es entstand ein planmäßiges System von Notbehelfen mangels funktionierender Arbeitsteilung im RGW, das in späteren Jahren auch Möglichkeiten für den Export in das Nichtsozialistische Wirtschaftsgebiet und damit für die Erwirtschaftung dringend benötigter Devisen eröffnete.

Am 15. Dezember 1970, im Zuge der allgemeinen Umstellung der DDR-Volkswirtschaft auf die Kombinatsstruktur, wurde die Flugzeugwerft Dresden Bestandteil des Kombinates Spezialtechnik. Zu diesem Kombinat gehörte nun auch der Betriebsteil II der Flugzeugwerft in Ludwigsfelde. Ab 1971 firmierte dieser Betrieb als Instandsetzungswerk Ludwigsfelde (INL). Hier entstand 1973 ein hochmoderner Großprüfstand für Strahltriebwerke. In dem Brandenburger Unternehmen wurden jedoch nicht mehr nur die Triebwerke der Kampfjets MiG-21, sondern auch Triebwerke für die Hubschrauber MI-8 und MI-24 instand gesetzt.

Auch der VEB Lehrgeräte- und Reparaturwerk Mittenwalde (LRM) wurde in den neuen Wehrtechnikkonzern eingegliedert. Das Anfang der 50er Jahre noch in Verantwortung des Innenministeriums und der Kasernierten Volkspolizei gegründete Unternehmen sollte ursprünglich für die im Aufbau befindlichen Streitkräfte der DDR Lehr- und Ausbildungsgeräte, darunter Schnittmodelle von Waffen, herstellen und die ersten in der Truppe befindlichen Flieger-Abwehrkanonen instandsetzen.

Mittlerweile deckte dieses Unternehmen jedoch ein wesentlich breiteres Leistungsspektrum ab: Erstens musste die für die Fliegerabwehr bestimmte Rohrartillerie der NVA industriell instandgesetzt und nach der Instandsetzung erprobt werden. Zweitens war das LRM innerhalb des Warschauer Vertrages auf die Instandsetzung des Feuerleitsystems RPK-1 (1RL35) für Fliegerabwehrartillerie spezialisiert. Drittens wurden in Mittenwalde alle 240 in der NVA eingesetzten Radarstationen, zum großen Teil der Typen P-12, P-15 und P-18, instandgesetzt. Mit dieser speziellen Kompetenz trat das Unternehmen auch als Exporteur von Instandsetzungsdienstleistungen für die Streitkräfte Polens, der CSSR, des Irak und Ägyptens auf. Viertens übernahm das LRM die Produktion des Abschusscontainers für die im Instandsetzungswerk Pinnow endgefertigte Panzerabwehrlenkrakete Konkurs.

Damit waren die für die Luftverteidigung der DDR relevanten Unternehmen unter dem Dach des Kombinats Spezialtechnik vereint. Im Verbund mit den anderen Kombinatsbetrieben deckte es 35 Prozent des Instandsetzungsaufwandes der NVA und der anderen bewaffneten Kräfte ab.

Der Schwenkflügeljagdbomber SU-22 wurde ab 1984 in die NVA eingeführt

Das Exportvolumen der Flugzeugwerft betrug in der ersten Hälfte der 70er Jahre zwischen 12 und 17 Prozent der Gesamtproduktion. Zwischen 1971 und 1973 machten die Instandsetzungsleistungen für die arabischen Staaten Ägypten, Syrien und Irak und für andere Entwicklungsländer mehr als 65 Prozent des Gesamtexports aus. Die Erklärung für diese streng geheim gehaltenen Geschäfte findet sich, wenn man berücksichtigt, dass Israel nach dem Sieg im Nahostkrieg von 1967 nach wie vor die Sinai-Halbinsel und die Golan-Höhen besetzt hielt. Ägypten und Syrien wollten diese Situation nicht akzeptieren. Mit Unterstützung der UdSSR leiteten sie nach ihrer vernichtenden militärischen Niederlage eine Revitalisierung ihres Militärpotentials ein. Dazu gehörte die Indienststellung moderner Jagdflugzeuge des Typs MiG-21, die instand gesetzt werden mussten. Hierbei kamen offenbar die Fähigkeiten der Dresdner Flugzeugtechniker zum Einsatz. Eine ausgeklügelte Instandsetzungstechnologie auf der Grundlage eines Container- und Paletten-Systems ermöglichte ab 1974 qualitativ hochwertige und weitgehend kontinuierliche Produktionsabläufe.

Das waren Vorteile, die von Kunden sowohl aus dem Bündnisgebiet, als auch aus dem nahen Osten geschätzt wurden. Gegen Ende der 70er Jahre stieg der Exportanteil im gesamten Kombinat deutlich an. In einem Brief des damaligen Generaldirektors an die Beschäftigten zum Tag des Metallarbeiters wurden in seltener Offenheit Zahlen präsentiert: So sei von 1977 bis 1978 die industrielle Warenproduktion des Kombinates auf 120 Prozent, der Export jedoch auf 165 Prozent gestiegen.

Ab Mitte der 70er Jahre veränderten sich die Leistungsanforderungen für die Dresdner Flugzeugspezialisten dramatisch. Zum einen wuchs der Instandsetzungsaufwand für die nun schon einige Jahre im Truppendienst befindliche Flugzeug- und Hubschraubertechnik. Zum anderen empfahl der Warschauer Vertrag der NVA den Aufbau zweier Jagdbombergeschwader zur unmittelbaren Kampfunterstützung von Bodentruppen. Damit erhöhten sich Typenvielfalt und Ausstattungsniveau des in Dresden instandzusetzenden Fluggerätes.

Vor allem die Einführung des neuen Jagdflugzeuges/Jagdbombers MiG-23/MiG-23BN ab 1978 bzw. 1981 und des Jagdbombers Suchoi SU-22M4 ab 1984/85, der mit lasergelenkten Luft-Boden-Raketen ausgerüstet war und 4.000 kg Waffenzuladung tragen konnte, erwiesen sich für die Mitarbeiter der Flugzeugwerft als qualitative Zäsur. Die Instandsetzung der modernen Kampfflugzeuge und Hubschrauber, zum Beispiel des Kampfhubschrauber Mi-24 – eingeführt ab 1978 – wurde zu einer industriellen Hightech-Dienstleistung. Angesichts dieser technologischen Herausforderung wurden ab 1979 insgesamt 45 Millionen Mark in den Neubau einer Halle, in den Aufbau eines Abbremsplatzes für den Triebwerksfunktionslauf, in den Aufbau einer Flugzeugfanganlage und in den Ausbau der Prüfräume investiert.

Hinzu kam der Aufbau eigener Forschungskapazitäten. So wurden nach der Einführung der MiG-21 und der Jagdbomber MiG-23, SU-22 und MiG-29 gemeinsam mit dem Fallschirmhersteller Bekleidungswerke Seifhennersdorf Bremsschirme für diese Maschinen entwickelt, weil die Originalschirme des sowjetischen Herstellers zu teuer waren.

In der Flugzeugwerft Dresden lag der Anteil der Flugzeuginstandsetzungen am Gesamtvolumen erbrachter Leistungen bis 1990 bei 80 Prozent. Darüber hinaus wurden Flugzeugfanganlagen, Ausrüstungen für Spezialfahrzeuge der Luftstreitkräfte wie Anlassaggregate, Seenotrettungsanzüge für Piloten (SNR-F), Bob-Schlitten für den DDR-Olympiakader, Boxroboter für das Training der DDR-Boxer und Eisabtaugeräte (EAG-086) unter Nutzung nicht mehr flugtauglicher MiG-15-und MiG-17-Triebwerke hergestellt. Vor allem die Entwicklung und der Bau von Spezialtechnik für die Luftstreitkräfte ermöglichte die Verringerung der finanziellen Mittel für teuere Importe aus der UdSSR.

Von der geplanten internationalen Vermarktung der unter großer Geheimhaltung entwickelten Hightech-Bob-Schlitten musste das Unternehmen jedoch

MiG-23 in Merseburg. Die elf zwischen 1978 und 1985 importierten Übungskampfflugzeuge wurden 1990 ausgesondert

MiG-29 bei der Wartung. Das komplette Geschwader wurde 1990 von der Bundesluftwaffe übernommen

Abstand nehmen. Sowohl die UdSSR als auch westliche Interessenten wurden abgewiesen, weil die politische Führung den Verlust des technologischen Vorsprungs in diesem Segment befürchtete.

Zwischen 1961 und 1990 haben die Dresdner Flugzeugspezialisten mehr als 2.000 Militärflugzeuge und etwa 300 Hubschrauber instandgesetzt. Doch das Ende einer überwiegend militärischen Ausrichtung des Unternehmens war absehbar. Mit den internationalen Abrüstungsvereinbarungen wurde Ende der 80er Jahre die zivile Produktion für die Flugzeugwerft wichtiger. Die schrittweise Umstellung der Flugzeugwerft auf zivile Erzeugnisse und Leistungen war – wie in anderen Unternehmen der speziellen Produktion auch – kein Ergebnis der Wende, sondern die Konsequenz aus der Veränderung außenpolitischer Bedingungen und der schwierigen wirtschaftlichen Lage der DDR. Auch ohne den politischen Umbruch wäre die Neuausrichtung der Flugzeugwerft alternativlos gewesen, nur hätte diese Entwicklung wahrscheinlich schrittweise vollzogen werden können.

Die staatliche Selbstaufgabe der DDR in Regie der letzten Regierung beschleunigte diesen Prozess lediglich. So brachte das Jahr 1990 für die Flugzeugwerft mit der Abwicklung der NVA den Verlust des wichtigsten Kunden. Die de Maizière-Regierung blockierte zudem unter Verweis auf die UN-Sanktionen die Auslieferung von zehn bereits für den Irak instandgesetzten MiGs mit einem Auftragswert von vier Millionen Mark.

Nun wollte man sich auf Sondergerätebau, Umwelttechnik, den Sportgerätebau, den Fertigungsmittelbau, die Ersatzteilfertigung, die Komponenteninstandsetzung sowie die Instandsetzung und Verwertung von Flugzeugen konzentrieren. Bereits aus der Zeit vor 1989 vorhandene kommerzielle Kontakte zur Deutschen Airbus GmbH ermöglichten das Überleben der Flugzeugwerft in neuer Gestalt. Offenbar wirkte die militärische und zivile Instandsetzungskompetenz der Dresdner Flugzeugspezialisten so überzeugend, dass nicht nur Airbus, sondern auch die Politik in Gestalt der Sächsischen Staatsregierung den Standort

Die Geschichte von Werk 802: 1954-1962: VEB Entwicklungsbau Pirna; 1963-1966: VEB Gasturbinenbau und Energiemaschinen-Entwicklung Pirna; 1967-1990: VEB Strömungsmaschinen; 1990-1995: Strömungsmaschinen GmbH; 1995: Strömungsmaschinen GmbH Auffanggesellschaft; 1995-1997: Strömungsmaschinen-Industrietechnik GmbH; 1997 Konkurs und Auflösung der Gesellschaft. Nach dem Abriss der Industriebauten entstand dort ein Klinikum

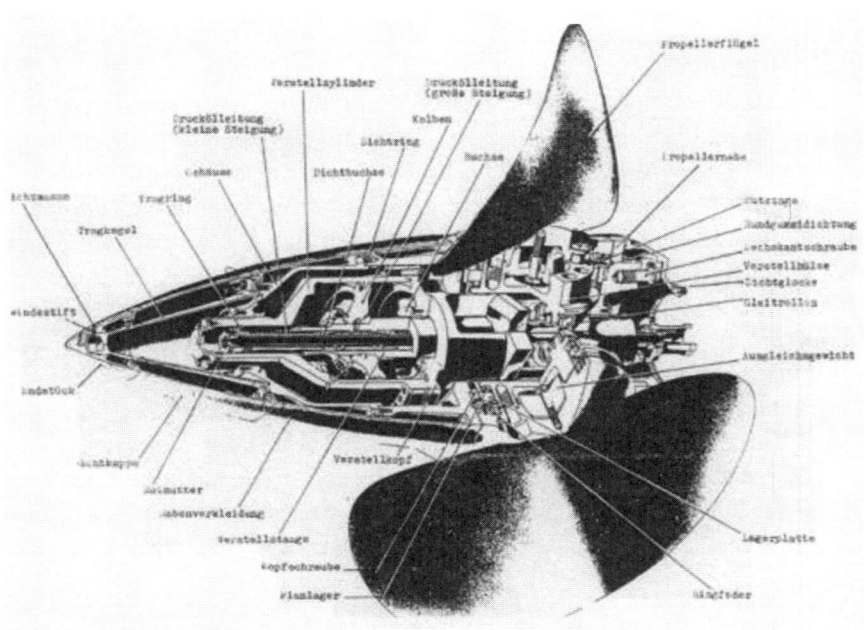

In Pirna entwickelter Verstellpropeller, der für verschiedene Schiffstypen der Wolgaster Peene-Werft eingesetzt wurde

für erhaltenswert und perspektivisch profitabel hielten. Die bereits am 1. Juli 1990 in eine GmbH umgewandelte Flugzeugwerft Dresden überführte schließlich 1993 ihre luftfahrtbezogenen Geschäftsbereiche in die Elbe Flugzeugwerke Dresden GmbH, an der die Deutsche Airbus GmbH Hamburg im Jahr 1991 51 Prozent der Geschäftsanteile hielt.

1996 arbeiteten in den Elbe Flugzeugwerken 600 Mitarbeiter u. a. in der Baugruppenfertigung für die Flugzeuge Fokker 100, Fokker 70 und Breguet Atlantic. Außerdem wurden Komponenten für den Großraumtransporter A300-600ST Beluga, Fußbodenplatten und Frachtraumverkleidungen für Airbus hergestellt und Boeing-Verkehrsflugzeuge sowie noch im Bestand der Bundeswehr befindliche Maschinen sowjetischer Produktion gewartet.

Heute beschäftigt das Unternehmen 1.100 Mitarbeiter. Im Jahr 2008 realisierte es einen Umsatz von fast 200 Millionen Euro. Die 100-prozentige Tochter des Luft- und Raumfahrtkonzerns EADS wird als Kompetenzzentrum für die Umrüstung von Airbus-Passagier- in Frachtflugzeuge der Typen A300 und A310 mit dazugehöriger Wartung ausgewiesen. Das Unternehmen fertigt Innenausstattungselemente für alle Airbus-Maschinen.

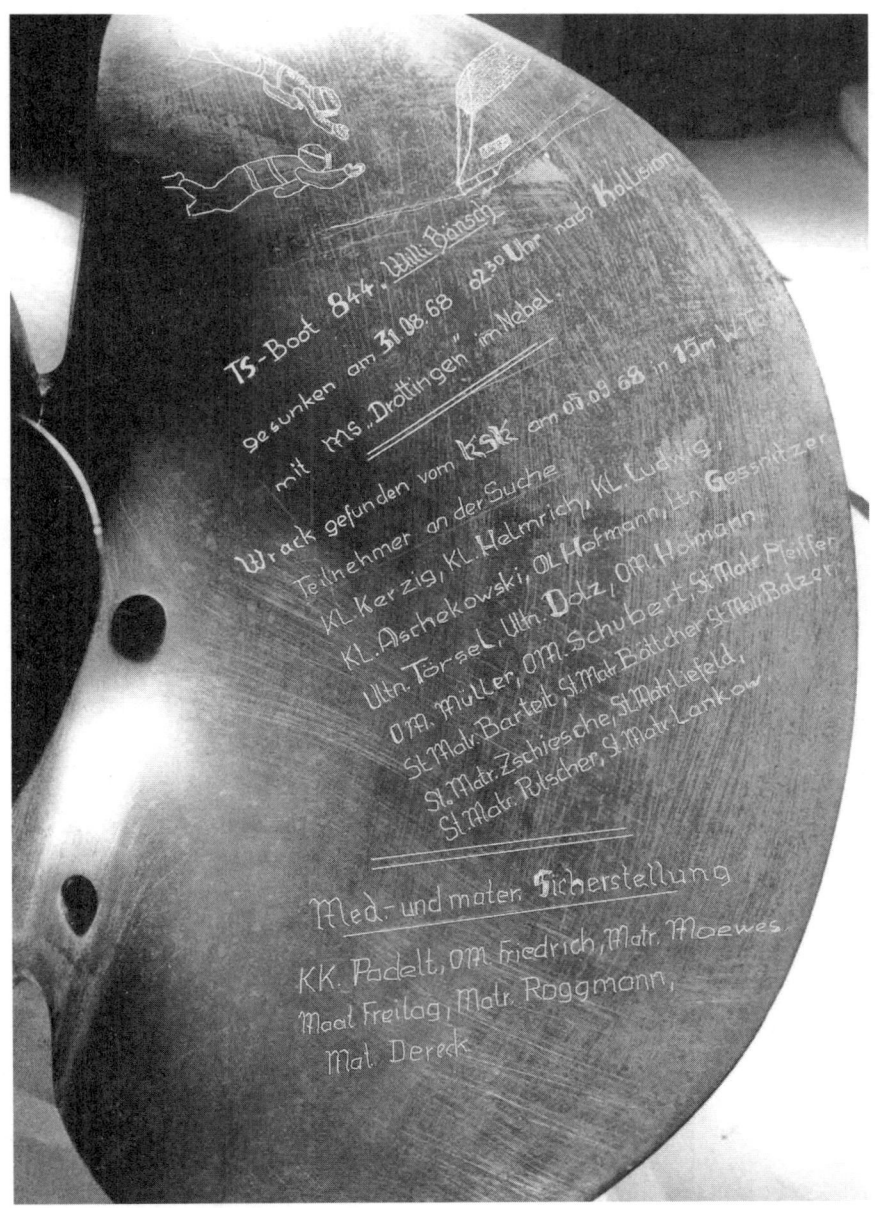

Flunke einer Pirnaer Schiffsschraube des Torpedoschnellbootes 844 der Volksmarine, welches nach Kollision mit der schwedischen Fähre Drottningen am 31. August 1968 gesunken war. Kampfschwimmer fanden und bargen das Wrack, ihre Namen wurden in den Verstellpropeller graviert

Dass die Mitarbeiter jahrzehntelange Erfahrung in der Flugzeuginstandsetzung haben, ist ein Vorteil, der unter anderem dem Unternehmen einen Auftrag zur Umrüstung des bisherigen Multi Role Transporters A310-300 MRT zum Multi Role Transporter Tanker für die Deutsche Luftwaffe bescherte. Diese Maschine wurde 2003 der Öffentlichkeit vorgestellt und offensichtlich mit Blick auf die logistische Unterstützung von Auslandseinsätzen der Bundeswehr konzipiert. Passagier- und Frachttransporte können mit diesem Flugzeug ebenso realisiert werden wie Krankentransporte, medizinische Rettungsflüge und Luft-Luft-Betankungen.

Dass es hierbei nicht nur um militärische Aspekte geht, sondern auch um die strategische Positionierung des Airbus-Konsortiums, verdeutlicht folgende Wertung, die sich auf der Internet-Seite der Elbe Flugzeugwerke Dresden findet: »Als erstes luftbetankungsfähiges Airbus-Flugzeug stellt der A310 MRTT einen bedeutenden Meilenstein dar, der das US-Monopol auf dem Tankermarkt beendet.«

SDAG Wismut
Uran für das Gleichgewicht

Zwischen 1947 und 1990 lieferten die SDAG Wismut und ihr Vorläufer, die SAG Wismut, 231.000 Tonnen Uran-Erz an die UdSSR. Die DDR nahm den dritten Platz in der Welturanförderung ein. Ohne die Ausbeutung der ostdeutschen Uranvorkommen wäre die UdSSR kaum in der Lage gewesen, bereits 1949 das US-Kernwaffenmonopol zu brechen und bis Ende der 60er Jahre ein annäherndes strategisches Gleichgewicht zwischen den Supermächten zu erreichen. Denn 70 Prozent des Uran-Bedarfs der UdSSR wurden durch die Ausbeutung der Vorräte in der DDR gedeckt. Wöchentlich verließen 30 Eisenbahnwaggons mit Uranerz die DDR in Richtung UdSSR.

Die Ostdeutschen leisteten überdies durch Subventionierung der direkten Produktionskosten in Höhe von insgesamt 25 Milliarden Mark einen zusätzlichen Verteidigungsbeitrag für die Sowjetunion und den Warschauer Vertrag. In jeder strategischen Rakete, die in Bunkern für den Einsatz bereitstand oder auf einer mobilen Abschussrampe durch die Taiga gefahren wurde, steckte auch ein Anteil DDR-Volksvermögens, der für die Verbesserung des Lebensniveaus der Menschen fehlte. Dieses Opfer lässt sich nur annähernd in Zahlen ausdrücken und spielte bei der Schlussbilanz des untergegangenen Staates keine Rolle.

Die Anfänge der Wismut-Geschichte reichen zurück in das deutsche Katastrophenjahr 1945. Sowohl den amerikanischen, als auch den sowjetischen Truppen folgten Spezialkommandos, die sich der Hinterlassenschaft deutscher Nuklearforschung bemächtigen wollten. Zu diesem Zeitpunkt bereiteten die Amerikaner bereits den Einsatz ihrer ersten Atombomben über Hiroschima und Nagasaki vor. Die UdSSR hingegen war über das Stadium der Forschung noch nicht hinausgekommen. Es fehlte ihr unter anderem an Uran.

Während die amerikanischen Truppen in Sachsen-Anhalt 1.100 Tonnen Uranverbindungen erbeuteten, sicherten sich ihre sowjetischen Alliierten anderweitig 250 bis 300 Tonnen Uranverbindungen und sieben Tonnen metallisches Uran aus deutschen Beständen. Diese Kriegsbeute versetzte die UdSSR überhaupt erst in die Lage ihre Forschungen für die nukleare Rüstung zu forcieren.

Die amerikanischen Atombombenabwürfe in Japan hatten eine durchaus kalkulierte politische Signalwirkung. Zukünftig würde die Verfügungsgewalt über Nuklearwaffen das politische Gewicht von Staaten bestimmen. Das atomare Wettrüsten begann. Die UdSSR nutzte bei ihrer Aufholjagd nicht nur alle Ressourcen des eigenen, durch die Kriegsschäden schwer gezeichneten Landes. Vor allem die Demontage deutscher Forschungsinstitute und der Zugriff auf das Wissen deutscher Fachleute versprachen Zeitgewinn im Rüstungswettlauf.

Bei der Rekrutierung deutscher Wissenschaftler und Ingenieure spielte nicht nur Zwang eine Rolle. Den deutschen Spezialisten war klar, dass in ihrem niedergeworfenen Land auf absehbare Zeit keine ambitionierte Forschung möglich sein werde. Existenzielle Fragen des Alltagslebens waren wichtiger. Die Arbeit in der UdSSR schien zudem eine Möglichkeit zu sein, einen Beitrag für das Abtragen deutscher Kriegsschuld zu leisten. Nach Hiroschima und Nagasaki konnten auch keine Illusionen mehr über den Willen amerikanischer Strategen bestehen, diese neuen Waffen ohne jeden Skrupel einzusetzen.

Der Physiker Max Steenbeck schreibt zu den Motiven für seine Mitarbeit am sowjetischen Atomwaffenprogramm rückblickend: »Wenn ein drohender Krieg durch sowjetische Atombomben abzuwenden war, mussten diese allerdings bald zur Verfügung stehen. Der *Ohne-mich*-Standpunkt war dann falsch. Hätten die Amerikaner irgendwo mit ihrer Atombombe nur öffentlich demonstriert: Seht, das haben wir – hätten sie sie nicht mit brutalem Zynismus wirklich eingesetzt, viel schlimmer noch, als es die Bombardierung von Dresden war – ich weiß nicht, ob ich damals bereit gewesen wäre, an der Entwicklung der sowjetischen Bomben mitzuarbeiten – aus Sympathie für den Kommunismus jedenfalls nicht.«

Trotz anfänglich wenig optimistischer Schätzungen der Vorräte wurden die ostdeutschen Uranvorkommen schnell zu einer erfolgsentscheidenden Komponente des sowjetischen Nuklearprogramms. Unter Federführung des sowjetischen Geheimdienstes NKWD begann bereits 1946 die systematische Erkundung und Erschließung der Uranvorkommen im Erzgebirge. Die organisatorische und betriebswirtschaftliche Hülle für diese Aktivitäten bot die Sowjetische Aktiengesellschaft (SAG) Wismut. Der Name war Tarnung. Nicht dem silbrigen, spröden Schwermetall Wismut galt das Interesse des Unternehmens, sondern dem Stoff, aus dem nukleare Macht erwächst. Zu zahlen hatten die Besiegten.

Demontierte Bergbauausrüstungen und andere Reparationsgüter im Wert von 24 Millionen Mark wurden in den Jahren 1947 und 1948 bereitgestellt, um den Uranhunger der Siegermacht zu stillen. Die Finanzierung des Betriebes der entschädigungslos enteigneten Gruben erfolgte aus dem Haushalt des Landes Sachsen und aus Steuermitteln der Sowjetischen Besatzungszone. Erst ab 1949 wurde die Uranproduktion zu sehr ungünstigen Konditionen teilweise dem ostdeutschen Reparationskonto gutgeschrieben.

US-Postkarte mit dem Atompilz über Hiroshima, 6. August 1945. Am unteren Rand ist die Uferzone erkennen. Mit dem Einsatz der der beiden Atombomben (Nagasaki folgte drei Tage später) begann das Nuklearzeitalter und das Wett- und Hochrüsten im Kalten Krieg

Bereits zu diesem Zeitpunkt überstieg die Produktion der Wismut wertmäßig alle anderen Reparationsleistungen. Eine vollständige Anrechnung der Uranlieferungen auf die Reparationsleistungen lehnten die sowjetischen Planungsbehörden ab. In diesem Fall hätten die anderen Entnahmen zu Reparationszwecken verringert werden müssen. Das wollte die Besatzungsmacht nicht akzeptieren. Die DDR hätte außerdem bei voller Anrechnung der Uranlieferungen schneller als von der Siegermacht zunächst politisch gewollt ihre Reparationsverpflichtungen erfüllen und ein Stück Unabhängigkeit gewinnen können. Die Ausbeutung des Nationalreichtums Uran wurde daher aus dem allgemeinen Reparationsplan ausgeklammert. Die DDR lieferte also zusätzlich zu den beispiellosen Reparationszahlungen in Höhe von insgesamt 14 Milliarden Dollar (Vorkriegswert) teilweise unentgeltlich Uran, das mittels beschlagnahmter Grubenausrüstungen in enteigneten Schächten von deutschen Arbeitskräften gefördert wurde, die zudem noch aus den öffentlichen Haushalten der DDR bezahlt wurden. Der Aufbau der sozialen Infrastruktur erfolgte ebenfalls aus Mitteln der DDR.

Für die Uranlieferungen der Jahre 1949 bis 1953 an die UdSSR wurden schließlich 344 Millionen Dollar dem ostdeutschen Reparationskonto gutgeschrieben, was nach Berechnungen des Wirtschaftshistorikers Rainer Karlsch einem Gegenwert von 2,7 Milliarden Mark entspricht. Die tatsächlichen Produktionskosten lagen jedoch bei etwa 6,4 Milliarden Mark.

Bis Ende 1953 lieferte die SAG Wismut fast 10.000 Tonnen Uran an die UdSSR. Diese stolze Ausbeute war teuer erkauft. Für die Jahre 1946 bis 1953 hatten vor allem die ostdeutschen öffentlichen Haushalte Gesamtkosten der Wismut in Höhe von zirka 15 Milliarden Mark zu tragen. Karlsch kommt zu dem Schluss: »Der Uranbergbau entzog der ohnehin kriegs- und teilungsgeschwächten Wirtschaft der SBZ/DDR bis 1953 permanent gegenwertlose Ressourcen und führte zum Aufbau eines dauerhaft subventionsbedürftigen Industriezweiges.«

1950 beschäftigte die Wismut AG 217.000 Arbeiter, Ende 1953 hatte sich die Beschäftigtenzahl durch Modernisierungen und die Orientierung auf den Aufbau einer hochmotivierten Stammbelegschaft auf 133.000 verringert. Die Zustände in den Barackenlagern und in den Gruben waren vor allem in den Anfangsjahren abenteuerlich. Die zum größten Teil unerfahrenen und per Arbeitsverpflichtung durch die Besatzungsmacht rekrutierten Arbeitskräfte trugen ein hohes Unfallrisiko. Wegen der miserablen technischen Bedingungen drohte ihnen große Gefahr, an Silikose oder Lungenkrebs zu erkranken. Die Gesundheitsrisiken durch die radioaktiven Belastungen der Arbeit unter Tage waren in den Anfangsjahren kaum bekannt, der Arbeitsschutz angesichts des mörderischen Leistungsdrucks eher Nebensache. Andererseits lockten höhere Löhne und Verpflegungssätze. Die zusätzlichen Lebensmittel waren allerdings aus dem besetzten Land aufzubringen – das war für die Besatzungsmacht also weitgehend kostenneutral.

Nach der Revolte am 17. Juni 1953 verzichtete die UdSSR auf weitere Reparationsleistungen. Unter sowjetischer Verwaltung stehende Großbetriebe wurden an die DDR übergeben. Aus der Sowjetischen Aktiengesellschaft Wismut wurde aber im Unterschied zu den anderen zurückgegebenen SAG kein Volkseigener Betrieb, sondern eine Sowjetisch-Deutsche Aktiengesellschaft (SDAG) mit einem Aktienkapital in Höhe von zwei Milliarden Mark. Damit sicherte sich die zur Schutzmacht mutierte Siegermacht weiterhin den Zugang zu den ostdeutschen Uranvorräten.

Die DDR blieb durch diese Beteiligung weitgehend unmündiger Dienstleister sowjetischer nuklearer Rüstungspolitik. Der formal souveräne ostdeutsche Staat hatte keine Verfügungsgewalt über den auf seinem Gebiet abgebauten Rohstoff. Weder der sich verschärfende Kalte Krieg, noch die robuste Formulierung sowjetischer Wirtschaftsinteressen ließen der damaligen DDR-Führung großen Verhandlungsspielraum. Zwar besaß die DDR nun einen Anteil von einer Milliarde Mark am Aktienkapital – wie die UdSSR auch – sie sollte aber diesen Anteil in Raten von 200 Millionen Mark verteilt über fünf Jahre von der Sowjetunion »erwerben«. Im Klartext hieß das: Was in der unmittelbaren Nachkriegszeit an Volksvermögen entschädigungslos konfisziert worden war und ohnehin Eigentum des ostdeutschen Staates war, sollte erneut bezahlt werden. Außerdem musste die DDR Vorzugspreise für die Uranlieferungen in die

Atombombentest in den USA mit Soldaten als Versuchspersonen, 1951

UdSSR akzeptieren – gleichbedeutend mit einer dauerhaften Subventionierung des sowjetischen Nuklearprogramms aus dem ostdeutschen Nationaleinkommen. Die SDAG Wismut war zudem von allen Steuerverpflichtungen, mit Ausnahme der Lohnsteuerabführung, zu Lasten des DDR-Staatshaushaltes befreit.

Erst drei Jahre später wurde die Finanzschraube etwas gelockert. Offenbar wegen der schwierigen Wirtschaftslage der DDR und des Aufruhrs in Polen und Ungarn erließ 1957 die UdSSR der DDR die Zahlung der noch ausstehenden 400 Millionen Mark für den Rückkauf des Aktienpaketes der Wismut AG. Allerdings hatte das eher symbolische Bedeutung, weil die Betriebskosten des Unternehmens ohnehin weitgehend durch die DDR aufgebracht wurden. Immerhin zahlte die UdSSR für das Uranerz nun mit Rohstofflieferungen, so dass die DDR zumindest teilweise am Uran-Boom partizipieren und ihre Außenhandelsbilanz verbessern konnte.

Doch an der generellen Belastung des ostdeutschen Staates durch kriegsbedingte Kosten änderte das nur wenig. Angesichts eines Betrages von zirka 10,5 Milliarden Mark, den die DDR in den Jahren von 1954 bis 1958 für die Stationierung der Gruppe der sowjetischen Streitkräfte in Deutschland (GSSD) und den Uranbergbau aufwenden musste, ist verständlich, warum der schnelleren Erhöhung des Lebensniveaus der Bevölkerung enge Grenzen gesetzt waren. Eine absurde Situation, die nur als Folge des Zweiten Weltkrieges und der Konfrontation der Gesellschaftssysteme begreifbar ist.

Erst seit dem Regierungsabkommen von 1962 galten für die Tätigkeit der SDAG Wismut die gesetzlichen Bestimmungen der DDR. Lohnzuschüsse und Kosten für die Sicherung des Unternehmens mussten nicht mehr nur aus dem DDR-Staatshaushalt, sondern von beiden Aktionären aufgebracht werden. Und erst mit diesem Abkommen durfte die DDR davon ausgehen, dass die eigenen Uran-Vorräte auch für das ostdeutsche Programm zur zivilen Nutzung der Kernenergie zur Verfügung stehen würden.

Die Investitionen in die Modernisierung der Abbau- und Aufbereitungstechnologie in den 50er und 60er Jahren lösten einen enormen Produktivitätsschub bei gleichzeitig drastisch verringerten Beschäftigtenzahlen aus. Kostendeckende Preise wurden allerdings auch in den 60er Jahren nicht erzielt. Erst ab Ende der 70er Jahre konnte die nun selbstbewusster auftretende DDR höhere Preise gegenüber ihrem einzigen Kunden durchsetzen. Ab Mitte der 80er Jahre gelang es – angesichts zurückgehender Uranvorräte – den sowjetischen Verhandlungspartner zu einem stärkeren finanziellen Engagement beim Betrieb der Wismut zu bewegen.

Die Wende und die deutsche Einheit beendeten die Geschichte der SDAG Wismut als wichtigsten Uranlieferanten der Sowjetunion. Eine Subventionierung der Uranförderung durch die untergehende DDR oder die Bundesrepublik wäre wirtschaftlich und politisch unsinnig gewesen. Unter marktwirtschaftlichen Bedingungen hätte die SDAG nur eine Chance gehabt, wenn die UdSSR als Hauptkunde zur Zahlung angemessener Marktpreise bereit und in der Lage gewesen wäre.

Für das Jahr 1990 vereinbarte Lieferungen stornierte der Vertragspartner jedoch. Die für November und Dezember 1990 vereinbarten Uranlieferungen hätten nach der Währungsunion in D-Mark bezahlt werden müssen. Damit erlosch das Interesse des bisher einzigen Kunden an ostdeutschem Uran.

Im Mai 1991 wurden die sowjetischen Anteile an der SDAG Wismut unentgeltlich an die Bundesrepublik übertragen – verbunden mit der Freistellung von Sanierungskosten zur Rekultivierung der Anlagen in Höhe von zirka 13 Milliarden D-Mark, die über einen Zeitraum von 15 Jahren vom deutschen Steuerzahler zu übernehmen waren. Zuständig für die Erledigung dieser Arbeiten ist seit 1991 die Wismut GmbH, ein Bundesunternehmen.

Alimente für den Großen Bruder
Der zweite Verteidigungshaushalt

Die territoriale Souveränität der DDR endete an den schutzgrün gestrichenen Bretterzäunen und Mauern sowjetischer Kasernen. Umfang und Ausrüstung der Einheiten, die als Rückversicherung gegen einen Angriff des Westens und als militärpolitische Korsettstange im ostdeutschen Bruderland fungierten, waren den Menschen in der DDR und ihrer Führung weitgehend unbekannt. Das war durchaus beabsichtigt. Fraternisierung zwischen Soldaten und Bevölkerung war unerwünscht. Jenseits offizieller Verbrüderungsrituale und ideologischer Postulate blieben die Truppen der Gruppe der sowjetischen Streitkräfte in Deutschland (GSSD) der Bevölkerung fremd.

Wenn sich einmal im Jahr zum Tag des Sieges am 9. Mai die Kasernentore öffneten und die Einheiten unter klingendem Spiel geordnet zu sowjetischen Ehrenmalen marschierten oder wenn Gruppen frisch in der DDR eingetroffener Rekruten mit staunenden Augen von ihren Offizieren durch die Garnisonsstädte geführt wurden, stellte sich mancher Passant die Frage, wer diesen Aufwand zu Aufrechterhaltung der militärischen Abschreckungskulisse wohl bezahlt.

Dass die einfachen Wehrpflichtigen aus der UdSSR in den Kasernen und Militärstädten nicht in Saus und Braus lebten, war zu sehen, wenn die Soldaten in ihren an Weltkriegszeiten erinnernden Mänteln und mit sehr spartanischer Ausrüstung zur Ausbildung marschierten. Wer bei einem offiziellen Freundschaftstreffen einmal den 120-Mann-Schlafsaal einer sowjetischen Kaserne gesehen hat, wo sich die Privatsphäre des Soldaten auf sein Bett und einen Schemel für das Ablegen der Montur beschränkte, während alle anderen Ausrüstungsgegenstände und Uniformen beim Starschina, dem Hauptfeldwebel, unter Verschluss gehalten wurden, der mochte durchaus glauben, dass die sowjetischen Einheiten vor allem aus »internationalistischer Solidarität« unter solchen entwürdigenden Bedingungen zu relativ überschaubaren Kosten im Lande standen.

Was in den ostdeutschen Medien mit großem Aufwand als brüderliche Hilfe gefeiert wurde, führte de facto dazu, dass die DDR einen zweiten, inoffiziellen Verteidigungshaushalt finanzieren musste. Die sowjetischen Truppen im Land und die für ihre Stationierung notwendige Infrastruktur wurden durch die

DDR unterhalten. Die GSSD war personell etwa doppelt so stark wie die regulären Streitkräfte der DDR. Etwa 340.000 sowjetische Soldaten und über 200.000 Zivilbeschäftigte und Familienangehörige belegten Ende der 80er/Anfang der 90er Jahre 777 Militärstädtchen sowie 213 Kasernen. Die sowjetischen Truppen nutzten 27 Flugplätze und über 135 Übungsplätze. Insgesamt verfügte die GSSD in Ostdeutschland über 1500 Liegenschaften, was 2,7 Prozent des Territoriums der DDR entsprach.

Die in Ostdeutschland stationierten Divisionen waren so für die DDR-Führung einerseits Verbände, die man mit wachsendem Aufwand finanzierte, weil man aus sicherheitspolitischen Gründen meinte, auf sie nicht verzichten zu können, zugleich war die GSSD der starke Arm der Moskauer Führung zur Sicherung ihres politischen Einflusses und ihres strategischen Aufmarschgebietes. Bis weit in die Gorbatschow-Phase hinein blieb die Veränderung des rechtlichen Status der GSSD ein Tabuthema. Dabei ging es um aus dem Potsdamer Abkommen resultierende Sonderrechte der Siegermacht Sowjetunion und um Verhandlungsmasse im internationalen Abrüstungspoker.

Ostdeutschland und später die DDR waren so einem mehrfachen und latenten wirtschaftlichen Aderlass unterworfen, von dem sich das Land nie wirklich erholte. Der Historiker Burghard Ciesla verweist darauf, dass nach Beendigung der Demontagen im Jahr 1948 die industrielle Gesamtkapazität der Sowjetischen Besatzungszone nur noch 50 bis 70 Prozent des Standes von 1936 betragen hat und dass die industrielle Substanz Ostdeutschlands durch diese Entnahmen von Volksvermögen mehr geschröpft wurde als durch die Kriegszerstörungen.

Angesichts der verheerenden Schäden, die deutsches Militär in der UdSSR verursacht hatte, ist politisch nachvollziehbar, dass die Besatzungsmacht zunächst darauf orientierte, durch die konsequente Deindustrialisierung ihrer Besatzungszone Kapazitäten für den Wiederaufbau des eigenen Landes zu gewinnen und Deutschland als militärischen Machtfaktor langfristig auszuschalten. Die Bürger der sowjetischen Besatzungszone wurden stellvertretend für alle Deutschen von der sowjetischen Siegermacht in Haftung genommen, die anders als die Vereinigten Staaten von Amerika kaum wirtschaftliche Spielräume hatte, um ihre Zone zum Schaufenster des eigenen Wirtschaftssystems machen zu können.

In der sowjetischen Besatzungspolitik ist zudem eine strategische Unsicherheit erkennbar. Dem zunächst dominierenden Deindustrialisierungskonzept stand offenkundig der weitsichtigere Ansatz entgegen, durch Verzicht auf Demontagen und die Genehmigung gezielter Investitionen langfristigen Nutzen aus der Wirtschaft des Protektorats zu ziehen und damit den eigenen Einflussbereich politisch zu stabilisieren. Erst allmählich, mit zunehmender Entfremdung von den westlichen Alliierten, reifte bei sowjetischen Führungskräften offenbar die Einsicht, dass es besser sei, die ostdeutsche Wirtschaft durch Zuführung von Material und Investitionen zu erhalten, damit man langfristig hochwertige Industriegüter entnehmen kann, statt die Wirtschaft des besetzten Landes aus kurzfristigen Erwägungen zu zerstören.

Zusätzlich zu den 14 Milliarden US-Dollar, die die UdSSR als Siegermacht der ostdeutschen Wirtschaft in Form von Demontagen, Warenlieferungen, Dienstleistungen und Unternehmensbeteiligungen entzog, musste das Land den Unterhalt der Besatzungstruppen bis zum Abschluss des Truppenstationierungsvertrages vom 12. März 1957 aufbringen. Die Jenaer Kulturhistorikerin Silke Satjukow hat recherchiert, dass die jährlichen Unterhaltsbeträge in jener Zeit durch den Bedarf der Militäradministration und der Besatzungstruppen bestimmt wurden und damit jeder Planung und Kontrolle entzogen waren. Die sowjetischen Truppen, deren personelle Stärke sich von anfänglich 1,5 Millionen Soldaten auf etwa 600.000 Mann Ende der 40er/Anfang der 50er Jahre einpendelte, ernährten und unterhielten sich aus dem formal seit 1949 wieder zumindest teilweise souveränen, de facto aber nach wie vor besetzten Land.

Expertenschätzungen gehen allein für die Zeit von 1945 bis 1953 von 18 Milliarden Mark Besatzungskosten aus.

Mit der Gründung der DDR am 7. Oktober 1949 übergab die Militäradministration zwar die Verwaltungssouveränität an die DDR-Regierung, doch der rechtliche Status der Besatzungsmacht wurde dadurch nicht berührt. Die Abhängigkeit der formal zumindest teilweise souveränen DDR von Entscheidungen der sowjetischen Führung zeigte sich im Zusammenhang mit den Ereignissen des 17. Juni 1953 besonders deutlich. Der überall im Lande aufflammende Aufruhr war Ausdruck einer massiven Unzufriedenheit mit der Wirtschaftspolitik der DDR-Regierung, die unter den von der UdSSR bestimmten Prioritäten realisiert werden musste. Die immer noch zu leistenden Reparationen, die Besatzungskosten und die steigenden Aufwendungen für den Aufbau eigener Streitkräfte gingen ebenso auf sowjetische Forderungen und Planungen zurück, wie der hastige Aufbau einer Schwerindustrie nach sowjetischem Muster. Damit war die ohnehin durch die Demontagen noch schwer gezeichnete DDR-Volkswirtschaft überfordert. Bitten der DDR-Führung um eine Verringerung der materiellen Belastungen durch die Entnahmen der Besatzungsmacht blieben Anfang 1953 erfolglos. Zwar verordnete die sowjetische Führung im unmittelbaren Vorfeld des 17. Juni eine wirtschaftspolitische Kurskorrektur, doch die eigenen Ansprüche blieben davon zunächst unberührt.

Als die Lage schließlich trotz dieser Kurskorrektur eskalierte, war die DDR machtpolitisch nur noch durch die militärische Intervention der sich auf das Besatzungsstatut berufenden sowjetischen Truppen stabilisierbar. Eine politische Groteske nahm ihren Lauf. Der hilflos agierenden DDR-Führung wurde ihre Abhängigkeit vorgeführt, indem sie durch die Schutzmacht aus einer Situation gerettet werden musste, für deren Eintreten letztere mit ihren überzogenen materiellen Forderungen in erheblichem Maße verantwortlich war.

In der Folge wurden die Reparationszahlungen gekürzt und die UdSSR verzichtete schließlich im August 1953 auf die Begleichung noch offener Reparationsforderungen in Höhe von zirka drei Milliarden US-Dollar (zu Vorkriegspreisen). Außerdem wurden die Rüstungsausgaben der DDR um ein Drittel gesenkt und die Rohstoff- und Getreidelieferungen in die DDR erhöht. Der politisch gebeutelte ostdeutsche Staat erhielt eine wirtschaftliche Infusion und wurde reanimiert. Das Regierungsabkommen vom 22. August 1953 besiegelte einen Schuldenerlass für die Besatzungskosten und die Senkung der Zahlungsverpflichtungen für den Unterhalt der sowjetischen Truppen. Der für die Truppenstationierung aufzuwendende Betrag wurde auf fünf Prozent der Einnahmen des Staatshaushaltes der DDR begrenzt und die letzten 33 SAG-Großbetriebe wurden der DDR ohne Gegenleistung übergeben.

Diesem Abkommen folgten zwei Jahre später die offizielle Erklärung der UdSSR über die Beendigung des Kriegszustandes mit Deutschland und der Vertrag über die Beziehungen zwischen der DDR und der UdSSR vom 20. September 1955, welcher der DDR den Status eines weitgehend souveränen Staa-

Waffenbrüderschaft für die Kamera: ein NVA-Soldat und ein sowjetischer Panzerfahrer beim gemeinsamen Kettenspannen am Panzer T-54

tes zubilligte. Diese Entscheidungen waren allerdings kein Geschenk der Siegermacht, sondern ein verspäteter Akt politischer Vernunft zur Stabilisierung des Juniorpartners in wohlverstandenem militärstrategischem Eigeninteresse.

Angesichts des eskalierenden Kalten Krieges und der Überlegenheit der USA im Bereich der strategischen Rüstung sah die sowjetische Führung in der Stationierung stärkerer konventioneller Streitkräfte in Mitteleuropa eine Chance zur Herstellung militärischer Parität mit dem Westen. Die erste Hälfte der 50er Jahre war zudem durch den Koreakrieg und die Gedankenspiele von US-Militärs über einen möglichen Einsatz von Kernwaffen in diesem Krieg geprägt. Der Ausbruch eines Dritten Weltkrieges schien nur eine Frage der Zeit.

Auf einen solchen Krieg wollte die UdSSR optimal vorbereitet sein. Die traumatischen Erfahrungen des Jahres 1941 hatten das strategische Denken sowjetischer Militärs entscheidend beeinflusst. Unter allen Umständen sollte bei Ausbruch eines Krieges der Gegner von sowjetischem Territorium ferngehalten werden. Der DDR kam in diesem Zusammenhang als Aufmarschbasis für die kampfstärkste militärische Gruppierung der Sowjetarmee eine Schlüsselposition zu. Die steigenden Kosten für diesen Aufmarsch zahlte zu einem erheblichen Teil die Bevölkerung der DDR.

Marschall Wassilij Tschuikow (Mitte) mit DDR-Verteidigungsminister Heinz Hoffmann (r.), daneben der Chef der Volksmarine, Admiral Wilhelm Ehm. Links neben dem ehemaligen Oberkommandierenden der sowjetischen Streitkräfte in Deutschland Heinz Keßler, Chef des Hauptstabes der NVA, 1970

Im Zusammenhang mit dem Staatsvertrag von 1955 wurde für die Stationierung sowjetischer Truppen ein jährlicher Betrag in Höhe von 1,6 Milliarden DDR-Mark festgelegt. Weil aber die DDR wirtschaftlich nach wie vor überfordert war, musste die UdSSR Abstriche bei den Truppenstationierungskosten machen, wenn sie nicht eine erneute Destabilisierung riskieren wollte. Einen weiteren Krisenherd neben Polen und Ungarn konnte und wollte man sich nicht leisten.

So wurden 1956 die durch die DDR zu erbringenden Stationierungskosten auf jährlich 800 Millionen Mark festgelegt und 1958 für die Jahre 1958 und 1959 nochmals um insgesamt 350 Millionen Mark reduziert. Schließlich verzichtete die UdSSR offiziell ab dem Jahr 1959 auf jährliche Zahlungen in Höhe von 600 Millionen Mark. So jedenfalls hieß es in den offiziellen Mitteilungen. Silke Satjukow verweist in diesem Zusammenhang darauf, dass nicht festgelegt wurde, wer für die von höchster Stelle verfügte Geste finanziell aufzukommen hatte. Es gibt keine Hinweise auf die faktische Ablösung der DDR-Zahlungen durch sowjetische Ausgleichszahlungen. Daher liegt die Vermutung nahe, dass es sich bei diesem Verzicht um eine bloße Propaganda-Aktion der damaligen sowjetischen Führung handelte. Die DDR – die ostdeutsche Bevölkerung – zahlte weiter.

Seit dem 12. März 1957 galt für den Aufenthalt sowjetischer Truppen das Stationierungsabkommen, das allerdings hinsichtlich der materiellen und finanziellen Lastenverteilung viel Interpretationsspielraum bot. 1957 beispielsweise kamen zu den vereinbarten Zahlungen in Höhe von 800 Millionen Mark noch weitere zirka 200 Millionen Mark für Bauvorhaben, Mieten und Pachten, Instandsetzungen etc. hinzu. Manche Schätzungen gehen für das Jahr 1957 sogar von Zahlungen in Höhe von drei Milliarden Mark aus.

Vor allem die sowjetischen Truppenkommandeure vor Ort neigten dazu, ihre materiellen Interessen in den Kommunen und Regionen robust durchzusetzen. Nicht vereinbarte Entnahmen von Energie und Trinkwasser aus den öffentlichen Netzen und die unbefugte Nutzung von Grundstücken waren keine Ausnahme, sondern die Regel. Gerade weil in der zweiten Hälfte der 50er Jahre die sowjetischen Militärs ständig mit dem Ausbruch eines Krieges rechneten, muteten die Vorstellungen der DDR zur bürokratischen Regelung der Leistungserbringung für die GSSD weltfremd an. Der Hinweis auf die drohende Kriegsgefahr durch den Imperialismus war ein probates Mittel, zum Schutz des Friedens nicht vereinbarte Leistungen einzufordern.

Bis zum Jahr 1978 fehlte den DDR-Planungsbehörden aufgrund der Geheimhaltungsmanie der GSSD, der weiten Auslegungsspielräume des Stationierungsvertrages und der Ausübung von Gewohnheitsrechten vor Ort der

Überblick über die mit der Stationierung real verbundenen Kosten. Das gewachsene Selbstbewusstsein der DDR und wirtschaftliche Zwänge führten schließlich dazu, dass dieses Tabu gebrochen wurde. Seit Januar 1978 war auf Beschluss des Politbüros die Staatliche Plankommission der DDR für die Bilanzierung aller Lieferungen an die GSSD zuständig. Schon die erste Kostenaufstellung fiel ernüchternd aus. Im Jahr 1978 wurden für den Unterhalt der sowjetischen Truppen, einschließlich Bau- und Instandsetzungsleistungen, insgesamt 1,2 Milliarden Mark der DDR aufgewendet. Hinzu kamen außerplanmäßige Leistungen und illegale Leistungsnahmen der sowjetischen Truppen. In den letzten 20 Jahren ihrer Existenz zahlte die DDR etwa 24 Milliarden Mark für den Unterhalt der fremd gebliebenen Waffenbrüder.

In den 80er Jahren war die DDR nicht mehr in der Lage, diese Belastungen zu tragen. Was allerdings den damaligen Oberkommandierenden der GSSD, Boris Snetkow, nicht daran hinderte, 1988 eine jährliche Erhöhung der Zahlungen für die Truppenstationierung zu fordern, die man ihm auch zusagte. Die Mittel für den Unterhalt der GSSD wurden auf 2,4 Milliarden Mark der DDR aufgestockt. Von eben jenem Oberkommandierenden wird der Satz aus dem Herbst 1989 kolportiert: »Und wenn sie euch aufhängen – wir bleiben in den Kasernen!« (Es gibt auch andere Aussagen, wonach – entgegen der Weisung Moskaus – sowjetische Militärs der DDR-Führung durchaus das Angebot gemacht haben, einzuschreiten, sofern es gewünscht sei. Krenz ließ sich auf diese Offerte nicht ein.)

Snetkows vermeintliche Absage hörten hohe NVA-Offiziere in Wünsdorf, dem Sitz des Oberkommandos der GSSD, als sie Sicherheitsabsprachen für den Fall gewaltsamer Auseinandersetzungen und bewaffneter Übergriffe auf staatliche Einrichtungen der DDR treffen wollten. Nach ihrem Eindruck folgten die von den DDR-Bürgern alimentierten Streitkräfte den Vorgaben der Gorbatschow-Führung, die keine Kraft und Neigung mehr aufbrachte, sich in die innenpolitischen Auseinandersetzungen ihres Juniorpartners einzumischen und stattdessen ihre militärstrategischen und wirtschaftlichen Interessen im direkten Gespräch mit der Bundesrepublik zu sichern versuchte. Diese Politik offenbarte deutlich, worum es im Grunde – unabhängig von ideologischen Formeln und der vielbeschworenen Waffenbrüderschaft – immer gegangen war: um die Sicherung geostrategischer Vorteile für die UdSSR.

Von der Kriegsbeute zum Juniorpartner
Waffenschmiede DDR?

Die Entwicklung der Rüstungsproduktion in der DDR und ihre Auswirkungen auf die Volkswirtschaft des untergegangenen Staates lassen sich seriös nur im historischen Kontext des verlorenen Krieges und der Blockkonfrontation betrachten. Das schließt die Berücksichtigung oft nicht monolithischer Interessenkonstellationen im östlichen Bündnis sowie massiv begrenzter Entscheidungs- und Handlungsalternativen der jeweiligen DDR-Führung in dieser Frage ein.

Sowohl hinsichtlich der Stärke als auch der Gliederung und Ausrüstung der Armee war die DDR zu keinem Zeitpunkt ihrer Existenz wirklich souverän. Sie hatte, fest eingebunden in das von der UdSSR dominierte Verteidigungssystem des Warschauer Vertrages, ihren Beitrag für die geostrategische Absicherung des sowjetischen Kernlandes zu leisten. Die daraus resultierenden Konsequenzen für den Aufbau und Unterhalt ostdeutscher Streitkräfte sowie für Umfang und Qualität der Rüstungsindustrie in der DDR waren seitens der DDR-Führung nur bedingt verhandelbar. Als die Wiederherstellung eines einheitlichen deutschen Nationalstaates immer unwahrscheinlicher erschien, waren sowjetische Militärs und Politiker der Meinung, dass die DDR in bestimmten traditionellen Schlüsselbereichen (Marineschiffbau, Luftfahrtindustrie) durchaus einen größeren Rüstungsbeitrag erbringen könnte. Für die neue Führungselite der DDR schien sich damit die Möglichkeit zu bieten von der Besatzungs- und Führungsmacht als politisch potenter Partner ernst genommen zu werden. Paradoxerweise schränkten aber gerade diese sowjetischen Forderungen schließlich den ökonomischen Spielraum der DDR für die Entwicklung einer eigenen Verteidigungsindustrie und den Aufbau eigener Streitkräfte erheblich ein. Die DDR wandte im Jahr 1952 etwa 3,3 Milliarden Mark für den Unterhalt der sowjetischen Truppen und die eigene Rüstung auf.

Im Krisenjahr 1953 waren es bereits 3,5 Milliarden Mark. Rechnet man zu diesen eindeutig militärischen Aufwendungen die Reparationsleistungen und die Kosten für die exzessive Uranförderung hinzu, musste die DDR 1952 sechs Milliarden und 1953 5,4 Milliarden Mark für eigenes und fremdes Militär sowie für Kriegsfolgekosten ausgeben. Diese Beträge entsprachen 20 Prozent des DDR-Haushaltes von 1952 und 16 Prozent des Haushaltes von 1953, während der Anteil des Gesundheitswesens bei sechs Prozent und der Anteil der Aufwendungen für die Volksbildung bei acht Prozent lagen. Dies hätte wohl auch eine Wirtschaft überfordert, die nicht Kriegszerstörungen, Demontagen und teilungsbedingten Disproportionen zu verkraften gehabt hätte.

Schlechte Voraussetzungen für die Militärintegration

Die DDR konnte die ihr zugedachte Aufrüstungsleistung mit ihrer ausgezehrten industriellen Basis nicht realisieren. Anfang und Mitte der 50er Jahren fehlte dem schwächelnden Staat die ökonomische Grundlage und seiner Führung die politische Kraft und der Willen für die Entwicklung einer eigenständigen bedarfsdeckenden Rüstungsindustrie, die in der Lage gewesen wäre, auch schwere Waffen in ausreichender Zahl zu produzieren. Wenn auch der Kriegsschiffbau eine gewisse Sonderrolle spielte, mussten doch die anfangs sehr ambitionierten sowjetischen Planungen – zum Beispiel der Bau von U-Booten und Zerstörern für den Einsatz in der Ostsee – relativiert werden. Der Juni 1953 hatte drastisch gezeigt, wie wenig belastbar der neue Staat sowohl wirtschafts- als auch militärpolitisch war. Die Militärausgaben blieben nach den schockierenden Erfahrungen des Jahres 1953 bis 1960 relativ konstant. 1955 wandte die DDR 1,78 Milliarden und 1960 knapp über 1,8 Milliarden Mark für eigene militärische Zwecke auf. Selbst für den Ankauf gebrauchter schwerer Waffen fehlte der DDR offenkundig das Geld.

Die 1957 und 1958 geschlossenen Abkommen über die Lieferung von insgesamt 500 sowjetischen Weltkriegspanzern T-34/85 zur zeitweiligen Nutzung wirken zwar wegen der damit verbundenen zinsgünstigen Zwei-Drittel-Kreditierung des Panzergeschäfts durch die UdSSR auf den ersten Blick recht vorteilhaft, waren aber vor allem Ausdruck einer gewissen Ratlosigkeit der Führungsmacht. Nachdem nun im Eiltempo die Integration der DDR in die östliche Verteidigungsarchitektur betrieben wurde, stellte sich heraus, dass der neue Verbündete unter anderem durch Demontagen und sonstige Leistungen für die Siegermacht wirtschaftlich so geschwächt war, dass ohne die eingeräumte Kreditlinie die ehrgeizigen Rüstungspläne für die NVA nicht umzusetzen gewesen wären. Die knappen Investitionsmittel der DDR wurden für den Wiederaufbau der Wirtschaft und die Sicherung eines einigermaßen erträglichen Lebensniveaus dringend benötigt. Eine andere Prioritätensetzung hätte angesichts der offenen Grenzen die DDR implodieren lassen.

In diesem Zusammenhang stellt sich die Frage, ob nicht der exzessive Entzug ostdeutscher Wirtschaftskraft durch die Siegermacht strategisch kurzsichtig war.

Angesichts der verheerenden Verwüstung des eigenen Landes durch deutsches Militär ist erklärlich, dass Ostdeutschland zunächst als unter immensen Opfern eroberte Kriegsbeute behandelt wurde, deren selbstverschuldetes Schicksal es war hemmungslos ausgebeutet zu werden. Der Sieger nahm sich, was er benötigte. Außerdem gab es offensichtlich in der sowjetischen Führung und bei Stalin persönlich erhebliche Illusionen hinsichtlich der in Deutschland noch zur Verfügung stehenden politischen Handlungsoptionen. Die Orientierung auf den Erhalt eines einheitlichen deutschen Staates, der in absehbarer Zeit dem Zugriff der Siegermächte entzogen wäre, war einer maßvollen Entnahme von Gütern und Leistungen aus der eigenen Besatzungszone sicherlich nicht förderlich. Hinzu kamen die durch das Potsdamer Abkommen definierten Obergrenzen für bestimmte Produktionskapazitäten im besiegten Deutschland. Vor die Wahl gestellt, die Überkapazitäten entweder zu zerstören oder zu demontieren, entschied sich die Militäradministration eher für die – oft unsachgemäß ausgeführte – Demontage.

Als deutschlandpolitisch mit der Gründung der Bundesrepublik seitens der Westalliierten neue Fakten geschaffen wurden, erfolgte schrittweise die Neujustierung der sowjetischen Deutschlandpolitik – immer in der Hoffnung, doch noch zu einer Einigung der Siegermächte über eine gemeinsame Zukunft der staatlichen Provisorien in Ost- und Westdeutschland zu kommen. Zu diesem Zeitpunkt – also Anfang der 50er Jahre – waren die größten wirtschaftlichen Schäden im Osten bereits angerichtet und mussten mühsam beseitigt werden.

Durch die frühen Entscheidungen der Besatzungsmacht geriet die DDR im Wettbewerb mit dem durch den Marshall-Plan aufwendig geförderten westdeutschen Teilstaat in eine miserable Ausgangsposition. Das wurde durch die DDR-Führung durchaus thematisiert. Die strategischen Wettbewerbsnachteile durch Demontagen, Besatzungskosten und Uranförderung listete Walter Ulbricht in einem Brief vom 18. Januar 1961 an den sowjetischen Ministerpräsidenten Nikita Chruschtschow durchaus selbstbewusst auf. Der Handlungsspielraum der DDR-Politiker blieb allerdings in der Regel auf solche Appelle an die strategische Vernunft der jeweiligen sowjetischen Führer beschränkt. Die UdSSR wachte eifersüchtig über den Erhalt ihrer mit dem Blut sowjetischer Soldaten scheinbar für alle Zeit legitimierten Entscheidungsbefugnisse.

Die Kriegsbeute an der Grenze zwischen den Systemen sollte nun zu einem sozialpolitisch attraktiven und militärisch potenten – aber auch zuverlässig kontrollierbaren – Partner entwickelt werden. Fest eingebunden in das östliche Verteidigungsbündnis wurde die NVA als Koalitionsarmee mit einer Stärke von zunächst 90.000 Mann konzipiert und aufgebaut. Die generelle Ausstattung mit sowjetischen Waffen ergab sowohl wegen der Kompatibilität der Truppen im Gefecht, als auch wegen des geringeren logistischen Aufwandes und der effektiveren Produktion großer Serien Sinn. Außerdem war die sowjetische Waffentechnik für ihre Robustheit, die relativ einfache Bedienbarkeit und die im Vergleich zu westlichen Systemen in der Regel niedrigeren Stückpreise bekannt.

Die Führungsmacht profitierte von den mit ihrer waffentechnischen Dominanz verbundenen wirtschaftlichen und politischen Effekten auch dann noch, als die Juniorpartner des Bündnisses mehr Selbständigkeit entwickelten. Gremien und Entscheidungsprozesse im Warschauer Vertrag und im Rat für Gegenseitige Wirtschaftshilfe sorgten auch später relativ zuverlässig dafür, dass sowjetische Empfehlungen, die faktisch Festlegungen darstellten, umgesetzt wurden. Die Ständige Kommission für Verteidigungsindustrie des RGW, das 1969 gebildete Technische Komitee der Vereinten Streitkräfte und der dem Chef dieses Gremiums beigeordnete Militärwissenschaftlich-Technische Rat waren die Transmissionsriemen für die Realisierung sowjetischer Wünsche und Vorstellungen. Das hatte gravierende Konsequenzen für die Struktur und den Umfang einer eigenständigen Verteidigungsindustrie in der DDR.

Die militärische und wehrtechnische Integration der DDR in das Bündnis förderte jedoch zugleich die von der DDR-Führung angestrebte Gleichbehandlung als normaler Staat und kam zudem eigenen Sicherheitsbedürfnissen entgegen. Die DDR hatte gerade wegen ihrer exponierten Lage an der Trennlinie zwischen den militärischen Machtblöcken nur durch die Sicherheitsgarantie des Bündnisses eine dauerhafte Existenzchance. Sie war daher an einer militärischen Stärkung des Warschauer Vertrages interessiert. Sie war bereit, dafür einen höheren ökonomischen und personellen Beitrag zu erbringen.

Die Raketen kommen

Die Einführung der Wehrpflicht 1961 und der zügige Ausbau der Streitkräfte sorgten in der Folge für einen enormen Nachfrageschub bei Rüstungsgütern und für weitere Investitionen in die Spezielle Produktion. Die internationalen Spannungen im Zusammenhang mit der Kuba-Krise und der Berlin-Krise erzeugten zudem bei politischen Entscheidern das latente Gefühl am Rande eines dritten Weltkrieges zu agieren. Die Vorbereitung der Wirtschaft und des ganzen Landes auf einen Verteidigungsfall erschien als Gebot politischer Vernunft. Die Militärausgaben der DDR lagen 1961 bei 2,086 Milliarden Mark und stiegen bis 1970 auf knapp über 5,5 Milliarden an. Die Gratwanderung am Rande des Krieges sorgte in den Streitkräften der DDR Anfang der 60er Jahre für einen volkswirtschaftlich teuer erkauften Technologiesprung, der jedoch aus der NVA eine moderne Armee machte. So erfolgte auf Beschluss des Politisch-Beratenden Ausschusses des Warschauer Vertrages vom 29. März 1961 die Einführung der operativ-taktischen Raketen R-11M (SCUD-A) und Luna (FROG-5) in die NVA. Pro Armee/Militärbezirk sollte ursprünglich eine mit sechs Startrampen für R-11M-Raketen ausgerüstete Raketenbrigade aufgestellt werden. Die R-11M konnte nukleare Gefechtsköpfe der Typen 17 (5,6 Kilotonnen Sprengkraft) und 407 (40 Kilotonnen Sprengkraft) über eine Entfernung von 150 Kilometern befördern. Die NVA erhielt Anfang 1963 eine dieser Raketenbrigaden zum Kostenpunkt von 4,8 Millionen Rubel.

Weil die ostdeutschen Divisionen im Kriegsfall in der ersten Staffel der Streitkräfte des Warschauer Vertrages eingesetzt werden sollten, erfolgte die Zuführung von Startrampen für das System Luna als taktisches Kernwaffeneinsatzmittel vorrangig. Eine Raketenabteilung des Typs Luna mit zwei Startrampen kostete 190.000 Rubel. Für jede Luna-Rakete waren 18.000 Rubel zu zahlen. Jede der sechs aktiven Kampfdivisionen der NVA-Landstreitkräfte wurde bis 1962 mit einer Raketenabteilung mit je zwei Luna-Startkomplexen ausgerüstet. Damit hätten die Divisionskommandeure im Falle eines damals nicht unwahrscheinlichen Krieges nukleare Gefechtsköpfe des Typs 901 mit einer Sprengkraft von 19 Kilotonnen bis zu einer Entfernung von 32 Kilometern verschießen können.

Für die Erstausstattung mit sechs R-11M-Raketenkomplexen und den sechs Luna-Raketenabteilungen zahlte die DDR 123 Millionen Goldrubel an die UdSSR, was einen Gegenwert von damals 573 Millionen Valutamark entsprach.

Als Anfang 1963 die operativ-taktischen Raketen des Typs R-11M eingeführt wurden, existierte allerdings bereits das leistungsfähigere Nachfolgemodell R-17 (SCUD-B). Das Vereinte Oberkommando des Warschauer Vertrages empfahl daher der NVA die Beschaffung einer zusätzlichen Raketenabteilung R-17 (zumal für die beiden Militärbezirke ursprünglich zwei R-11M-Raketenbrigaden vorgesehen waren).

Hinzu kam der ebenfalls durch den Warschauer Vertrag und den Generalstab der Sowjetischen Armee geforderte Aufbau von fünf neuen Fliegerabwehrraketenregimentern. Dafür stellte die Volkswirtschaft der DDR bis 1966 nochmals 466 Millionen Valutamark bereit. Die DDR zahlte also allein im Bereich der Raketentechnik für die Sicherheit des Bündnisses an der direkten Grenze zur NATO zwischen 1962 und 1966 über eine Milliarde Valutamark.

Die DDR verzichtete auf die Produktion kompletter Waffensysteme

Die Einführung dieser Raketentechnik bildete für die NVA eine Zäsur – nicht nur weil die Anforderungen an die Qualifikation des Bedienpersonals und die Logistik stiegen, sondern weil die NVA damit Trägermittel für den Einsatz taktischer Kernwaffen im Kriegsfall erhielt. Die NVA war fortan als Koalitionsarmee auch in diesem Bereich kompatibel zu den in der DDR stationierten sowjetischen Truppen. Einsatzziele der taktischen und operativ-taktischen Raketen wären im Kriegsfall Kernwaffeneinsatzmittel der NATO, Versorgungslager, Flugplätze, Häfen, Kommunikationszentren und Führungsstäbe sowie Konzentrationsräume von Truppen gewesen. Allerdings standen die Gefechtsköpfe unter Kontrolle der sowjetischen Führungsmacht, die allein den Einsatz hätte autorisieren können.

Die DDR bezog 90 bis 95 Prozent ihrer kampfkraftbestimmenden Waffen und Ausrüstungen, vor allem schwere Waffen, aus der Sowjetunion, Polen, der CSSR, Bulgarien und Rumänien. Auf die Produktion von Panzern, Flugzeugen und Artilleriewaffen wurde vor allem aus ökonomischen Gründen ebenso verzichtet wie auf die Herstellung kompletter Waffensysteme. Selbst für den durch DDR-Eigenentwicklungen geprägten Kriegsschiffbau wurden die Waffen und Waffenleitanlagen aus der UdSSR importiert. Bezahlt wurde mit hochwertigen Werkzeugmaschinen für die Rüstungsindustrie der Partnerländer. Sie standen damit für die Modernisierung der eigenen Wirtschaft oder den devisenträchtigen Export auf westliche Märkte nicht mehr zur Verfügung. Auch auf diesem Wege leisteten die Ostdeutschen einen indirekten Beitrag zur Sicherheit des östlichen Bündnisses, der sich auf die Lebensqualität in der DDR nachteilig auswirkte.

Rüstungsindustrie ohne Militärisch-Industriellen Komplex

Experimente zum Aufbau einer eigenständigen, vom Militär geführten Rüstungsindustrie gab es in der DDR – sie wurden allerdings aus ökonomischen und organisatorischen Gründen 1961 mit der Auflösung der Vereinigung Volkseigener Betriebe (VVB) UNIMAK beendet. Politiker und Militärs gelangten zunehmend zu der Einsicht, dass sich das Militär auf seine Kernkompetenz beschränken solle. Diese Orientierung wurde ungeachtet wiederholter Überlegungen hoher Offiziere zur Erhöhung des Einflusses der Streitkräfte auf die wehrwirtschaftlichen Entscheidungsprozesse bis zum Ende der DDR beibehalten.

Es gab in der DDR seit 1961 keine als eigenständige Struktur definierte und organisierte Rüstungsindustrie – bis auf das später formierte Kombinat Spezialtechnik in Dresden. Und auch dieses Rüstungsunternehmen war dem zivilen Ministerium für allgemeinen Maschinen-, Landmaschinen- und Fahrzeugbau unterstellt. Zwar versuchte die Militärführung, sich in den zum Kombinat gehörenden und ehemals der NVA unterstehenden Instandsetzungsunternehmen Einfluss zu sichern, doch die Entscheidungsbefugnis lag letztlich in den Händen von Unternehmensführern, die in zivile Wirtschaftsstrukturen eingebunden waren. Es existierte kein Militärisch-Industrieller Komplex wie in der UdSSR oder in den USA. Es gab in der DDR kein durch machtpolitische oder ökonomische Verquickungen zwischen Militär, Politik und Unternehmensführern befördertes Interesse an der Anheizung internationaler Konflikte zur Legitimierung ständig erhöhter Rüstungsanstrengungen.

Das Militär der DDR konnte strukturell auf die wehrwirtschaftlich tätigen zivilen Unternehmen und den Umfang der zu erbringenden Lieferungen und Leistungen keinen direkten Einfluss nehmen. Allerdings sollte durch den Aufbau spezieller Führungsstrukturen in den Industrieministerien und Planungsbehörden sowie durch die persönliche Verantwortlichkeit der Betriebsdirektoren und die Militärabnahme in den Unternehmen sichergestellt werden, dass die Lieferverpflichtungen der Industrie gegenüber den Streitkräften quantitativ und qualitativ eingehalten werden.

Die Mehrzahl der höheren NVA-Kommandeure war an sowjetischen Militärakademien ausgebildet worden. Die militärischen Führungskräfte der oberen Kommandoebenen waren daher auf die Prämissen der sowjetischen Militärdoktrin eingeschworen, die für die NVA als Koalitionsarmee galten. Aus diesem Grund wäre es naiv anzunehmen, dass seitens der Armeeführung kein Druck gegenüber den wirtschaftsleitenden Instanzen der DDR – etwa gegenüber der Staatlichen Plankommission – ausgeübt worden wäre. Ihren politischen Vorgaben gemäß, pochten die Militärs auf die ökonomische Absicherung der im

Warschauer Vertrag für die DDR getroffenen Festlegungen. Gleichwohl blieben trotz mancher Verhandlungsrunden auf höchster Ebene viele Wünsche der Militärführung unerfüllt, weil diese mit den begrenzten wirtschaftlichen Möglichkeiten der DDR unvereinbar waren. In der DDR galt für die Militärs und für die wehrtechnische Industrie das Primat der Politik. Bei allem verständlichen professionellen Stolz über das erreichte Ausrüstungsniveau betrachteten viele führende DDR-Militärs die Produktion von Rüstungsgütern als notwendiges Übel, das sozialpolitische Gestaltungsspielräume über Gebühr einschränkte.

Die Einstellung der ostdeutschen Militärs und Politiker zur Rüstung wurde hauptsächlich durch die Befürchtung eines Angriffs der NATO und nicht durch die Hoffnung bestimmt, das teuere Kriegsgerät in einem Konflikt tatsächlich einsetzen zu können. Nach allen im Laufe der Jahre gültigen militärischen Szenarios hätte ein Krieg das Ende der Deutschen bedeutet. Beide deutsche Staaten wären zum atomaren Schlachtfeld geworden. Das war jedem, der in der NVA Verantwortung trug, bewusst. Das Verantwortungsgefühl der ostdeutschen Militärführung gegenüber dem eigenen Volk zeigte sich explizit in den Jahren 1989/90, als es ihr ein Leichtes gewesen wäre mit Waffengewalt in den Gang der Ereignisse einzugreifen.

Der Kernbereich der DDR-Rüstungsindustrie bestand aus lediglich 25 bis 30 Unternehmen, die über längere Zeiträume einen regelmäßigen Anteil der Rüstungsproduktion von zirka 90 Prozent – bezogen auf die industrielle Produktion – realisierten. Doch auch diese Rüstungsunternehmen produzierten für den zivilen Bedarf. Die Herstellung von Produkten für die Landesverteidigung erfolgte – mit diesen wenigen Ausnahmen – in Betrieben, die vorrangig zivile Wirtschaftsgüter herstellten. Forschung, Produktentwicklung und Planung unterlagen ebenso wie die Preisbildung den Prämissen, die für die zivile Wirtschaft galten. Damit unterschied sich die DDR wesentlich von der UdSSR und anderen Staaten des östlichen Bündnisses.

Eine besondere Rolle spielte in der Rüstungsindustrie der DDR die industrielle Instandsetzung von Kampftechnik. Ende der 80er Jahre machte das etwa ein Viertel des Leistungsumfangs der Speziellen Produktion aus. Für die 90er Jahre wurde eine Erhöhung dieses Anteils auf etwa ein Drittel der Leistungen im Bereich der Speziellen Produktion erwartet. In diesem Rahmen erfolgten in der Regel auch Modernisierungen von Waffen und Ausrüstungen durch die DDR. 1985 konnten 82 Prozent aller Instandsetzungen von Wehrtechnik in der DDR durchgeführt werden, was unter den in den 80er Jahren herrschenden volkswirtschaftlichen Rahmenbedingungen von Vorteil war, weil dadurch die Inanspruchnahme entsprechender Leistungen in der UdSSR oder anderen Staaten des Warschauer Vertrages verringert wurde. Das kam der Außenhandelsbi-

Der Kernbereich der DDR-Rüstungsindustrie bestand aus 25 bis 30 Unternehmen

lanz der DDR zugute. Insgesamt gab die DDR 1989 knapp 1,2 Milliarden Mark für die industrielle Instandsetzung von Wehrtechnik aus.

Die Produktivität von Unternehmen der Speziellen Produktion lag häufig unter dem Durchschnitt der DDR-Industrie, obwohl die Betriebe in der Regel modern ausgestattet waren, über hochqualifiziertes Personal verfügten und nicht unbeträchtliche Investitionen getätigt wurden. Für die Aufnahme der Lizenzproduktion des Sturmgewehres AK-47 etwa wendete die DDR Ende der 50er/Anfang der 60er Jahre 24,1 Millionen Mark auf. Die Investitionen für die Produktionsaufnahme des Modells AK-74 in den 80er Jahren lagen bereits bei 111,5 Millionen Mark. Für die Ausrüstung der Munitionsfabriken in Königswartha und Lübben zur Herstellung der zugehörigen Patronen M 43 bzw. M 74 waren Investitionen in Höhe von 25 Millionen (M 43) und 88,5 Millionen Mark (M 74) erforderlich. Als mit der Panzerfaust RPG-18 ein neues Erzeugnis – auch für den Export – hergestellt werden sollte, kostete das die DDR-Bürger 42,9 Millionen Mark.

Der durchschnittliche Produktivitätsrückstand in diesem Bereich resultierte nicht in erster Linie aus verschlissener Fertigungstechnik oder mangelnden Fähigkeiten der Mitarbeiter. Vielmehr führten Bedarfsschwankungen und eine schnelle Bedarfsdeckung in Inland sowie die damit häufig verbundene diskontinuierliche Auslastung der Betriebe ebenso zu Produktivitätsdefiziten wie generelle strukturelle Disproportionen der Volkswirtschaft. Die Rüstungsproduktion lag zudem eigentümlich quer zu der zivil ausgerichteten Gesamtwirtschaft, was oft bedeutete, dass die wehrtechnische Produktion volkswirtschaftlich dort eingeordnet werden musste, wo gerade freie Produktionskapazitäten verfügbar waren.

Typenvielfalt, große Fertigungstiefe, geringe Stückzahlen, unterschiedliches Alter und Verschleißgrad der in der NVA eingesetzten Waffen führten ebenso wie Import-Lieferengpässe bei Ersatzteilen zu extremen Belastungen der DDR-Industrie. Die Kosten für die notwendige Eigenproduktion dieser Teile waren überdurchschnittlich hoch. Vor allem die Ersatzteillieferungen aus der UdSSR entsprachen weder hinsichtlich des Umfangs, noch der Lieferfristen und der Liefersicherheit dem Bedarf der DDR, was allerdings zum Teil aus Abweichungen von sowjetischen Instandsetzungsvorgaben resultierte. Auch die Preise für aus der UdSSR importierte Ersatzteile waren sehr hoch. So berichtet Generalleutnant a. D. Ulrich Gall in seinen Erinnerungen, dass die für die Instandsetzung bestimmter Flugzeugtriebwerke benötigten Ersatzteile mehr als die komplette Instandsetzung dieser Triebwerke in der UdSSR kosteten.

Hinzu kamen produktivitätsmindernde Belastungen der Unternehmen durch höhere Lohnkosten, hohe Kosten für die überdurchschnittlich ausgedehnte Lagerhaltung (auch für die Sicherung der Produktion im Mobilmachungs- und Verteidigungsfall), Kosten für die Einhaltung besonders hoher Sicherheitsstandards und das administrative Verfahren der Militärabnahme sowie höhere Aufwendungen für eine flexible Anpassung der Erzeugnisse an die sich häufig wandelnden Vorstellungen der militärischen Auftraggeber. Die

Unternehmen im Kernbereich der Speziellen Produktion waren zudem für einen möglichen Spannungs- und Kriegsfall durch die kostentreibende Ausstattung mit eigenen Bahnanschlüssen, Energie- und Wasserversorgungssystemen, die häufig auch für die umliegenden Wohngebiete mit genutzt wurden, belastet. Flexibilitätsmindernd und kostenerhöhend wirkten außerdem der manische Zwang zur Geheimhaltung auch banaler und im Westen längst bekannter Infor-

Im Instandsetzungswerk Pinnow: Abgleich eines Sichtgeräteschrankes für den Höhenfinder der Funkmessstation PRW

mationen sowie die Verantwortung der Unternehmen für den Unterhalt einer sozialen Infrastruktur mit Ferienheimen, Kindergärten, Polikliniken und Berufsschulen. Die sozialen Einrichtungen sollten die Identifikation der Mitarbeiter mit den Unternehmen erhöhen und entsprachen dem sozialpolitischen Selbstbild der DDR. Sie banden aber wichtige Investitionsmittel, die für die Erneuerung von Maschinen und Anlagen oder für Forschung und Entwicklung nicht zur Verfügung standen.

In den 80er Jahren schlugen die generellen Defizite der DDR-Volkswirtschaft wie permanenter Material- und Arbeitskräftemangel, Lieferausfälle bei Importen und Zulieferprobleme voll auf die Spezielle Produktion durch. Die Belastungsgrenze war erreicht. Daraus resultierende Sparmaßnahmen in der Truppe, verlängerte Nutzungsfristen moderner Waffensysteme sowie die Reduzierung geplanter Waffenimporte und Modernisierungen oder deren Verschiebung führten in den 80er Jahren zu einem Rückgang des Instandsetzungsbedarfs der NVA. Zugleich erhöhte sich aber in den Instandsetzungsunternehmen des Kombinats Spezialtechnik Dresden die Arbeitsproduktivität.

Beide Tendenzen führten zu zusätzlichen Schwierigkeiten bei der Auslastung der Produktionsanlagen. Diese Probleme bei der betriebswirtschaftlich sinnvollen Nutzung der Fertigungskapazitäten sollten – häufig auf Initiative der Unternehmen – durch Lizenznahmen für die Herstellung von Wehrtechnik und die Erhöhung des Exports in das Nichtsozialistische Wirtschaftsgebiet gelöst werden. Hier ergab sich eine Interessenübereinstimmung zwischen den Unternehmen, die eine Diversifikation ihres Produktportfolios anstrebten, und der politischen Führung des Landes.

Man versuchte also, die wirtschaftspolitischen Probleme durchaus im Sinne moderner westlicher Marketingansätze durch eine offensive Produktpolitik zu lösen. Dazu gehörten Aktivitäten zur Übernahme von industriellen Instandsetzungsmaßnahmen für die Gruppe der Sowjetischen Streitkräfte in Deutschland. Dieses Marktsegment wurde traditionell von Instandsetzungswerken abgedeckt, die von der GSSD auf dem Territorium der DDR in eigener Regie betrieben wurden. Es gab drei Reparaturwerke für Panzertechnik, und zwar in Kirchmöser, in Magdeburg und in Wünsdorf, ein Reparaturwerk für Artillerietechnik in Fürstenwalde, ein Reparaturwerk für Pioniertechnik in Werder, ein Reparaturwerk für Funk- und Funkmesstechnik in Frankenfelde, ein Instandsetzungswerk für Flugzeuge und Hubschrauber bei Luckenwalde und insgesamt vier Reparaturwerke für Militärkraftfahrzeuge.

Doch die Versuche der DDR-Instandsetzungsunternehmen, Kontakt zu diesen GSSD-Betrieben aufzunehmen, um zu einer Kooperation in diesem Bereich zu kommen, wurden seitens des Oberkommandos der GSSD unterbunden.

Selbst die Einschaltung von Entscheidern der DDR-Regierungsebene brachte kein Ergebnis.

Auch diese Erfahrungen führten dazu, dass Ende der 80er Jahre die Spezielle Produktion manchem Wirtschaftspolitiker der DDR als politisch nicht mehr notwendiger und volkswirtschaftlich nicht mehr tragbarer Anachronismus erschien.

Die Verringerung der Speziellen Produktion Ende der 80er Jahre durch die DDR-Regierung war so die Konsequenz aus der schwieriger werdenden wirtschaftlichen Lage des Landes, den internationalen Abrüstungsfortschritten und der weniger restriktiven Politik der Führungsmacht UdSSR, die an die Grenzen ihrer Leistungsfähigkeit gelangt war.

Preispoker um Panzer, Raketen und Sturmgewehre

In den frühen Jahren der DDR zielte die Forschung in den Unternehmen der Speziellen Produktion nicht auf die Entwicklung neuer Waffen. Vor allem wegen der Schwierigkeiten bei der termin- und bedarfsgerechten Beschaffung von Ersatzteilen für die industrielle Instandsetzung konzentrierte man die begrenzten Forschungskapazitäten zunächst auf die Verbesserung von Instandsetzungstechnologien sowie von Produktions- und Regenerationsverfahren für Ersatzteile.

Eine Ausnahme stellt die Entwicklung technischer Geräte und Ausrüstungen für den Schutz vor Massenvernichtungsmitteln dar. Weil das Gebiet der DDR in einem Kriegsfall zum Schlachtfeld geworden wäre und insbesondere mit den Einsatz nuklearer oder chemischer Gefechtsfeldwaffen gerechnet wurde, betrieb die DDR seit den 60er Jahren entsprechende Forschungen und produzierte Ausrüstungen für die Feststellung von Kampfstoffen, Wasseraufbereitungsanlagen, persönliche Schutzausrüstungen für die Soldaten und Anlagen für die Dekontamination von Personal und Kampftechnik nach erfolgtem Einsatz von Massenvernichtungswaffen. Diese Ausrüstungen wurden auch in das Bündnisgebiet exportiert.

Ausrüstungen für Brückenlegepanzer, Minenlege- und Minenräumgeräte, Tarnsätze, Elektroaggregate, Dieselrammen sowie Bugsier- und Begleitboote entwickelte und produzierte die DDR ebenfalls in eigener Verantwortung. Ende der 80er Jahre wurde in Kooperation mit polnischen Partnern, die das Basisfahrzeug P-40 (Fahrgestell 426 des Artillerieschleppers ATT) lieferten, im VEB Bodenbearbeitungsgeräte Leipzig ein Minensuch- und -verlegegerät entwickelt. Dieses Gerät konnte Minen aller Typen automatisch verlegen, auch bis zu 50

233

Zentimeter Wassertiefe, und hatte alle Anlagen, um die Minen wieder aufzunehmen. Der erste Prototyp war erfolgreich in der Truppenerprobung, als die DDR kollabierte. Auch die in der Flugzeugwerft Dresden produzierten Flugzeugfanganlagen für Kampfjets waren DDR-Eigenentwicklungen.

Für den Import von Waffen und Ausrüstungen – vor allem für Gemeinschaftsproduktionen mehrerer sozialistischer Staaten wie den Panzer T-72 – musste die DDR häufig vergleichsweise hohe Preise zahlen, weil die Produktions- und Preisbildungsbedingungen in den kooperierenden Staaten unterschiedlich waren. Die in Lizenz gemeinschaftlich gefertigten Erzeugnisse wurden so zum Teil teurer als die Originalprodukte sowjetischer Herkunft. Der Preis für einen T-72 aus CSSR-Fertigung lag bei über 1,3 Millionen Rubel, während für einen T-72 aus sowjetischer Produktion nur knapp über 800.000 Rubel zu zahlen waren.

Für ein in der DDR nach sowjetischer Lizenz hergestelltes Sturmgewehr AK-74 war die UdSSR bereit, 203 Rubel zu bezahlen, während das Kombinat Spezialtechnik 427 Rubel als Verkaufspreis forderte und der Außenhandel der DDR von 342 Rubel für eine AK-74 ausging. Die Preisbildung des Kombinates Spezialtechnik berücksichtigte die hohen Investitionen für die Laufherstellung des Sturmgewehres. Diese Aufwendungen sollten sich schnell amortisieren. Ähnlich stellte sich die Situation bei der Preisbildung für die zugehörige Munition dar. Für die im Spreewerk Lübben hergestellte Munition M 74 wollte die UdSSR 92,6 Rubel pro 1.000 Stück bezahlen.

Die Preisvorstellungen des Kombinats Spezialtechnik unterschieden sich jedoch gravierend von diesem Wunscheinkaufspreis der sowjetischen Partner. Das DDR-Unternehmen verlangte mit 205 Rubeln für 1.000 Patronen einen mehr als doppelt so hohen Betrag. Auch hier wurden die Kosten für die Errichtung der technologisch sehr anspruchsvollen, hochmodernen Fertigungsanlagen auf den Exportpreis umgelegt.

Für einen Gefechtskopf PG-7 für die Panzerfaust RPG-7 wollte die UdSSR maximal 172 Rubel ausgeben. In der DDR kostete dieses Lizenzprodukt 197 Rubel, in Rumänien 132 Rubel. Als in Pinnow und Königswartha die Lizenzproduktion der Panzerabwehrlenkrakete Konkurs begann, verlangte das Kombinat Spezialtechnik von seinem sowjetischen Kunden pro Rakete 10.000 Rubel. Die CSSR wollte hingegen einen Endpreis von 15.000 Rubel durchsetzen, um für die von ihr gelieferten Baugruppen höhere Preise von der DDR verlangen zu können.

Naturgemäß lagen die Preisvorstellungen der sowjetischen Abnehmer mit 7.800 Rubel weit unter diesen von den Partnern als wünschenswert angesehenen Beträgen.

Für 1.000 MPi-Patronen verlangte das Spreewerk Lübben 205 Rubel vom sowjetischen Importeur, der aber wollte nur 92,6 Rubel zahlen. Auf der anderen Seite waren die von der UdSSR verlangten Preise für ihre Waffenlieferungen an die Verbündeten noch weniger nachvollziehbar – und auch nicht verhandelbar

Doch auch für aus der UdSSR importierte Technik waren die verlangten Preise oft nur teilweise nachvollziehbar, weil die Preisbildungsmechanismen nicht transparent waren. Der vom Lieferanten gesetzte Preis war außerdem im gewissen Sinne ein politischer Monopolpreis, der nur bedingt verhandelbar war, weil Alternativangebote nicht genutzt werden konnten.

Diese Situation ebenso wie Lieferengpässe und spezifische Ausrüstungsanforderungen der NVA begünstigten die Suche nach eigenständig entwickelten waffen- und ausrüstungstechnischen Lösungen, die allerdings nie die Kompatibilität zu den anderen Koalitionsarmeen des Warschauer Vertrages infrage stellen durften. Teilweise sicherte man bereits in den 60er Jahren den Eigenbedarf der DDR an Rüstungsgütern durch Lizenznahmen, an denen der sowjetische Lizenzgeber ein klar definiertes ökonomisches und politisches Interesse hatte.

Seit der Schließung der Grenze zu Westberlin im Jahr 1961 gab es seitens der UdSSR keine grundlegenden sicherheitspolitischen Bedenken gegen eine Lizenzvergabe zur Produktion bereits in der Sowjetarmee und in der NVA eingeführter Wehrtechnik an die DDR. Die modernste Technik der UdSSR war allerdings in der Regel aus Gründen des Geheimnisschutzes von einer Lizenzvergabe an die DDR ausgeschlossen. Hier mögen alte Ressentiments und ein latentes Misstrauen wegen der vielen noch bestehenden Kontakte zur Bundesrepublik eine Rolle gespielt haben. Der Prozess der Lizenzvergabe gestaltete sich durch die Geheimhaltungsmanie sowjetischer Lizenzgeber häufig zu einer kalkulatorischen Gratwanderung für den potentiellen Lizenznehmer, weil Einblicke in die Herstellungstechnologie – und damit in die Kostenstruktur – der Erzeugnisse erst gewährt wurden, wenn der Vertrag unterschrieben war.

Zu den gern von der Sowjetunion exportierten Waffensystemen gehörte auch der 1974 in die NVA eingeführte Fla-Raketenkomplex »Krug«

Die mit Lizenznahmen erwarteten kostenoptimierenden Effekte wurden häufig durch die notwendigen technischen Anpassungsleistungen, hohe Lizenzgebühren, unvollständige technische Dokumentationen und dadurch bedingte lange Zeiträume bis zur Produktionsaufnahme neutralisiert. Wegen dieser Begleitumstände mussten für Lizenzproduktionen teilweise bis zu 80 Prozent der Kosten aufgewendet werden, die eine vergleichbare Eigenentwicklung erfordert hätte. Außerdem waren die in Lizenz hergestellten Waffen und Ausrüstungen wegen der schleppenden Umsetzung der Vorhaben zum Zeitpunkt ihrer Einführung in die Truppe oft schon technisch überholt und moralisch verschlissen. Erst die späten 70er und die 80er Jahre brachten eine deutliche Verbesserung der Situation. Allerdings dienten diese Lizenznahmen in der Regel nicht primär der Deckung des Eigenbedarfs der DDR, sondern der Entlastung der sowjetischen Rüstungsindustrie und der Absicherung des Bedarfs der sowjetischen Streitkräfte.

Manche der durchaus innovativen DDR-Eigenentwicklungen fanden nicht die Billigung des Koalitionspartners Sowjetunion, offenbar weil Abhängigkeiten zementiert und potentiell konkurrenzfähige Produkte verhindert werden sollten. Mitunter wurden Lizenzen verweigert – zum Beispiel für Bremsfallschirme – oder auf die Deckung des Eigenbedarfs der DDR und Exporte in die UdSSR beschränkt, wie beim Sturmgewehr AK-74. Andererseits gab es seitens der Schutzmacht vor allem in den 70er und 80er Jahren – bedingt durch deren ökonomische Leistungsgrenzen – durchaus Interesse an einer massiven Ausweitung der DDR-Wehrtechnikproduktion auf Basis sowjetischer Lizenzen.

Hightech-Schmiede und Exportbranche

In den 70er und 80er Jahren veränderten sich mit dem Bedeutungszuwachs neuer Technologien für die Wehrtechnik (Mikroelektronik, Lasertechnik, Optoelektronik etc.) die Prioritätensetzungen bei Forschung und Entwicklung schrittweise. Ungeachtet aller Entspannungsfortschritte arbeiteten beide Militärblöcke in diesen Jahren an der qualitativen Verbesserung nicht nur der strategischen, sondern auch der konventionellen Waffensysteme. Dem sollte die militärtechnische Forschung und Entwicklung in der DDR Rechnung tragen. Ausgehend von den Forschungspotentialen des Landes und absehbaren Trends der internationalen waffentechnischen Entwicklung wurde – allerdings anders als in der UdSSR – besonderer Wert auf die Verknüpfung von ziviler und militärischer Forschung gelegt, um angesichts schmaler Budgets Doppelentwicklungen zu vermeiden und die schnellere Überführung neuer Lösungen in die Produktion zu erreichen. Bis in die 80er Jahre unterschieden sich jedoch die Vorstellungen sowjetischer Militärs über die militärökonomischen Möglichkeiten der DDR erheblich von den Analysen ostdeutscher Wirtschaftspolitiker, zumal die DDR im Vergleich zu anderen Staaten des Warschauer Vertrages eine recht bescheiden dimensionierte wehrtechnische Fertigung betrieb.

Die DDR konnte und wollte zunächst weder in der militärtechnischen Forschung, noch bei der Produktion und Instandsetzung jenen wachsenden Beitrag erbringen, den die sowjetischen Strategen für die Sicherung der militärischen Parität zum Westen für erforderlich hielten. Von dieser Überschätzung militärisch nutzbarer ostdeutscher Forschungs- und Produktionskapazitäten mochte sich die Führungsmacht angesichts des immer noch relativ hohen Lebensniveaus der DDR-Bevölkerung nur ungern verabschieden. Manche in der Entwicklung befindliche Projekte scheiterten zudem daran, dass die UdSSR als Kunde die von der DDR geforderten Preise nicht zahlen wollte oder dass der ökonomische Aufwand für die DDR zu groß gewesen wäre und sie sich daher sowjetischen Forderungen und Lizenzangeboten verweigerte. Insbesondere in den 80er Jahren lernten ostdeutsche Unternehmensführer und Politiker nein zu sagen und die wirtschaftlichen Interessen des eigenen Landes im Blick zu behalten. So lehnte die DDR die Produktion der 30mm-Kanone 2A42 und der Fliegerfaust Igla ab. Auch widerstand sie den Mitte der 80er Jahre immer wieder erhobenen sowjetischen Forderungen nach massiver Ausweitung der Ersatzteilproduktion für Kampfflugzeuge der Typen MiG und Suchoi. Die DDR wäre zu dieser Produktion in der Lage gewesen, verlangte aber von der UdSSR, dass in diesem Fall auch deren Gesamtbedarf an diesen Teilen komplett durch die DDR gedeckt werden müsse. Nur so hätten in der DDR betriebswirtschaftlich sinnvolle Stückzahlen gefertigt werden können. Als die UdSSR dieses Ansinnen zurückwies und Angaben über ihren Ersatzteilbedarf verweigerte, lehnte die DDR die Ausweitung der Fertigung ab.

Der Juniorpartner begann erwachsen zu werden. Angesichts divergierender Wirtschaftsinteressen agierten beide Seiten unter der Tünche der Ideologie mit durchaus harten Bandagen, was allerdings nichts an der generell politisch dominierenden Verhandlungsposition der UdSSR änderte. Dennoch wertete der rüstungspolitische Paradigmenwechsel zur Herstellung von Hightech-Systemen die DDR in den 80er Jahren zum zweitwichtigsten Rüstungszulieferer der UdSSR auf. Nun konnten die Ostdeutschen mit ihrer Rüstungsindustrie durch die relativ hohen Stückzahlen und die besseren Preisrelationen Erlöse erwirtschaften, die in anderen Bereichen der Wirtschaft und in der Konsumtion dringend benötigt wurden. Das Rüstungsgeschäft innerhalb des Bündnisses war jetzt für die DDR sowohl qualitativ, als auch quantitativ keine Einbahnstraße mehr, was das Selbstbewusstsein nicht unerheblich förderte. Nun durften bei Lizenznahmen unter Wahrung der vorgegebenen Leistungsparameter Bauelemente, Materialien und Technologien der DDR-Wirtschaft für die Herstellung der Rüstungstechnik eingesetzt werden. Die zügig realisierten Lizenznahmen für moderne sowjetische Rüstungsgüter erzeugten außerdem einen zusätzlichen Innovationsschub für die DDR-Rüstungsindustrie.

In den Jahren 1981 und 1985 wurden an die UdSSR Zielsuchköpfe INEJ-70 für Luft-Luft-Raketen, Startanlagen für Raketen, LKW-Fahrzeugplanen, Tarnsätze und Pistolenschießstände geliefert. Für die Jahre 1986 bis 1990 erfolgte eine weitere Erhöhung der DDR-Rüstungslieferungen an die UdSSR. So wurden mehr als 20 Kampf- und Hilfsschiffe, Panzerabwehrlenkraketen Konkurs, Feuerleitgeräte TPD-K1, das Waffensystem Bastion für den Einsatz lasergelenkter Rohrraketen, Panzerfäuste vom Typ RPG-18, Sturmgewehre AK-74 sowie Brückenlegetechnik für die Schutzmacht gefertigt. An der Gemeinschaftsfertigung des Kampfpanzers T-72 hatte die DDR durch die Herstellung der Feuerleitanlage sowie der Ketten und Antriebe einen Wertanteil von 17 Prozent.

Bei einigen internationalen Rüstungsprojekten übernahm die DDR mit ihrem ingenieurtechnischen Leistungsniveau zunehmend die Federführung als Finalproduzent. Sowohl im Kriegsschiffbau, als auch bei der Entwicklung neuer Pioniertechnik brachten ostdeutsche Konstrukteure ihre Fachkompetenz ein.

Für den Brückenlegepanzer BLP-72 schufen Ingenieure des Schwermaschinenbaukombinates Magdeburg (Stahl- und Apparatebau Genthin) eine neuartige, extrem leichte, auf 25 Meter entfaltbare Brücke aus Aluminium, die für das Gewicht moderner Kampfpanzer bis maximal 65 Tonnen ausgelegt wurde. Auch die Hochdruckhydraulikanlage zum Entfalten der Brücke wurde von ostdeutschen Ingenieuren entwickelt. Das Basisfahrzeug T-72 sollte aus der CSSR oder Polen kommen. Zwischen 1979 und 1990 investierte die DDR 30,83 Millionen Mark an Entwicklungskosten in dieses Projekt. Doch die bereits für 1986 geplante Serienfertigung kam nicht zustande, weil die CSSR nicht in der Lage war, das Basisfahrzeug in der notwendigen Konfiguration zu liefern.

Als Ende der 90er Jahre der neue russische Brückenlegepanzer MTU-90 auf der Basis des Kampfpanzers T-90S vorgestellt wurde, entsprach das zu Anwendung kommende Verlegeprinzip dem des von DDR-Ingenieuren entwickelten BLP-72.

Die DDR hat in den 80er Jahren im Bereich der Rüstung selbständiger agiert. Die Schutzmacht war durch den Krieg in Afghanistan geschwächt, ihre Rüstungsindustrie durch diesen Krieg und den Rüstungswettlauf mit den USA überfordert. Lieferabkommen, zum Beispiel für Schützenpanzer konnte sie

DDR-Ingenieure entwickelten in den 80er Jahren für über 30 Millionen Mark den Brückenlegepanzer BLP-72. Die Aufnahme der für 1986 geplanten Serienproduktion kam nicht zustande, weil die CSSR nicht das zugesagte Basisfahrzeug lieferte. In den 90er Jahren präsentierten russische Hersteller den Brückenlegepanzer MTU-90 auf der Basis des Kampfpanzers T-90S, der dem BLP-72 verdächtig ähnlich war. Oben: der DDR-Prototyp

nicht mehr einhalten. Die UdSSR stand rüstungs- und militärpolitisch mit dem Rücken zur Wand.

Umso größer wurde der Druck auf den Koalitionspartner DDR zur Erhöhung der Anstrengungen im Bereich der Landesverteidigung. Die oft beschworene Bündnissolidarität wurde eingefordert. Vor allem deshalb wurden in der DDR ambitionierte Modernisierungen vorhandener Kampftechnik in Angriff genommen (Kampfpanzer T-55AM2 und T-55AM2B, T-72M), was die wirtschaftliche Leistungsfähigkeit der DDR offenkundig überschritt. Andererseits sank in jenen Jahren der Bedarf der NVA an Schützenwaffen und Munition. Diese Entwicklung führte in der Rüstungsindustrie der DDR zu erheblichen Absatzsorgen, was durch höhere Exporte in das Bündnisgebiet und den NSW-Raum sowie durch eine Erhöhung des Anteils der zivilen Produktion abgefedert werden sollte.

Aus der ökonomischen Not eine Tugend machend, hielt man vor allem in den 70er und 80er Jahren immer intensiver Ausschau nach Möglichkeiten für devisenträchtige Waffenexporte in das Nichtsozialistische Wirtschaftsgebiet. Wehrtechnik made in GDR erwies sich partiell auch außerhalb des Bündnisbiotops als marktfähig und brachte in der Regel höhere Einnahmen als zivile Produkte. 1977 lag die Devisenrentabilität beim Export ziviler Erzeugnisse in das sozialistische Wirtschaftsgebiet bei 1,068, während beim Export militärischer Erzeugnisse ein Wert von 1, 176 erreicht wurde. Beim Export in den nichtsozialistischen Wirtschaftsraum zeigten sich noch deutlichere Rentabilitätsunterschiede. Der Rentabilitätswert für zivile Produkte betrug 0,88, für militärische 1,136.

Da der Löwenanteil des DDR-Rüstungsexports innerhalb des Bündnisgebietes verblieb, sahen manche Akteure der DDR-Führung Spielräume für eine deutliche Ausweitung der Speziellen Exporte in das NSW. Allerdings galten für den zuständigen Ingenieur-Technischen Außenhandel der DDR (ITA) klare wirtschaftliche und politische Prioritäten. Zunächst war der Eigenbedarf der DDR an Rüstungsgütern zu sichern. Zweitens musste die DDR ohne Abstriche ihren Lieferverpflichtungen im Warschauer Vertrag nachkommen. Drittens durfte Wehrtechnik nicht an NATO-Staaten oder mit ihnen sicherheitspolitisch alliierte Länder geliefert werden. Vor dem Hintergrund dieser Prämissen erfolgte die Planung der Wehrtechnik-Exporte und der Erbringung von Dienstleistungen – etwa im Bereich der industriellen Instandsetzung von Wehrtechnik – in Abstimmung zwischen dem DDR-Außenministerium, dem Ministerium für Außenhandel und dem Ministerium für Nationale Verteidigung.

In den 80er Jahren lieferte die DDR über den Ingenieur-Technischen Außenhandel in das Nichtsozialistische Wirtschaftsgebiet zu kommerziellen Bedingungen Sturmgewehre und die dazu gehörende Munition, Handgranaten, Startanlagen für reaktive Geschosse, Waffenersatzteile, Werkstattwagen, Feldküchen, Tarnsätze, Zelte, Fernmeldeanlagen, mobile Medizintechnik, Ferngläser, Brückenlegegeräte, Felddruckereien und Uniformen. Außerdem wurden Instandsetzungsdienstleistungen für Flugzeuge, Hubschrauber, Schiffe, Strahltriebwerke und Funkmessanlagen erbracht. Empfängerländer dieser Lieferungen und Leistungen waren der Irak, Syrien, Libyen, Algerien, Uganda, Angola, Mocambique, Äthiopien, die Jemenitische Arabische Republik, Nicaragua, Indien, der Iran, Botswana, Kongo und die Volksdemokratische Republik Jemen.

Die in die Spezielle Produktion eingebundenen Unternehmen der DDR waren zum Zweck der Devisenerwirtschaftung durchaus an einer Erhöhung wehrtechnischer Exporte interessiert, scheiterten aber nicht selten an der mangelnden Marktfähigkeit einzelner technischer Komponenten. Potentielle Kunden waren zwar an mobilen Feldküchen und moderner mobiler Medizintechnik Made in GDR durchaus interessiert, verlangten aber als Basisfahrzeuge etwas anderes als LKW der Marken ROBUR und IFA W 50. Der durch wirtschaftspolitische Fehlentscheidungen und fehlende Innovationsmöglichkeiten bedingte Rückstand der DDR bei der Entwicklung moderner Nutzfahrzeuge schränkte so auch die Absatzchancen für andere, durchaus marktfähige Systemkomponenten ein.

Exportaktivitäten der Firma IMES des Bereichs Kommerzielle Koordinierung zielten primär auf die Beschaffung von Devisen für den Einkauf westlicher Technologie, die dem Embargo unterlag. In diesem Zusammenhang wurden auch Waffen exportiert. Offenbar war eine Ausweitung dieser Geschäfte vorgesehen.

Die Exporte von Waffen und militärischer Ausrüstung sind ein Beleg dafür, dass die DDR nun begann, ihre wirtschaftlichen Interessen ähnlich robust zu verfolgen, wie das in westlichen und östlichen Staaten unterhalb der Ebene politischer Sonntagsreden schon immer üblich war. Sie orientierte sich nun offenbar in diesem Bereich an westlichen Wehrtechnikunternehmen, die unbekümmert Rüstungsexporte als Belege für ihre industrielle Leistungsfähigkeit im Hightech-Segment kommunizierten und ihr oftmals recht forsches Agieren auf diesem Markt als Ausdruck nationaler Souveränität darstellten. Auch das Argument der Sicherung von Arbeitsplätzen in der wehrtechnischen Industrie und Hinweise auf die Rolle militärischer Forschung für die Entwicklung ziviler Produkte wurden von den Unternehmen und Regierungen fern aller humanitären Erwägungen seit Langem verwendet.

Pauschale moralisierende Bewertungen der DDR-Wehrtechnik-Exporte, wie sie insbesondere Anfang der 90er Jahre die öffentliche Debatte dominierten, ignorieren, dass beispielsweise während des ersten Golfkrieges fast alle führenden westlichen Rüstungsunternehmen auf der einen oder anderen Seite des Konfliktes und oft auf beiden Seiten engagiert waren. Dabei wurden von allen Beteiligten aus kommerziellen Gründen ethische Bedenken suspendiert.

Die DDR war in 80er Jahren jenseits ideologischer Postulate zu einem Staat geworden, der die Erzeugnisse seiner im Vergleich zu anderen Ländern sehr begrenzten wehrtechnischen Industrie zur Verbesserung seiner Außenhandelsbilanz einsetzte. Irritationen über dieses Engagement konnten im Wendejahr 1989 vor allem deshalb entstehen, weil über allen diesen Außenhandelsaktivitäten ein Mantel des Schweigens lag. Es war – abgesehen von grundsätzlichen Erwägungen über die ethische Zulässigkeit von Rüstungsexporten in Spannungsgebiete – vor allem ein Kommunikationsproblem, das die Emotionen bei diesem Thema hochschießen ließ. Das erkennbar schlechte Gewissen der DDR-Staatsführung ließ sie verschweigen, was im Westen als völlig normal angesehen wurde. Die DDR-Führung musste sich im Wendeherbst an den moralischen Maßstäben messen lassen, die man an das wehrtechnische Exportgebaren westlicher Staaten angelegt hatte. Diese nun offenbar werdende Heuchelei erzeugte in der Bevölkerung Wut und das Gefühl, hintergangen worden zu sein.

Es wurde und wird allerdings in der Öffentlichkeit mit zweierlei Maß gemessen. Als die Bundesrepublik nach 1990 NVA-Waffen, Munition und militärische Ausrüstung im Rahmen der NATO-Militärhilfe an die Türkei und für die Vorbereitung der Operation Desert Storm an die USA lieferte, ging das in den Aufgeregtheiten der deutschen Einheit weit gehend unter. Vor allem ostdeutsche

Rüstungskritiker waren mit der Bewertung der neuen politischen Unübersichtlichkeit beschäftigt und wiesen mit Blick auf jene Rüstungsexporte des neuen Deutschlands eine merkwürdige Beißhemmung auf. Einfacher, als sich mit dem politischen Establishment der Bundesrepublik anzulegen, war es, sich an den politischen Defiziten der DDR und den Fehlleistungen ihrer im Orkus der Geschichte untergegangenen Führung abzuarbeiten.

Daran hat sich offenkundig nicht viel geändert. Wenn heute die Bundesrepublik Deutschland unter Einräumung finanzieller Vorzugskonditionen modernste U-Boote an Israel – also in ein Spannungsgebiet – liefert, halten sich die mit Blick auf die DDR reflexartig reagierenden Kritiker auffällig zurück. Das gibt ebenso zu denken, wie die Tolerierung des Kriegseinsatzes der Bundeswehr in Afghanistan durch manche ostdeutsche Moralisten der Wendezeit. Die NVA war jedenfalls nie im Kriegseinsatz. Deutsche Soldaten wieder für Einsätze fern der Heimat kriegstüchtig gemacht zu haben, blieb der – auch von ehemaligen ostdeutschen Friedenskämpfern und Bürgerrechtlern getragenen – rotgrünen Regierung der Berliner Republik vorbehalten und wird von der schwarzgelben Koalition mit Eifer weitergeführt. Nach dem Ende der DDR und der dadurch ausgelösten kurzzeitigen Sinnkrise westdeutscher Militärs hat die Bundeswehr nun endlich wieder eine Aufgabe.

Militärstaat DDR?

Die Dämonisierung der DDR als Militärstaat hat eine ihrer wesentlichen argumentativen Grundlagen in der auf Paraden, Parteitagen und im Alltag zelebrierten militärischen Kraftmeierei der Führung. Sie setzte alles daran, eine möglichst martialisch wirkende Abschreckungskulisse aufrecht zu erhalten. Wichtigstes Element der Selbstdarstellung als potente Militärmacht war die Nationale Volksarmee. Doch trotz ihrer schneidigen Auftritte in der Öffentlichkeit und trotz ihrer Bezeichnung war die NVA keine traditionelle, ausschließlich nationalstaatlich definierte Armee, die im Kriegsfall eigenständig handlungsfähig gewesen wäre. Sie war eine Koalitionsarmee, die schon im Frieden dem sowjetisch dominierten Vereinten Oberkommando unterstand und die im Kriegsfall nur in der Bündnis-Konstellation des Warschauer Vertrages eingesetzt worden wäre.

Die NVA war in diesem Sinne während ihrer gesamten Existenz ohne die sowjetischen Koalitionstruppen des östlichen Bündnisses strukturell nicht angriffsfähig. Die DDR unterhielt Streitkräfte, die im Kriegsfall die sowjetischen Truppen ergänzt und den ersten Schlag eines Aggressors abgefangen hätten. Diese der NVA zugedachte Rolle spiegelte sich auch in der Besetzung von

Zu Parteitagen der SED grüßte eine Abordnung der NVA traditionell die Delegierten, hier zum X. Parteitag 1981

Führungspositionen im Vereinten Oberkommando des Warschauer Vertrages wider. Die militärischen Vertreter der ostdeutschen Koalitionsarmee konnten in diesem Gremium maximal die mittlere Kommandoebene erreichen. Damit war der Einfluss der DDR auf die militärstrategischen Entscheidungsprozesse im

Führungsstab des Bündnisses sehr begrenzt. Daran änderte auch die Tatsache nichts, dass der Verteidigungsminister der DDR – wie die Verteidigungsminister der anderen Mitgliedsländer des Warschauer Vertrages auch – formal Stellvertreter des Oberkommandierenden der Vereinten Streitkräfte war. Der vermeintliche Militärstaat DDR wäre im Kriegsfall weder in der Lage gewesen seine Streitkräfte nach eigenem Gutdünken einzusetzen, noch ihren Einsatz im Koalitionsverbund maßgeblich zu beeinflussen.

Wäre die DDR jener Militärstaat gewesen, als der sie im Nachhinein oft dargestellt wird, hätten sich sowohl die Führungsspitze der Streitkräfte, als auch die politische Elite in den Jahren 1989/90 mit allen denkbaren – auch militärischen – Mitteln einer Veränderung des Status quo entgegengestemmt. Weder der gewaltfreie Umbruch des Wendeherbstes, noch die bürokratische Abwicklung der DDR und ihrer Streitkräfte durch die letzte Regierung wären möglich gewesen, wenn das Militär diesen Staat dominiert hätte. Doch die Streitkräfte übten Zurückhaltung und ließen sich schließlich, den Vorgaben der gewählten politischen Führung folgend, entwaffnen und auflösen. Ein Vorgang, der für einen Militärstaat eher untypisch sein dürfte.

Auch die immer wieder verwendete ökonomische Argumentation für die Begründung der Militärstaatsthese überzeugt nicht. Dass etliche DDR-Betriebe hauptsächlich oder neben der zivilen Produktion für die Landesverteidigung tätig waren, stellt sich bei seriöser Betrachtung nicht als Versuch zur Militarisierung der ostdeutschen Volkswirtschaft, sondern als Ausdruck ökonomischer Vernunft der damals verantwortlichen Wirtschaftspolitiker dar. Wenn schon die militärpolitischen Vorgaben aus Moskau nur bedingt verhandelbar waren, setzte man sie doch wenigstens möglichst kostendämpfend um, zumal die internationale Situation solche Anstrengungen zu rechfertigen schien. Zur Verringerung des volkswirtschaftlichen Aufwandes wurde überall dort, wo es möglich war, auf teuere Importe verzichtet und den Streitkräften statt dessen in der DDR produziertes Material zugeführt. Es stellt sich in diesem Zusammenhang die Frage, wie die These von einer primär auf das Militär ausgerichteten Volkswirtschaft mit der Behauptung zusammenpassen soll, diese Wirtschaft und ihre Unternehmen seien überwiegend technologisch zurückgeblieben und ineffizient gewesen. Moderne Streitkräfte, wie die DDR sie unbestreitbar besaß, wären mit einer gänzlich ineffizienten und unmodernen Wirtschaft weder auszurüsten noch zu unterhalten gewesen. Weder verfügte die DDR über eine militarisierte, an den Hightech-Standards der modernen Kriegführung orientierte Ökonomie, noch bestand diese Wirtschaft hauptsächlich aus verschlissenen, ineffizienten Betrieben.

Das ebenfalls gern präsentierte Erklärungsmuster, die DDR sei wirtschaftlich durch ihre Militarisierung ruiniert worden, ist naiv, weil es unterstellt, dass das

245

ostdeutsche Wirtschaftssystem eine Chance gehabt hätte, wenn nur weniger Geld in die Rüstung und das Militär gesteckt worden wäre. Diese Auffassung verdeckt, dass die Ursachen für das wirtschaftliche und politische Scheitern der DDR viel tiefer liegen als in der Prioritätensetzung bei der Festlegung von Budgets. Es waren die innovations- und produktivitätshemmenden Defekte des von der UdSSR kopierten Planungs- und Leitungssystems der Wirtschaft, welche die DDR letztlich den Wettlauf mit dem Westen verlieren ließen. Die Rüstungsaufwendungen für die eigenen Streitkräfte und vor allem die zusätzlich aufzubringenden Mittel für die Stationierung sowjetischer Truppen im Land sowie für die Uranförderung haben den daraus resultierenden Zerfallprozess durch die Beschränkung sozialpolitischer Handlungsspielräume der DDR-Führung lediglich beschleunigt.

Berücksichtigt man die Startbedingungen dieses Staates, der durch Kriegsschäden, Demontagen, Reparationsleistungen sowie durch die Teilung des ehemals einheitlichen Wirtschaftsraumes und den Kalten Krieg einem historisch nicht vergleichbaren Aderlass unterworfen war, gewinnt man hohen Respekt vor den Arbeitsleistungen der Menschen in der DDR. Durch ihren Mut, ihr Engagement und ihre Opferbereitschaft haben sie einen ausgebluteten Staat, der in Grunde unter den obwaltenden Rahmenbedingungen von vornherein keine Chance zu einer eigenständigen Entwicklung hatte, trotz mancher wirtschaftspolitischer Fehlleistungen seiner Führung bis 1989 am Leben erhalten. Teil dieser Anstrengungen war die ökonomische Sicherung der Landesverteidigung durch modern ausgerüstete Streitkräfte. Die Mitarbeiter in den Unternehmen der Speziellen Produktion erbrachten diese Leistungen nicht, weil sie durchweg Anhänger der marxistischen Ideologie waren oder weil ein allgewaltiger Staatssicherheitsdienst sie dazu zwang, sondern weil sie mit ehrlicher, korrekter Arbeit ihre Familien ernähren und einen bescheidenen Wohlstand schaffen wollten. Es ist dieses traditionelle Arbeitsethos, es sind diese Lebensleistungen, die unabhängig von nachträglichen politischen Interpretationen bleibenden Wert haben.

Wie das NVA-Arsenal verkauft wurde
Cash für den Bund

Als mit der DDR ihre Streitkräfte abgewickelt wurden, verschwanden die Waffen- und Ausrüstungsbestände der NVA aus dem Blickfeld der Öffentlichkeit. Wen interessierte schon die scheinbar nutz- und wertlose militärische Hinterlassenschaft jenes Staates, den man als historischen Sperrmüll entsorgte und der nach dem Willen mancher Politiker zukünftig lediglich eine Fußnote der Geschichte wert sein sollte.

Auch die Unternehmen der Speziellen Produktion benötigte der neue, alte deutsche Staat nicht. Für die Ausstattung der Bundeswehr sorgten die etablierten Wehrtechnikhersteller der BRD. Die Zeichen standen auf Abrüstung, was schrumpfende Auftragseingänge im Wehrtechnikbereich erwarten ließ. Die ostdeutschen Unternehmen der Branche waren plötzlich unliebsame Konkurrenten auf den angestammten Märkten des Westens, an deren Erhalt kein westdeutscher Wirtschaftsführer oder Politiker Interesse haben konnte. Sie hatten in Bonn keine Lobby, ohne deren Wirken das Geschäft im Wehrtechnikmarkt noch nie funktionierte. Die Währungsunion brachte den Unternehmen der Speziellen Produktion zudem den Zusammenbruch der Ostmärkte, weil die Kunden die nun geltenden D-Mark-Preise nicht zahlen konnten.

Der deutsche Staat in Gestalt der Spitzen von Bundesverteidigungsministerium und Bundeswehr sah keine Veranlassung, durch Aufträge die Marktchancen der im freien Fall befindlichen ostdeutschen Wehrtechnikunternehmen zu verbessern. Bei der Begründung dieses Vorgehens wurde bewusst unterschlagen, dass auch die traditionelle Wehrtechnikproduktion im Westen durch direkte und indirekte öffentliche Subventionen gestützt wird und wettbewerbsverzerrende industriepolitische Interventionen der Staaten zugunsten ihrer Rüstungsunternehmen eher die Regel als die Ausnahme sind.

Daher bedurfte es einer tragenden kommunikationspolitischen Idee für die Abwicklung häufig modern ausgerüsteter ostdeutscher Wehrtechnikunternehmen. Mit dem Hinweis auf die hohen Anforderungen der internationalen Märkte, den sich verschärfenden Wettbewerb und das angeblich zu geringe technologische Niveau der Produktion im Osten wurden Unternehmen zerschlagen und – der reinen Lehre folgend – häufig unter Wert privatisiert.

Diese günstigen Privatisierungskonditionen lockten Interessenten an, die sich geübten Auges die Filetstücke aus der Konkursmasse der einstigen DDR-Rüstungsindustrie herauspickten. Die Mitarbeiterzahlen der privatisierten Unternehmen wurden dabei in der Regel drastisch reduziert. Nur für geringe Teile der alten Belegschaften erfüllte sich die Hoffnung, den in Ostdeutschland einsetzenden Deindustrialisierungsprozess unbeschadet überstehen zu können.

Manche der einstigen DDR-Rüstungsunternehmen sind nach wie vor in der Wehrtechnikbranche tätig.

Aus dem Instandsetzungswerk Ludwigsfelde wurde ein Unternehmen des zur EADS-Gruppe gehörenden Konzerns MTU. Jetzt wird am Standort Ludwigsfelde der größte Serienprüfstand für Propellertriebwerke in Westeuropa errichtet. Die für den europäischen Militärtransporter A400M in Ludwigsfelde endmontierten Triebwerke sollen auf diesem Prüfstand getestet werden.

Der Jenoptik-Konzern ist als Nachfolger des Kombinats Carl Zeiss Jena mit seinen Tochterunternehmen weiterhin im Wehrtechnikmarkt tätig und besetzt die bereits vor 1990 definierten wehrtechnisch relevanten Kompetenzfelder. Das Sprengstoffwerk Schönebeck gehört wie das Nachfolgeunternehmen des Instandsetzungswerkes Pinnow zur skandinavischen Nammo-Gruppe, die unter anderem mit der Herstellung von Munition ihr Geld verdient.

Das ehemalige Sprengstoffwerk Schönebeck aus der Luft. Heute lässt dort die schwedische Firma Nammo Munition herstellen

Auch das Unternehmen Pyrotechnik Silberhütte im Harz, das bis 1990 Fallschirmnotsignale, Übungsmunition, Leucht- und Signalmunition, Nebelmunition für Panzer und Schiffe sowie Radartäuschkörper produzierte, ist als 100-prozentige Tochter der Firma Rheinmetall wieder im Wehrtechnikgeschäft. 90 Prozent der derzeitigen Produktion sind militärische Erzeugnisse wie Leucht- und Signalmunition, Simulatoren, Täuschkörper, Reizstoffprodukte und pyrotechnische Munition. Die Abnehmer finden sich in 30 Ländern.

Die Flugzeugwerft Dresden mutierte zur Elbe Flugzeugwerft und ist als EADS-Tochter am Umbau militärischer Transportflugzeuge beteiligt. Das Seifhennersdorfer Unternehmen SPEKON produziert wieder Fallschirme für den Bedarf des Militärs.

Das Spreewerk Lübben ist Teil des US-Konversions- und Rüstungskonzerns General Atomics. Und die von der Hegemann-Gruppe übernommene Peene-Werft Wolgast setzt für die Bundesmarine U-Boote und Überwasserkampfschiffe instand. Zudem hat die Bundesmarine die Produktion mehrerer Vorschiffssektoren für Fregatten und von Teilen für einen Einsatzgruppenversorger in Auftrag gegeben. Die Schwedische Küstenwache orderte vier Mehrzweckkampfschiffe.

Dass die Grundlagen für die heutigen Marktpositionen dieser Unternehmen in der DDR und mit dem Geld der DDR-Bürger gelegt wurden, ist im Strudel des gesellschaftlichen Umbruchs im Osten schnell in Vergessenheit geraten.

Ähnlich wie im Bereich der Speziellen Produktion ist das Bild beim Umgang mit den Sachwerten der NVA. Bereits Ende 1989, bezugnehmend auf die Wiener Verhandlungen über konventionelle Streitkräfte in Europa (VKSE), hatte die DDR eine drastische Verringerung ihres Militärpotentials angekündigt. Die NVA sollte um 10.000 Soldaten verringert, die Militärausgaben sollten um zehn Prozent reduziert, sechs Panzerregimenter mit 600 Panzern aufgelöst werden. Damit boten sich nicht nur Möglichkeiten für eine Verringerung der Spannungen in Europa, sondern auch für eine Entlastung der ostdeutschen Volkswirtschaft.

Dass Investitionen in die Sicherung der Landesverteidigung immer Mittel binden, die in anderen Bereichen fehlen, und dass Aufwendungen für das Militär ökonomisch so wirken, als würde man Geld aus dem Fenster werfen, war auch den politischen Entscheidern der DDR klar. Bis auf jene Erzeugnisse und Leistungen, mit denen sich Devisen erwirtschaften ließen, hätte man gerne auf die Spezielle Produktion verzichtet. So wurden bis zum März 1990 verschiedene Konzeptionen für die weitere Abrüstung der NVA und die Umstellung von Rüstungsunternehmen auf die Herstellung ziviler Produkte entwickelt.

Noch am 16. März 1990 – zwei Tage vor der Volkskammerwahl – beschloss die Modrow-Regierung die Bildung eines Amtes für Abrüstung und Konversion als nationale Abrüstungsbehörde. Auch praktische Abrüstungsschritte wurden in dieser Zeit eingeleitet. So waren bis Ende Mai 1990 bereits 346 Kampfpanzer demilitarisiert und 230 Panzer für die Demilitarisierung vorbereitet worden. 21 dieser Fahrzeuge wurden für Verwendungen in der Volkswirtschaft sowie als Berge- und Räumfahrzeuge für Katastrophenfälle umgebaut. 50 Kampfflugzeuge wurden entweder verschrottet oder funktionsuntüchtig gemacht und anderen Zwecken zugeführt, zum Beispiel als Exponate für Museen. 27 Startrampen für den Einsatz operativ-taktischer Raketen wurden außer Dienst gestellt.

Die für die Abrüstung Verantwortlichen der Modrow-Regierung hatten – zunächst in Erwartung eines länger währenden Vereinigungsprozesses und einer weiteren Existenz der DDR im Rahmen einer Konföderation – das Schwergewicht auf eine volkswirtschaftlich abgestimmte, langfristige Konversion gelegt. Mit dem Regierungswechsel im Frühjahr 1990 änderte sich an dieser generellen Orientierung offiziell zunächst nichts. Der von seinen westdeutschen Beratern betreute neue Minister für Abrüstung und Verteidigung, Rainer Eppelmann, forcierte nun jedoch vor allem die Umsetzung der bereits von der Vorgängerregierung beschlossenen Festlegungen zur Vernichtung von Militärtechnik. Das zielte – jenseits offizieller Verlautbarungen – offenbar nicht mehr nur auf die Abrüstung oder die Entlastung der DDR-Volkswirtschaft, sondern auf die sukzessive Ausschaltung der NVA als Machtfaktor im Land.

Kurz nach dem Regierungswechsel gingen unabhängig von den Sonntagsreden westdeutscher Politiker fast alle politischen Akteure von der mittelfristigen Fortexistenz beider deutscher Staaten und ihrer Streitkräfte aus. Perspektive und Zeitrahmen einer möglichen staatlichen Einheit waren dabei völlig unklar. Welche von der Bundesregierung nach Kräften geförderte Dynamik der Prozess spätestens nach der Währungsunion gewinnen würde, war nicht absehbar. Die neue DDR-Regierung meinte, die Streitkräfte und ihr Offizierskorps einhegen und verbal beruhigen zu müssen, um zu verhindern, dass von dieser Seite Widerstand gegen die Politik zur Demontage der DDR geleistet würde. Immer wieder tauchten zum Teil bewusst gestreute Gerüchte auf, die NVA könne mit einem Putsch die DDR übernehmen. Vernichtete man die Waffen, nahm man der Armee – vor allem dem Offizierskorps – die Existenzberechtigung. Die Befürchtungen des Ministers und seiner Berater erwiesen sich zwar als völlig unbegründet, doch die beschleunigte Aussonderung und Verschrottung von Bewaffnung und Ausrüstung schienen ein gut zu kommunizierender Einstieg in die Entsorgung der ganzen Armee zu sein.

The TELAR

Die Bewaffnung des Küstenraketenregiments 18 der NVA wird per Inserat zum Verkauf angeboten

Gegen Abrüstung und die Verringerung der Streitkräfte konnte angesichts der Veränderungen in der Welt niemand etwas haben. Scheinbar war nun der Zeitpunkt für den Genuss der volkswirtschaftlichen Entspannungsrendite gekommen. Um die Gemüter in den Führungsstäben der Armee und in den Kasernen zu beruhigen, wurde in der Öffentlichkeit ausgiebig über die Perspektiven für die Entwicklung einer umstrukturierten, reduzierten NVA und ihre Fortexistenz als Teil einer gesamtdeutschen Armee diskutiert. Und auch um die sozialen Belange der Berufssoldaten und Zivilbeschäftigten wollte man sich kümmern.

Die Verwertung des NVA-Sachvermögens sollte dafür finanzielle Spielräume schaffen. Eine vom Finanzministerium und dem Ministerium für Abrüstung und Verteidigung erarbeitete Beschlussvorlage für den Ministerrat der DDR vom Juli 1990 sah vor, dass »Veräußerungserlöse von NVA-Vermögenswerten ... als Finanzierungsquelle für die Lösung der sozialen Fragen innerhalb der NVA und für die Bereiche der Konversion, die nur Aufwand erfordern und keine Erlöse bringen, genutzt werden (müssen).« Diese Vorschläge blieben jedoch aus durchsichtigen Gründen in ministerialen Warteschleifen hängen, bis sie von den politischen Entwicklungen überrollt wurden.

Für den sozialen Bestandsschutz der NVA-Berufssoldaten und Zivilbeschäftigten, die mancher als privilegierte Stützen des in Auflösung befindlichen Staa-

Adimral Theodor Hoffmann, der letzte Verteidigungsminister der DDR, und sein Nachfolger, Pfarrer a. D. Rainer Eppelmann, 1990

tes ansah, mochte sich kaum einer der die DDR abwickelnden Politiker über allgemeine Absichtserklärungen hinaus einsetzen. So scheiterten folgerichtig auch Versuche entsprechende Festlegungen im Einigungsvertrag zu verankern. Am 18. Juli 1990 unterbreitete die Hauptabteilung Allgemeine Angelegenheiten der Abrüstung im Ministerium für Abrüstung und Verteidigung Vorschläge für eine zeitlich über drei bis vier Jahre gestreckte, sozialverträgliche personelle Reduzierung der NVA, die in den Staatsvertrag zur Herstellung der Einheit einfließen sollten. Doch die Tatsache, dass der Staatsvertrag zweckentsprechend zum politischen Exitus eines der beiden Verhandlungspartner führte, hätte selbst bei Berücksichtigung dieser Vorstellungen im Vertragstext kaum etwas an der schließlich an der NVA exekutierten Auflösungspraxis geändert.

Mit den Unterschriften des Ministers für Abrüstung und Verteidigung, des Ministers für Auswärtige Angelegenheiten und des Ministers für Wirtschaft der noch existierenden DDR wurde am 7. August 1990 eine Vorlage über die Bildung einer Regierungskommission für Abrüstung und Konversion bestätigt. Das Wirtschaftsministerium sollte für die »zivile Verwendung bisher militärisch genutzter Produktions-, Forschungs- und Dienstleistungskapazitäten sowie die Eingliederung von bisherigen Arbeitskräften bei Sicherung eines neuen marktfähigen Produktionsprofils der betreffenden Bereiche« Sorge tragen und die Ministerien für Abrüstung und Verteidigung und des Innern »… bei der Organisation der Verwertung/Verwendung auszusondernder Militärtechnik und Bewaffnung durch Unternehmen der Industrie« unterstützen. Diese zunächst noch offiziell gültige Orientierung auf eine volkswirtschaftlich sinnvolle Verwendung freiwerdender Mittel und Produktionskapazitäten im Interesse der DDR-Volkswirtschaft und der Ostdeutschen findet sich auch im Treuhandgesetz vom 17. Juni 1990, das am 22. August vom Ministerrat der DDR bestätigt wurde. Demnach sollte ausgesondertes Militärvermögen der Treuhandanstalt übertragen werden und damit für Investitionen in der DDR zur Verfügung stehen.

Doch durch die Wirtschaft- und Währungsunion waren diese Festlegungen im Grunde schon bei ihrer Inkraftsetzung Makulatur und dienten in der Folgezeit eher als Nebelkerzen bei der Forcierung des Beitrittsprozesses. Die baldige deutsche Einheit im Blick, ging es den verantwortlichen Politikern der DDR offenkundig nicht mehr um eine längerfristig angelegte, volkswirtschaftlich ausgewogene Abrüstung und Reduzierung der NVA, sondern um die schnellstmögliche Beseitigung dieser politisch nicht gewollten Erblast.

Mit Befehl Nr. 31/90 vom 16. August 1990 über Maßnahmen zum Verkauf von Material und Ausrüstung aus den Beständen der NVA und der Einbeziehung privater Unternehmen in die Verwertung militärischer Ausrüstung wurde

Abmarsch des Wachregiments »Friedrich Engels« durch die Geschwister-Scholl-Straße in Berlin-Mitte

durch den Minister für Abrüstung und Verteidigung ein Verkauf von Sachwerten der NVA in Gang gesetzt, der bis zum 3. Oktober 1990 ein Umsatzvolumen von 600 Millionen bis zu einer Milliarde D-Mark erreicht haben soll.

Die am 30. August 1990 per Ministerbefehl erlassene Ordnung für die technische Abrüstung und Verwertung von Wehrmaterial der Nationalen Volksarmee und der Grenztruppen der DDR – Technische Abrüstungsordnung – legte, dieser Intention offenbar folgend, in Abschnitt 2 fest, dass für die technische Abrüstung und Verwertung des NVA-Wehrmaterials eine eigenständige Abrüstungsbehörde die Rechtsträgerschaft übernimmt. Diese Behörde wurde bevollmächtigt »... abzurüstendes Wehrmaterial und Objekte als Anteile in Verwertungsunternehmen einzubringen. Die Zwischenlagerung und Verwertung ausgesonderten Wehrmaterials kann staatlichen und privaten Unternehmen übertragen werden.«

Damit wurde bereits im Spätsommer 1990 der Weg für die Einbindung interessierter privatwirtschaftlich tätiger Unternehmen in den Vermarktungsprozess von NVA-Sachwerten frei gemacht. Im Ministerium für Abrüstung und Verteidigung im Brandenburgischen Strausberg gaben sich Vertreter westdeutscher Verwertungs-, Konversions- und Rüstungsunternehmen die Klinke in die Hand, um an der bereits begonnenen und noch zu erwartenden massenhaften

Vermarktung und Vernichtung von NVA-Wehrtechnik und Munition partizipieren zu können.

Allerdings erwies sich diese kommerzielle Betriebsamkeit nur als Vorspiel für die Geschehnisse nach dem Beitritt der ostdeutschen Länder zur Bundesrepublik.

Sehr schnell wurde klar, dass die internationalen Abrüstungsverpflichtungen (VKSE) beider deutscher Staaten vor allem durch die Vernichtung von NVA-Technik erfüllt werden würden, während die Bestände der Bundeswehr nach der Herstellung der staatlichen Einheit dadurch nicht wesentlich reduziert werden mussten. Überdies: Der einseitige Abrüstungsprozess war mit öffentlichen Mitteln zu finanzieren. Das versprach gute Geschäfte für jene westdeutschen Unternehmen, die beizeiten ihre Interessen anmeldeten und auf das hilfreiche Wirken ihrer Lobbyisten im Bundesministerium der Verteidigung rechnen konnten.

Und in der Tat: Die Reduzierungsverpflichtungen der nach dem 3. Oktober 1990 in Rechtsnachfolge der DDR handelnden, erweiterten Bundesrepublik bei Kampfpanzern, gepanzerten Kampffahrzeugen, Kampfflugzeugen und Artilleriewaffen wurden fast vollständig durch die Aussonderung von NVA-Waffen erfüllt.

Und was nicht verkauft wurde, kam auf einen Denkmalsockel – wie diese MiG-21, die der DDR-Kosmonaut Sigmund Jähn als Jagdflieger benutzte. Sie steht in seinem Geburtsort Morgenröthe-Rautenkranz im Vogtland

Tab. 7: VKSE-Bestandszahlen, Obergrenzen und zu vernichtendes Wehrmaterial beider deutscher Staaten bei Kampfpanzern und gepanzerten Kampffahrzeugen (absolute Zahlen)

Waffenart/Typen BW/NVA	Obergrenze BRD+DDR	Bestand	zu vernichten
Kampfpanzer davon:	4.166	7.000	2.834
M-48		648	
Leopard 1		2.054	
Leopard 2		2.024	
T-54 (NVA)		198	
T-55 (NVA)		1.527	
T-72 (NVA)		549	
Gepanzerte Kampffahrzeuge davon:	3.446	8.920	5.474
M-113		537	
SPz Fuchs		341	
SPz Marder		2.104	
JgPz Kanone		121	
BTR-152 (NVA)		685	
BTR-40 (NVA)		1.158	
BTR-50 (NVA)		104	
BTR-60 (NVA)		1.402	
BTR-70 (NVA)		1.175	
BMP-1/BRM-1 (NVA)		1.126	
BMPz (NVA)		121	
PT-76 (NVA)		143	

Allerdings mussten die Abrüstungsverpflichtungen nicht unbedingt durch Verschrottung, sondern durften auch durch den Verkauf konventioneller Waffen erfüllt werden. Wovon die Bundesrepublik aus Kostengründen intensiven Gebrauch machte. Dadurch änderten sich die Zahlen der durch das vereinte Deutschland abzurüstenden Waffensysteme bis zum Inkrafttreten des KSZE-Vertrages im Jahr 1992. So kamen schließlich von insgesamt 2566 auszusondernden Panzern 1914 aus NVA-Beständen. Von 4257 gepanzerten Kampffahrzeugen, die abzurüsten waren, trugen 4145 das NVA-Hoheitskennzeichen. 1344 Artillerie-Waffen von 1632 zu vernichtenden waren von der NVA übernommen worden. Und alle 140 durch die nun größere Bundesrepublik abzurüstenden Kampfflugzeuge sicherten bis 1990 den Luftraum der DDR.

Außerdem konnte die nun auf nur noch 370.000 Mann Truppenstärke festgelegte Bundeswehr auf die Waffen der NVA verzichten. Für 93 Prozent des DDR-Wehrmaterials hatte die Bundeswehr keine Verwendung. Als am 3. Oktober 1990 die Befehls- und Kommandogewalt über die mittlerweile ihres Führungspersonals beraubte NVA an den Bundesminister der Verteidigung überging, begann daher der massenhafte Verkauf von Kriegsgerät und sonstiger Ausrüstung der NVA auf Rechnung der Bundeswehr, was dem Abrüstungs- und Konversionsgedanken sowie dem Treuhandgesetz widersprach. Doch welche normative Kraft konnten die Gesetze eines Staates haben, der sich selbst abgeschafft hatte?

Eine exakte Bestandsaufnahme der NVA-Sachwerte fand nach dem 3. Oktober 1990 ebenso wenig statt wie eine ordnungsgemäße Übergabe und eine seriöse Darstellung des Marktwertes der übernommenen Bewaffnung und Ausrüstung. Wegen des anderen Wehrsystems und der schließlich durch den letzten Abrüstungs- und Verteidigungsminister der DDR und das Territorialkommando Ost der Bundeswehr eifrig betriebenen Entlassung höherer NVA-Offiziere sei eine Bestandserfassung angeblich nicht möglich gewesen.

Damit waren die durch die Vermarktung von NVA-Ausrüstung auf Rechnung der Bundesrepublik oder der Bundeswehr erwirtschafteten Erlöse einer öffentlichen Kontrolle weitgehend entzogen. NVA-Material wurde zum Nutzen der Bundesrepublik in 70 Staaten geliefert. Die im Auftrag der Bundeswehr agierende Firma VEBEG erzielte im letzten Quartal des Jahres 1990 mit dem Verkauf ausgesonderter NVA-Ausrüstungen 75 Millionen D-Mark Umsatz. Im Folgejahr waren es schon 121 Millionen Deutsche Mark.

Die Dimensionen der Geschäfte mit der Entsorgung der NVA und ihrer Ausrüstung lassen sich anhand einer Aufstellung des ausgesonderten und zu verwertenden Wehrmaterials der NVA aus dem Jahr 1991, also nach Übernahme der Befehls- und Kommandogewalt durch den Bundesminister der Verteidigung, nur erahnen. Die Zahlen belegen indirekt die Erfüllung der für beide deutsche Staaten geltenden VKSE-Verpflichtungen durch die einseitige Verschrottung von NVA-Waffesystemen.

Tab. 8: Ausgesondertes und zu verwertendes Wehrmaterial der NVA

Waffensysteme	Anzahl
Kampfpanzer	2.330
Schützenpanzer	6.470
Artilleriegeschütze	2.215
Kampfflugzeuge	368
Hubschrauber	51
Gepanzerte Kfz	1.600
tragbare Fla-Raketen	2.000
tragbare Panzerabwehrsysteme/Raketen	450
Pistolen	270.000
Maschinenpistolen (7,62)	700.000
Maschinengewehre	45.000
Panzerbüchsen	26.000
Übungsflugzeuge	50
Transportflugzeuge	50
Raketenschiffe	18
Küstenschutzschiffe	19
Minenabwehrschiffe	20
Mittlere Landungsschiffe	12
Schwimmende Stützpunkte	6
Hochseetanker	3
Hochseeversorger	7
Bergungsschiffe/Schlepper	9
Reedeverkehrsboote	34
Schleppboote	22
Reedetanker	5
Schwimmtanks (schwimmende Lager)	20
Schwimmkran	1
Wohnschiffe	2
Kfz (Vergaserkraftstoff)	55.000
Kfz (Dieselkraftstoff)	25.000
Anhänger	30.000
Funkgeräte	45.000
Sonstige Klein-Systeme/Geräte	275.000

Nicht nur mit der Verschrottung und Vermarktung von NVA-Technik und Ausrüstung öffneten sich für die Bundeswehr und für die von ihr beauftragten Unternehmen renditeträchtige Betätigungsfelder. Die Munitions- und Sprengstoffbestände erweckten ebensolche Begehrlichkeiten. Einer Aufstellung der Verwaltung Rückwärtige Dienste des Ministeriums für Abrüstung und Verteidigung zufolge verfügte die NVA 1990 über Munitions- und Sprengstoffbestände in Höhe von 295.430 Tonnen.

Tab. 9: Munitionsbestände der NVA (Munition RWD/NVA, Stand 1990)

Munitionsgruppe	Anzahl der Munitionsarten	Gesamtmenge (t)
Schützenwaffen	92	58.600
Artillerie und Granatwerfer	87	52.900
Geschosswerfer	6	23.600
Flak und Fla-SFL	17	21.800
Panzer, SPW, SPz	63	66.000
Panzerabwehrmittel	12	18.000
Panzerabwehrlenkraketen	8	1.500
Fla-Raketen kleiner Reichweite	4	500
Handgranaten	9	8.000
Sonstige Munitionsteile	25	3.000
Fla-Raketen	3	4.378
Gelenkte Luft-Luft-Raketen	10	2.429
Gelenkte Luft-Boden-Raketen	7	406
Ungelenkte Raketen	8	1.656
Bomben	15	1.290
Bordmunition	5	886
Schiffsartillerie und -Flak	5	2.909
Seeminen	6	2.208
Wasserbomben	2	1.785
Großraumladungen/Gefechtsteile	5	685
Pioniermunition	66	16.000
Leucht- und Signalmittel	68	6.000
HCH-Nebelsätze	3	760
Sonstige Nebelsätze	6	138
Gesamt	532	295.430

Die Entsorgung von Munitionsbeständen der NVA wurde für etliche westdeutsche Unternehmen ein unerwartetes und sicher finanziertes Geschäft. Die Firmen Buck, Diehl, Dynamit Nobel, Rheinmetall und MBB partizipierten heftig an diesem mit öffentlichen Mittel gespeisten Markt. Insgesamt waren 105.548.752 Tonnen an Trägermitteln, Startrampen, Raketen und Munition zu entsorgen, wobei sich die Unternehmen durchaus spezialisierten.

Tab. 10: Die Entsorgung der NVA-Munitionsbestände durch BRD-Unternehmen

Entsorgungsunternehmen	vernichtete Munition der NVA
Buck	operativ-taktische Raketen Taktische Raketen Fla-Raketen PALR Flugzeugraketen Seezielraketen
Diehl	125 mm Granaten T-72 100 mm Granaten T-55 81 mm Nebelgranaten 76 mm Granaten 12,7 mm Patrone 7,62 mm Gewehrpatrone 40 mm Granaten RPG-7
Dynamit Nobel	Handgranaten F1
Rheinmetall	152 mm Granaten 130 mm Granaten 85 mm Granaten 100 mm Granaten 73 mm Granaten
MBB (Entsorgung von Fliegerabwehrmitteln und von Raketen/Munition der NVA-Heeresfliegerkräfte)	57 mm Granaten 14,5 mm Patronen 7,62 mm Patronen S-5KO/S-5M/K PALR

12,7 mm Patronen
Fliegerbomben
Bordwaffenmunition
Flak-Munition

Nach Berechnungen von Wolfgang Neidhardt und Ludwig Marum ging es bei der Abwicklung der NVA unter Berücksichtigung des Alters und Zustandes der NVA-Bewaffnung und Technik um einen Wert zwischen 40 und 45 Milliarden D-Mark. Die beiden Zeitzeugen wissen, worüber sie reden – waren sie doch im Ministerium für Nationale Verteidigung bzw. in der Staatlichen Plankommission der DDR für die militärökonomische Sicherstellung der DDR-Streitkräfte verantwortlich. Sie können kompetent einschätzen, was das Erbe der NVA wert war. Der Zeitwert von Bewaffnung, Militärtechnik, Munition, Ersatzteilen, Zubehör, Immobilien, stationären Anlagen wie Häfen und Flugplatzeinrichtungen sowie von Lagerbeständen ist mit einem Betrag in Höhe von 150 bis 200 Milliarden D-Mark anzusetzen, wobei Immobilien und Bauten militärischer Zweckbestimmung mit etwa 100 Milliarden D-Mark zu Buche schlagen. Lagerbestände an Verpflegung, Bekleidung und Ausrüstung hatten, die Bestände der Staatsreserve nicht eingerechnet, einen Zeitwert von zehn bis 15 Milliarden D-Mark.

Der Beschaffungswert der weiter von der Bundeswehr genutzten NVA-Technik (darunter 24 Jagdbomber MiG-29, drei Raketenkomplexe Kub (SA-6), drei Raketenkomplexe OSA AK und zwei Raketenkomplexe Wega, 1896 Fliegerabwehrraketen Strela-2M und 75 Fla-Raketen Igla, 892 Schützenpanzer BMP, 126 Transporthubschrauber und 21 Transportflugzeuge) wurde 1992 von der Bundesregierung mit zwei Milliarden D-Mark angegeben. Nach realistischen Berechnungen lag jedoch allein der Marktwert der hochmodernen MiG-29 bei über zwei Milliarden D-Mark. Die 24 MiG-29 wurden bei EADS mit Zusatztanks zur Erhöhung der Reichweite und mit neuen Navigationssystemen versehen. Die Maschinen bewährten sich bis 2003 im Jagdgeschwader 73 der Luftwaffe, das in Laage bei Rostock stationiert ist.

Wegen der guten Erfahrungen mit der Nutzung der MiG-29 gab es Überlegungen, diese Maschinen generell in der Luftwaffe einzuführen. Deutschland hätte so zu einem sehr günstigen Systempreis hochmoderne Jagdbomber erhalten, die sofort einsetzbar gewesen wären. Die Verhandlungen mit Russland scheiterten jedoch. Zum einen befürchtete man, sich im Bereich der Luftrüstung zu stark von Russland abhängig zu machen. Zum anderen sollten die Investitionen in neue Kampfflugzeuge dem Ausbau der Europäischen Luftfahrtindustrie zugute kommen. Dabei ging es auch um Arbeitsplätze in den deutschen Unternehmen der EADS-Gruppe. Dass sich damit die Kosten für die Beschaffung neuer Maschinen massiv erhöhten und mit dem Eurofighter ein Flugzeug eingeführt wird, das weder im Luftkampf erprobt, noch technisch ausgereift ist, wurde billigend in Kauf genommen. Nach Ausmusterung der 24 MiG-29 aus dem Bestand der Luftwaffe wurden sie für den symbolischen Preis von einem Euro pro Maschine im Jahr 2003 an Polen verkauft.

Die Kampfwerterhöhung der Bundeswehr durch Übernahme modernsten NVA-Gerätes kann ebenso wenig beziffert werden, wie die nichtmateriellen Effekte für die Entwicklung westlicher Kampftechnik durch die Kenntnis konstruktiver Details und Leistungsparameter der Ausrüstung des einstigen Gegners. Das ist nur ein Teil des offenbar nicht unattraktiven militärökonomischen Erbes, das der Bundesrepublik Deutschland durch die Abwickelung der DDR zufiel. Das Ende der DDR und ihrer Streitkräfte bescherte der Bundesrepublik eine unverhoffte politische und finanzielle Rendite, die sich vor allem aus drei Quellen speiste:

1. Die Bundesrepublik ist den Abrüstungsverpflichtungen beider deutscher Staaten vor allem durch die Verschrottung oder den Verkauf von NVA-Gerät und die weitgehende Auflösung der NVA nachgekommen. Ausrüstung, Bewaffnung und Personalbestand der Bundeswehr konnten somit ungeachtet aller ursprünglich für die Bundesrepublik allein geltenden Abrüstungsverpflichtungen weitgehend erhalten werden. Die ehemaligen DDR-Bürger haben mit den von ihrem Geld erworbenen NVA-Waffen indirekt den Bestandsschutz für Angehörige der Bundeswehr ermöglicht und ihren ganz speziellen Beitrag zum Erhalt des sozialen Friedens in den Kreisen der uniformierten Staatsdiener geleistet.

2. Die Bundesrepublik hat an NATO-Partner (auch in Spannungsgebieten) NVA-Kampftechnik und Ausrüstung geliefert. Ein bedeutender Teil der Militärhilfe für die USA, Israel, die Türkei, Frankreich und Ägypten im zweiten Golfkrieg gegen den Irak (Operation Desert Storm) bestand aus unentgeltlich überlassenem NVA-Gerät. Die damalige Bundesregierung erkaufte sich das Wohlwollen der westlichen Führungsmacht durch die Übergabe von Schutzmasken, Wasserbehältern, mobilen Duschanlagen, Sanitätskraftwagen, Tankfahrzeugen und Pioniertechnik aus Beständen der NVA an die US-Army. Die Führung der amerikanischen Hightech-Armee hatte zwar dafür gesorgt, dass die Einheiten im Gefecht per Laptop und GPS geführt werden konnten, doch auf einen Schlagabtausch unter Einsatz von Massenvernichtungswaffen durch einen scheinbar zu allem entschlossenen Gegner war die Invasionsarmee offenbar nur unzureichend vorbereitet. Da kamen die Ausrüstungen der NVA für die ABC-Waffenabwehr – überwiegend aus DDR-Produktion – gerade recht.

Der deutsche Staat verschenkte DDR-Volksvermögen im Wert von etwa 740 Millionen D-Mark an seine Verbündeten zur Führung eines Krieges. Es war eine durch die Menschen in der DDR finanzierte Freikaufaktion der Bundesrepublik vom Druck der USA zu einer Beteiligung an dieser von Rohstoffinteressen der westlichen Supermacht befeuerten Kampagne.

Auch bei der Stärkung der Südflanke des NATO-Bündnisses in Gestalt der Türkei und Griechenlands setzte die Bundesrepublik auf von der DDR-Bevölkerung finanzierte NVA-Technik im Gesamtwert von 2,1 Milliarden D-Mark. Die türkische Armee profitierte von der Lieferung von 300 Schützenpanzerwagen BTR/SPW-60 PB, Schützenwaffen, Munition, Panzerfäusten RPG-7, Feldlazaretten, Tankfahrzeugen, Stahlhelmen und Pionierausrüstungen im Rahmen der NATO-Verteidigungshilfe. Diese Technik war in Filmberichten über den Einsatz der türkischen Armee gegen die kurdische Guerilla zu sehen – eine Verwendung dieser Ausrüstungen, die nach Aussage deutscher Politiker im Liefervertrag angeblich ausdrücklich ausgeschlossen werden sollte.

Wo der NATO-Partner Türkei versorgt wird, muss auch der regionale Rivale Griechenland bedacht werden. Die Lieferung von drei Fla-Raketenkomplexen OSA AK mit 924 Raketen, 120 Fla-Selbstfahrlafetten Schilka, 500 Schützenpanzern BMP-1, verschiedenen Arten von Panzerabwehrlenkkomplexen mit entsprechenden Raketen, 158 Geschosswerfern RM-70 mit Munition, Schützen- und Panzerminen, Brückenlegegeräten, sowie Rad- und Kettenzugmitteln durch die Bundesrepublik wirkte für das griechische Militär wie eine militärtechnische Frischzellenkur.

Wer hätte in den aufregenden Tagen des Wendeherbstes und des Jahres 1990 angesichts allgemeiner pazifistischer Schwärmerei über die nun mögliche Auflösung beider Militärblöcke gedacht, dass mit dem Geld der DDR-Bürger teuer erworbene Waffen zur militärtechnischen Korsettstange für NATO-Staaten werden würden?

Auch der Balkankrieg wurde offenbar zum Teil unter Einsatz von NVA-Waffen geführt. Lieferungen von Kampfpanzern, Schützenpanzerwagen, Artilleriesystemen und Kampfflugzeugen an Jugoslawien, Mazedonien und Kroatien waren mit Sicherheit nicht im Sinne der europäischen Abrüstungsvereinbarungen.

Indonesien orderte im Rahmen regulärer Exportverträge 39 Kampf-, Landungs- und Versorgungsschiffe der DDR-Volksmarine mit einem Beschaffungswert von 1,7 Milliarden DDR-Mark, wobei der durch die Bundeswehr angegebene Zeitwert mit lediglich 187 Millionen D-Mark nicht nur deutlich unter dem Beschaffungswert in Mark der DDR, sondern auch unter dem internationalen Marktwert in Höhe von etwa 1,8 Milliarden D-Mark lag.

Weitere Exporte von NVA-Kriegsgerät (Kampfpanzer T-72, Schützenpanzer BMP, Artilleriesysteme, Sturmgewehre) gingen nach Schweden, Finnland und Belgien.

3. Die Bundesrepublik hat verschiedenen Verbündeten modernste NVA-Technik zur Auswertung und Gegnerdarstellung für Trainingszwecke zur Verfügung gestellt. Entsprechende Techniklieferungen gingen an Israel, die USA, Großbritannien, Frankreich und die Niederlande.

Israel erhielt Exemplare fast aller in der NVA genutzten Raketenkomplexe (Schiff-Schiff-, Luft-Luft-, Luft-Boden-Raketen, Gefechtsköpfe der Rakete Luna M, Panzerabwehrlenkraketen und Fliegerabwehrraketen). Hinzu kamen die Radar-, Laseraufklärungs- und Gefechtsfeldüberwachungssysteme der NVA, Freund-Feind-Kenngeräte, das Radar für die MiG-29, Feuerleitsysteme sowie Mittel der Funkgegenwirkung, die Fla-Selbstfahrlafette Schilka, Panzer- und Schützenminen, Minenräumgeräte und der Torpedo SAET-40.

Amerikanisches Militär und die Rüstungsindustrie der USA nutzten die günstige Gelegenheit für den Erwerb von NVA-Raketenkomplexen, Gefechtsleitelektronik, Funkstörgranaten, Panzer- und Schützenminen, Minenräumgeräten, der Fla-SFL Schilka, des Torpedos SAET-40, der Raketenstarteinrichtung PK-16, diverser Seeminen, des Marinehubschraubers MI-14, und des Flugzeuges MiG-29, wobei das besondere Interesse dem Triebwerk und dem mit einem integrierten elektronischen Visier ausgestatteten Pilotenhelm für dieses Flugzeug galt. Außerdem übergab die Bundesrepublik ein aus dem Bestand der 6. Volksmarine-Flottille übernommenes Kleines Raketenschiff Projekt 1241 (Tarantul) zu Forschungszwecken an die US-Navy, die sich für die hochmoderne Turbinenanlage, den Schiffskörper und die Raketentechnik dieses Waffensystems interessierte.

Panzer, Panzerhaubitzen, Geschosswerfer und andere Kampftechnik der NVA wurden an die USA in größerer Zahl zur Gegnerdarstellung kompletter Einheiten (etwa in Regimentsstärke) bei Gefechtsübungen geliefert.

An Großbritannien gingen Exemplare von Kampfschiffen der Volksmarine, Raketen, die Jagdbomber SU-22M4 und MiG-23BN, die Raketensysteme Luna M und Rubesh (Küstenraketensystem), der Torpedo SAET 40, Schiffsminen, Panzer- und Schützenminen sowie Minenräumgeräte, während der französische Warenkorb Panzerabwehrlenkraketen, Handfeuerwaffen, Nachrichtensysteme und den Raketenkomplex Luna M enthielt. Die Niederlande beschränkten sich – vergleichsweise bescheiden – auf die technische Auswertung der Schiff-Schiff- Raketen und des Torpedos SAET 40.

Diese Beispiele verdeutlichen zweierlei:

Erstens zeigte sich die Bundesregierung gerne spendabel, wenn es um die nicht mehr benötigten Waffen und Ausrüstungen der NVA ging. Die Ostdeutschen sorgten ungewollt mit den von ihrem Geld beschafften NVA-Waffen dafür, dass die deutsche Regierung Partnern in aller Welt gefällig sein konnte. Das offen zuzugeben hätte allerdings nicht in das kommunikationspolitische Konzept der Bundesregierung gepasst.

Zweitens bemühte sich die Bundesregierung in ihren Verlautbarungen immer, den Wert der übernommenen NVA-Technik und die Erlöse aus den Waffenexporten möglichst niedrig zu beziffern. Nichts, was die Menschen dieses untergegangen Staates unter vielen Entbehrungen geschaffen hatten, sollte im öffentlichen Bewusstsein Bestand behalten. Die ostdeutschen Neubürger sollten nicht zuviel Selbstbewusstsein entwickeln. Was zählten schon ihre Lebensleistungen, da sie doch in einer Diktatur erbracht worden waren. Politisch erwünscht waren die retrospektive Pauschalverurteilung der DDR durch die Ostdeutschen und Dankbarkeit für die Transferleistungen des Bundes. Eine faire Eröffnungsbilanz der nun größeren Bundesrepublik, die den Wert des NVA-Sachvermögens angemessen berücksichtigt hätte, wäre in diesem Zusammenhang kontraproduktiv gewesen.

1990 verfügte die NVA über eingelagerte Bekleidung und persönliche Ausrüstung im Wert von etwa 2,2 Milliarden D-Mark. Durch den Verkauf dieses Materials zu Schleuderpreisen erzielte die Bundesrepublik lediglich Einnahmen in Höhe von 17,3 Millionen D-Mark. Die Gewinnspanne für die Wiederverkäufer dürfte beträchtlich gewesen sein. Auch der nicht näher benannte Erlös aus dem Verkauf von 27 nichtmilitärischen Flugzeugen der NVA, von 86 Marinefahrzeugen und sechs Kriegsschiffen, 55.000 Kraftfahrzeugen und 67.570 Handfeuerwaffen im In- und Ausland durch das im Auftrag der Bundeswehr handelnde Unternehmen VEBEG kam nicht den Menschen in den neuen Bundesländern zugute.

Der eilige Ausverkauf von NVA-Technik und Ausrüstung zeugte von der Absicht, das ungeliebte Erbe möglichst schnell los zu werden. Auf die Chance, durch eine strategisch weitsichtige Marktbearbeitung möglichst hohe Erlöse zu realisieren, wurde dabei vorsätzlich verzichtet. Verwunderlich ist das nicht. Handelte es sich doch um Vermögen, das der Bundesrepublik ohne eigenen Aufwand zugefallen war. »Was nichts kostet, ist nichts wert.« So wurden die militärischen Sachwerte der untergegangenen DDR durch die Bundesregierung verschleudert, während man öffentlich die Höhe der Transferzahlungen für die Neuen Länder beklagte.

*Nichts ist abhängiger von ökonomischen Vorbedingungen
als gerade Armee und Flotte.
Bewaffnung, Zusammensetzung, Organisation, Taktik und Strategie
hängen vor allem ab von der jedesmaligen Produktionsstufe
und den Kommunikationen.*

Friedrich Engels

Tab. 11: Unternehmen der DDR mit spezieller Produktion, Geschäftsfelder/Erzeugnisse und die Anzahl der mit spezieller Produktion befassten Mitarbeiter im Jahr 1990. Viele Unternehmen befanden sich zu jenem Zeitpunkt bereits in der Umstrukturierung zu GmbH und/oder wurden umbenannt. Hervorgehobene Unternehmen hatten einen Anteil von mindestens 80 Prozent spezieller Produktion am gesamten Produktionsvolumen)

Unternehmen	Erzeugnisse (Spezielle Produktion)	Mitarbeiter Rüstung
Robotron Hoyerswerda		121
Robotron Telecom Dresden		407
Robotron Messelektronik Dresden (BT Pockau)	Kernstrahlungsmesstechnik-	650
Sachsenwerk Dresden		92
Sächsische Elektronikwerke Dresden/Freital		79
Robotron Büromaschinenwerk Sömmerda		160
Narva Berlin	Infarotstrahler für PALR Konkurs	56
VEB Schaltelektronik Oppach	Ruder für PALR Konkurs	
Nachrichtenelektronik Magdeburg	Mobile Gerätesätze für die Nachrichtentruppe Kontroll- und Prüffahrzeuge für PALR-Komplex Konkurs	900
Robotron Elektronik Radeberg	Mobile Gerätesätze für die Nachrichtentruppe, Richtfunkanlagen	
FIMAG Finsterwalde	Elektroaggregate	
Funkwerk Kölleda	Feldfernsprecher, Minensuchgeräte, Verstärker	
Gerätebau Brieselang	Optisch-mechanische-elektronische Baugruppen für Feuerleitanlagen (TPD-K1) von Kampfpanzern, Zünder für Seeminen	145

Fernmeldewerk Nordhausen	OB-Fernvermittlungen	
Leuchtenbau Leipzig	Beleuchtungssätze	49
Kabelwerk Oberspree, Abt Df-V	Feldverbindungskabel Zulieferung für INEJ-70	
Kabelwerk Plauen	Feldverbindungskabel, leichte Feldkabel	
Robotron Messelektronik Dresden	Baugruppen für Flieger-Abwehrortungsgeräte, Zulieferung für INEJ-70	334
VEB Wetron Weida	Zulieferung für INEJ-70	
Carl Zeiss Jena, Pentacon Dresden	Feuerleitanlagen für Kampf-Panzer und Panzer-abwehrlenkraketen Konkurs und Fagot	123
Carl Zeiss Jena, Werke Gera und Jena-Göschwitz	Laser-Feuerleitsystem »Bastion«	4.861
Carl Zeiss Jena, Werk Suhl	Prüfgeräte	303
ELMO Radeberg	elektronische Steuerungs-elemente, Funksteuerungen Elektronikblock für PALR Konkurs	280
VEB Druckguss Weißensee	Teile für Ruderblock PALR Konkurs	
Grubenlampen- und Akkumulatorenwerke Zwickau	Akkumulatoren für PALR, diverse Batterien	
Elektromotorenwerk Hartha	Präzisionsmotoren für spezielle Verwendungen	195

Keramische Werke Hermsdorf	Elektronische Baugruppen für Fliegerabwehrtechnik Zulieferung für INEJ-70	272
VEB Halbzeugwerk Auerhammer	Zulieferung für INEJ-70	
Elektronische Bauelemente Teltow	Präzisionsbauelemente	
Elektronische Bauelemente Dorfhain	Präzisionsbauelemente	
Elektroanlagen- und Apparatebau Torgau		285
Studiotechnik Berlin		
Werk für Messelemente Greifswald	Instandsetzung von Start- und Lenkanlagen für Raketen	202
Messelektronik Berlin		39
Werk für Fernsehelektronik Berlin		380
Messgerätewerk Magdeburg		42
Steremat		130
Elektromaschinenbau Dresden		
Elektromotorenwerk Eggesin		251
Geräte- und Werkzeugbau Wiesa	Infanteriewaffen	1.098
Jagd- und Sportwaffen Suhl	Läufe für Infanteriewaffen, Pistolen	403
VEB Schlösser und Beschläge Döbeln	Zulieferungen für die Produktion von Sturmgewehren	
Mechanische Werkstätten Königswartha	Infanteriemunition, Panzerbüchsen Teile für PALR Konkurs Zündhütchen	712
Spreewerk Lübben	Infanteriemunition	813
Dessora (Sprengstoffwerk) Kapen	Handgranaten, Spreng- und Räummittel, Minen	549

VEB Pyrotechnik Silberhütte	Leucht- und Signalmunition Nebelmittel, Täuschkörperraketen	810
Sprengstoffwerk Schönebeck	Zündmittel, Sprengstoffe	144
Instandsetzungswerk Pinnow	PALR Konkurs Instandsetzung von Raketen- und Funkmesstechnik	1674
VEB Stahlgießerei Silbitz	Zulieferungen für INEJ-70	
Feuerlöschgerätewerk Apolda	Feuerlöschanlagen für Bunker, Panzer und Schiffe, Antiterroranlagen, Betäubungsgasanlagen zum Schutz von DDR-Botschaften	390
Feuerlöschgeräte Luckenwalde		40
Sprengstoffwerk Gnaschwitz	Sprengmittel	
ZFT Dresden	Konstruktion/Entwicklung von Infanteriewaffen	424
Sachsen Feuerwerk Freiberg		280
Fahrzeugbau Aschersleben	Spezialaufbauten/absetzbare Koffer für LO und W 50	560
Chemie- und Tankanlagenbau Fürstenwalde	Transportable Betankungsanlagen	
Fahrzeugbau Halle, Werk III	Führungsfahrzeuge, Spezialaufbauten	
Maschinenbau Babelsberg	Autodrehkrane, Tragrahmen-Sattelauflieger, Instandsetzung von Raketentransporteinrichtungen	
IFA Automobilwerke Ludwigsfelde	LKW W-50, L-60 (Militärversionen)	
ROBUR-Werke Zittau	LKW LO (Militärversionen)	

Reparaturwerk Neubrandenburg	Mobile Wartungs- und Instandsetzungseinrichtungen für Panzer- und Pioniertechnik, Panzerersatzteile, Instandsetzung aller Panzer und gepanzerten Fahrzeuge	4305
VEB Bodenbearbeitungsgeräte Leipzig	Minensuch- und Verlegegeräte	
Fahrzeugbau Kakerbeck	Anhänger 6-8 Mp	
Fahrzeugbau Lübtheen	Anhänger 6 Mp	
Containerbau Leipzig	Anhängerfahrgestelle, zerlegbare Unterstände	
Motorenwerk Wurzen	Instandsetzung von Panzer-, SPW-, Kfz- und Schiffsmotoren	961
AREWA Altenburg	Instandsetzung von LKW, Regenerierung von Baugruppen	
Kfz-Reparaturwerk Berlin	Instandsetzung geländegängiger Pkw	
Autostahl Nord Rostock	Instandsetzung von LKW Tatra, Regenerierung von Baugruppen	533
Kfz-Instandsetzungswerk Stendal		
Karosserie und Fahrzeugbau Oschersleben		236
Flugzeugwerft Dresden	Flugsicherungstechnik, Herstellung von Baugruppen und Ersatzteilen, Instandsetzung von Flugzeugen	2.400
Strömungsmaschinen Pirna	Schiffsantriebe, Minensuchgeräte	800
Instandsetzungswerk Ludwigsfelde	Instandsetzung von Strahltriebwerken für Jagdflugzeuge, Instandsetzung von Hubschraubertriebwerken und Hubschraubergetrieben	923
Chemieanlagenbau Erfurt-Rudisleben	Flugzeugsicherstellungstechnik	

Zwickauer Maschinenfabrik	Flugzeugsicherstellungstechnik	
Geräte- und Reglerwerke Teltow, BT Stralsund	Zieldarstellungskomplexe	
Carl Zeiss Jena, Werk Eisfeld	Doppelfernrohre, Zielfernrohre	
Carl Zeiss Jena, Werk Rathenow	Zieltrainingsgeräte	
LRM Mittenwalde	Instandsetzung von Fliegerabwehrgeschützen aller Kaliber und von Funkmessgeräten, Produktion von Schießplatzausrüstungen, Lehrgeräten, Baugruppen für PALR Konkurs	676
GISAG Leipzig	Panzerketten, Zahnkränze	226
Chemieanlagenbau Leipzig-Grimma	Tankanhänger	
Bereich VAKA Halle	Tankstelleneinrichtungen	
ABUS Getriebe Dessau	Panzer- und Schiffsgetriebe, Ersatzteile	280
KBA Berlin	Projektierung von Bauleistungen für NVA und GSSD	232
Landmaschinen Rövertannen	Artillerieinstandsetzung	
Medizintechnik Leipzig	Spezialgeräte und Instrumente zum Schutz vor chemischen Kampfstoffen	
Stahl- und Apparatebau Genthin (STAG)	SPW-Instandsetzung, Pioniertechnik und Technik der Chemischen Dienste	650
Brehmer Buchbindereimaschinen Leipzig		24
AUTEC Eberswalde-Finow	ABC-Schutzausrüstungen	123
Wasseraufbereitungsanlagen Rathenow		53
Görlitzer Maschinenbau Landmaschinen Güstrow	Instandsetzung von Artillerie	143

Labortechnik Ilmenau	Mobile Gerätesätze für den chemischen und medizinischen Dienst, mobile Feldlazarette	52
Junkalor Dessau	Geräte zur chemischen Aufklärung	
Arzneimittelwerk Dresden	Medizinische Schutzpäckchen MSP K12A	25
Leipziger Arzneimittelwerk	Entgiftungspäckchen EP68	
Laborchemie Apolda	Indikatormittelsätze, Brandmittelübungssätze	
Jenapharm Naumburg	Indikatorröhrchen	78
Oderna Frankfurt/Oder		323
Burger Bekleidungswerke	Uniformen, Felddienstanzüge	1.884
Herrenbekleidung Berlin	Felddienstanzüge (Winter)	
Schutzbekleidung Berlin		320
Bekleidungswerke Seifhennersdorf	Felddienstanzüge (Winter)	469
	Fall- und Bremsschirme	
Umformwerk Thale	Stahlhelme	
Perfekt Helme Berlin	Stahlhelme	330
Granit Storkow	Stiefel, Schuhe	326
Sponeta Schlotheim	Tarnsätze, Seile und Netze	304
Schmöllner Schuhfabrik	Universal- und Spezialschuhe	
Favorit Taucha	Zelte, Planen, Gurte, Koppel	186
Technische Textilien Meerane	Spezialgewebe	377
Spezialbekleidung Leipzig	Spezialbekleidung	446
Peniger Sattlerwaren und Tragetaschen Rochlitz		90
Eichsfelder Bekleidungswerke		223
Bekleidungswerk Vestis Leipzig		360
Gummiwerk Ortrand		372

Sächsische Kunststoffverarbeitung Ottendorf-Okrilla	Zulieferungen für die Produktion von Sturmgewehren	170
Peene-Werft Wolgast	Kampf- und Hilfsschiffe	4.802
Schiffswerft Neptun Rostock	Kampf- und Hilfsschiffe	
Yachtwerft Berlin	Reedeschlepper, Grenzboote	350

Begriffserklärungen

Ökonomische Sicherstellung der Landesverteidigung: Gesamtheit der Maßnahmen und Methoden zur Deckung des militärökonomischen Bedarfes. Umfasste die Güterproduktion und die Leistungserstellung für militärische Zwecke, die ökonomische Vorbereitung des Territoriums für den Verteidigungszustand sowie die Gewährleistung der Funktionstüchtigkeit der Wirtschaft in Spannungsperioden und Auseinandersetzungen. Oberbegriff für alle Aufwendungen, Maßnahmen, Abläufe und Prozesse, die der Ressourcenerbringung und -zuführung zu den bewaffneten Organen dienten.

LVO-Leistungen und -Lieferungen: Rechtsordnung, auf deren Grundlage sich Prozesse der ökonomischen Sicherstellung der Landesverteidigung vollzogen. Eingeschlossen waren auch Lieferungen für die Landesverteidigung, die keine militärische Spezifik hatten (handelsübliche Lieferungen und Leistungen an die bewaffneten Organe).

Spezielle Produktion: Die für den Bedarfsträger Landesverteidigung (vor allem für die NVA) zu erbringende Produktion (Güter und Leistungen), welche eine ausschließlich oder vorwiegend militärische Verwendung hatte und demzufolge eine ausgeprägte militärische Spezifik besaß.

Spezieller Außenhandel: Import von Rüstungsgütern und Leistungen für die Landesverteidigung der DDR (vorzugsweise für die NVA) und Export von Rüstungsgütern und Leistungen in das Bündnisgebiet des Warschauer Vertrages oder in das Nichtsozialistische Wirtschaftssystem.

Rechtsgrundlagen für die Spezielle Produktion:
Verteidigungsgesetz vom 13. Oktober 1978
Vertragsgesetz vom 25. März 1982
Lieferverordnung (LVO) vom 15. Oktober 1981
Militärabnehmerverordnung (MAVO) vom 15. Oktober 1981
Spezielle Betriebsordnung vom 22. Juni 1983

Planungsstrukturen: Militärbereich der Staatlichen Plankommission der DDR, Abteilungen I in den meisten Ministerien und in den in die spezielle Produktion eingebundenen Kombinaten/Kombinatsbetrieben, Abteilung materielle

Planung des Ministeriums für Nationale Verteidigung, Planungsabteilungen in den Stäben der Streitkräfte.

Verantwortlichkeit und Kontrolle: Leiter aller Ebenen in Wirtschaftsunternehmen und staatlichen Einrichtungen. Militärabnehmer der NVA und (bei Exporten in die UdSSR) der sowjetischen Armee.

Internationale Gremien:
- Vereintes Oberkommando des Warschauer Vertrages
- Technisches Komitee der Vereinten Streitkräfte (Direktunterstellung unter den sowjetischen Oberkommandierenden der Vereinten Streitkräfte). Das Technische Komitee wurde von einem General der Sowjetarmee geführt, auch sein erster Stellvertreter war ein sowjetischer General. Die Abteilungen des technischen Komitees wurden ebenfalls durch sowjetische Offiziere geführt.
- Militärwissenschaftlich-Technischer Rat. Dieser war dem Chef des Technischen Komitees als Beratungsgremium beigeordnet. Der Militärwissenschaftlich-Technische Rat konnte keine verbindlichen Beschlüsse fassen, sondern erließ Empfehlungen, die von den Teilnehmerstaaten weitgehend umgesetzt wurden. Volkswirtschaftliche Rahmenbedingungen und zu erwartende Kosten bei Umsetzung der Empfehlungen waren nicht Gegenstand der Tätigkeit des Gremiums.
- Ständige Kommission für Verteidigungsindustrie des RGW, verantwortlich für die Abstimmung der militärökonomischen Zusammenarbeit im RGW

Quellennachweis

Anordnung über die Aufgaben, Rechte und Pflichten der volkseigenen Kombinate und volkseigenen Betriebe mit spezieller Produktion. Ministerrat der DDR. Berlin, 22. Juni 1983

Baale, Olaf: Abbau Ost , München 2008

Bahrmann, Hannes/Fritsch, Peter Michael: Sumpf – Privilegien, Amtsmissbrauch, Schiebergeschäfte, Berlin 1990

Beschluss über die Bildung einer Regierungskommission für Abrüstung und Konversion (Vorlage). Berlin, 07. August 1990

Brigadetagebuch des Kollektivs »8. März«, VEB Motorenwerk Wurzen, Wurzen 1989

Griesbach, Werner: SPEKON. Chronik einer Firma, Seifhennersdorf 2006

Ciesla, Burghard: Wirtschaftliche Entwicklung und Lebenslage in der DDR, Informationen zur politischen Bildung, Heft 256

Das Panzerbataillon im Gefecht, Berlin 1975, S. 13ff. (in der Sowjetunion erschienen 1966)

Der Spiegel. Schalcks Wunderwaffe. 18/1992, www.spiegel.de

Ehlert, Hans/Rogg, Matthias (Hrsg.): Militär, Staat und Gesellschaft der DDR. Berlin 2004

Engels, Friedrich: Herrn Eugen Dührings Umwälzung der Wissenschaft. In: Karl Marx, Friedrich Engels. Ausgewählte Werke in sechs Bänden, Band V, S. 184

Entscheidungsvorlage für den Ministerrat der DDR: Errichtung einer Treuhandgesellschaft Staatsvermögen NVA zur Verwirklichung der weiteren Abrüstung und Konversion. Ministerium für Finanzen, Ministerium für Abrüstung und Verteidigung der DDR. Berlin 20. Juni 1990

Erfurth, Helmut: Das große Buch der DDR-Luftfahrt, München 2004

Fichtner, Heinz: Wieger 940. Tagebuch über die Entwicklung eines Sturmgewehres. Berlin (kein Erscheinungsjahr angegeben, Selbstverlag)

Gall, Ulrich: Erinnerungen an den Dienstbereich Technik und Bewaffnung des Ministeriums für Nationale Verteidigung. Entwicklung, Aufgaben, Struktur, Arbeitsweise und Probleme.

Gattnar, Klaus-Dieter: Produktion militärischer Erzeugnisse im VEB Carl Zeiss Jena. In: Jenaer Jahrbuch zur Technik- u. Industriegeschichte. Bd. 10. Jena 2007

Gattnar, Klaus-Dieter: Produktion militärischer Erzeugnisse im VEB Carl Zeiss Jena, unveröffentlichte Studie, Jena 2009

Gattnar, Klaus-Dieter: Kommandogeräte zur Flugabwehr von 1915 bis 1945 in den Zeiss-Werken entwickelt und produziert. In: Jenaer Jahrbuch zur Technik- und Industriegeschichte. Band 11. Jena 2008

Hänsel, Werner / Michael, Heinz: Rüstungskonversion in den neuen Bundesländern. www.uni-muenster.de

Impulsgeber. Betriebszeitung des Instandsetzungswerkes Pinnow, Ausgaben vom 13.4. 1978, Juni 1980, Mai 1984

Karlsch, Rainer: Uran für Moskau, Berlin 2008

Kerzig, Horst / Knittel, Jürgen / Schulz, Kurt: Die Kampfschwimmer der Volksmarine. Berlin 2008

Kopenhagen, Wilfried: Die Landstreitkräfte der NVA, Stuttgart 1999

Kotsch, Stefan: Kampfpanzer im Detail, *www.kotsch88.de*

Krebs, Manfred: MTU Maintenance Berlin-Brandenburg GmbH. Ein Unternehmen der MTU Aero Engines. Präsentationscharts, Ludwigsfelde 2010

Kunze, Martin: Noch einmal: Waffen und Ausrüstung der NVA – wo sind sie geblieben? (Teil 2). www.aggi-info.de

Leutert, Gerhard: Weiterentwicklung des Sprungfallschirmes RS-4/1 zum RS-4/3 im Jahre 1967 und deren Einführung in die Truppe. In: Unser Fallschirm, Zeitschrift des Fallschirmjäger-Traditionsverbandes Ost e.V., Ausgabe Juni 2009, S. 13, 14

Lokale Kriege: Berlin 1983, S. 138ff. (in der Sowjetunion erschienen 1981)

Mehl, Hans / Schäfer, Knut / Israel, Ulrich: Vom Küstenschutzboot zum Raketenschiff. Berlin 1989

Michels, Jürgen / Werner, Jochen: Luftfahrt Ost 1945-1990, Die deutsche Luftfahrt. Bd. 22, Bonn 1994

NDR-Online, 07.06.2010: Aus Hegemann wird P+S Werften

Neck, Gottfried: VEB Spreewerk Lübben. Betriebsgeschichte, Lübben 1988

Neck, Gottfried: Gewerbepark Königswartha, Bautzen 2009

Neidhardt, Wolfgang / Marum, Ludwig: Der Kalte Krieg und die Militärausgaben der DDR und der BRD, Studie

Neidhard, Wolfgang / Marum, Ludwig: Der Kalte Krieg und die Rüstung in Ost und West. Berlin 2009

Nordkurier, 12. April und 16. Mai 1991

Ordnung für die technische Abrüstung und Verwertung von Wehrmaterial der Nationalen Volksarmee und der Grenztruppen der DDR – Technische Abrüstungsordnung. Strausberg, 30. August 1990

Peetz, Manfred/Lohse, Peter: Hochleistungs-Verstellpropeller und Minensuchgeräte für die Marine der DDR von Pirna nach Wolgast. Dresden 2008

Peetz, Manfred u. a.: 50 Jahre Industriegeschichte Pirna-Sonnenstein. 1954-2005. Bd. 1. Dresden 2007

Pfeffer, Hartmut: Phänomen/ROBUR, Band 1 und 2, Zittau 2001

Pomp, Betty: Untersuchungen zur Entwicklung der Rüstungsindustrie der DDR von 1950 bis 1980, Diss. A, Hochschule für Ökonomie Berlin, Berlin 1991

Protokoll der 27. Sitzung des Nationalen Verteidigungsrates der DDR vom 27. Oktober 1966. 1. Ausf.

Satjukow, Silke: Besatzer. »Die Russen« in Deutschland 1945-1994, Göttingen 2008

Scheuer, Thomas: Waffen für den Rest der Welt. In: Egmont R. Koch: Das geheime Kartell, S. 221ff

Schmidt, Marten: Rügens geheime Landzunge. Die Verschlusssache Bug. Berlin 2000

Schönherr, Siegfried: Rüstung in der DDR – Legende und Wirklichkeit. In: Schönherr, Siegfried (Hrsg.): Streitkräfte, Ökonomie und europäische Sicherheit, Dachau 1999, S. 281 ff

Schönke, Georg: Kurze Geschichte meines langen Lebens, Neubrandenburg 2005, S. 19ff.

Siegert, Jörg: Panzer der NVA/Typenkompass, Stuttgart 2008, S. 11ff

Steenbeck, Max: Impulse und Wirkungen, Berlin 1977

Strobel, Dietrich: Peene-Werft Wolgast, Wolgast, 2008
Trewhitt, Philip: Panzer. Die wichtigsten Kampffahrzeuge der Welt vom ersten Weltkrieg bis heute, Klagenfurt 2006

Ulbrich, Mario: Die kalte Spur zu einer heißen DDR-Waffe. www.freiepresse.de. Nachrichten/Regionales. 29.12.2009

Ulbrich, Mario: Verschollene DDR-Waffen: BND gibt Beteiligung zu. *www.freiepresse.de.* Thema des Tages. 23.03.2010.

Vom Himmel auf die Erde ins Gefecht – Die Fallschirmjäger der NVA, Zürich, Düsseldorf 1999

Vorschläge zum Staatsvertrag. Hauptabteilung Allgemeine Angelegenheiten der Abrüstung, Ministerium für Abrüstung und Verteidigung. Strausberg, 18.07.1990

Wir und unser Betrieb, Betriebschronik des RWN, 1952-1961, 1962-1971,

www. efw.eads.net

www. jenoptik.com, 06.08.09:

10 Jahre VEB Motorenwerk Wurzen, Festschrift, Wurzen 1964

www.militaertechnik-der-nva.de, Technik1995, Technik2000

www.mtu.de: Testgiganten für die Sicherheit –MTU Aero Engines, MTU Maintenance Berlin-Brandenburg, Ludwigsfelde

Die inhaltliche Beratung erfolgte durch Oberst a. D. Dipl.-Ing. Ralf Rudolph. Er studierte am Institut für Luft- und Raumfahrt in Moskau, war Offizier der NVA und langjähriger Betriebsdirektor des Instandsetzungswerkes Pinnow (IWP). Danach war er Abteilungsleiter für Spezielle Produktion im Ministerium für Allgemeinen Maschinen-, Landmaschinen- und Fahrzeugbau (MALF), 1990 Abteilungsleiter für Abrüstung im Ministerium für Nationale Verteidigung der DDR, schließlich Unternehmensberater für eine Firma in der Schweiz mit Arbeitsschwerpunkt »Umstellung von Rüstungsbetrieben der DDR auf zivile Produktion«.

Leseprobe aus:

Klaus Geßner: Geheime Feldpolizei. Die Gestapo der Wehrmacht
288 Seiten, 19,95 Euro, militärverlag, Berlin 2010, ISBN 978-3-360-02701-6

»[...] Der Angeklagte wurde am 14. 6. 1914 in Leipzig geboren, wo er auch aufwuchs und acht Jahre die damalige Volksschule besuchte. Anschließend erlernte er den Fleischerberuf; seine Meisterprüfung legte er 1938 ab, nachdem er von Herbst 1935 bis Herbst 1937 seinen Wehrdienst bei der faschistischen Wehrmacht – Nachrichten-Abteilung 14 – in Leipzig abgeleistet hatte. Der Angeklagte schied als Oberfunker aus dieser genannten Wehrmachtsabteilung aus, in der er ab Ende 1936 mehrfach monatlich auch politisch vornehmlich über die Aufgaben der Wehrmacht, die Bedeutung der Wehrpflicht, über eine angebliche feindliche Bedrohung Deutschlands aus West und Ost, über die Notwendigkeit einer starken Wehrmacht u. a. m. – geschult worden war.

Um seine abgelegte Meisterprüfung als Fleischer anerkannt zu bekommen, nahm der Angeklagte 1938 an politischen Abendschulungen teil, in denen vor allem über die Entwicklung und Ziele der NSDAP und über die faschistische Judenpolitik gesprochen wurde. Als Mitglied des Deutschen Arbeitsverbandes des Nahrungsmittelgewerbes war der Angeklagte 1934 in die Deutsche Arbeitsfront übernommen worden. Im August 1939 wurde der Angeklagte mit dem Rang eines Gefreiten direkt zur GFP-Gruppe 580 eingezogen, der er ununterbrochen bis 1945 angehörte. Im Frühjahr 1941 sind mit ihm seitens der Leitung der Gruppe 580 – wie mit anderen Angehörigen des militärischen Unterpersonals – mehrtägige Gespräche zwecks Werbung zur Tätigkeit als Hilfsfeldpolizeibeamter geführt worden. Der Angeklagte will dieses mit Vergünstigungen verbundene Angebot schnelle Beförderung, Übernahme in den Beamtenstand, bessere Vergütung u. a. m.) im Interesse seines Vorhabens, später einmal als selbständiger Fleischermeister ein eigenes Geschäft zu eröffnen, abgelehnt haben. War er zunächst als Kraftfahrer eingesetzt, so war er ab Ende Oktober 1941 als Furier der Gruppe 580 tätig.

Anfang April 1941 war der Angeklagte zum Obergefreiten ernannt und mit Wirkung vom 11. 6. 1941 zum Unteroffizier befördert worden. Sowohl als Kraftfahrer wie auch als Furier und Wirtschaftsleiter der GFP-Gruppe 580

MILITÄRVERLAG

gehörte der Angeklagte zu ihrem technischen Personal. Er erhielt im März/April 1942 das Kriegsverdienstkreuz 2. Klasse mit Schwertern und wurde in den ersten Januartagen des Jahres 1944 zum Feldwebel befördert.
[…]
Nachdem der Angeklagte im Mai 1947 aus sowjetischer Kriegsgefangenschaft, in die er im April 1945 als Angehöriger einer anderen Wehrmachtseinheit, zu der er sich abgesetzt hatte, geraten war, entlassen worden war, erfolgte im Dezember in Leipzig seine Inhaftierung durch sowjetische Sicherheitsorgane wegen des dringenden Verdachts, als Angehöriger der GFP-Gruppe 580 an Verbrechen beteiligt gewesen zu sein. Der Angeklagte wurde damals jedoch nach ca. sechs Monaten aus Mangel an Beweisen wieder entlassen. Er arbeitete in der Folgezeit in verschiedenen Betrieben und war zuletzt im VEB VTA »Paul Fröhlich« in Leipzig als Abteilungsleiter für Arbeiterversorgung tätig, von wo ihm im allgemeinen eine gute Arbeit bescheinigt wird, für die er auch mehrfach ausgezeichnet wurde. Kritisch wird in der Betriebsbeurteilung über den Angeklagten vermerkt, dass er mehr ein Organisator der kleinen Dinge gewesen sei und es nicht verstanden habe, mit einem Kollektiv zu arbeiten.

Im Jahre 1975 wurde der Angeklagte wegen Verkehrsgefährdung durch Trunkenheit gerichtlich zur Rechenschaft gezogen.

Der Angeklagte hat seine GFP-Zugehörigkeit sowohl als Kriegsgefangener wie auch in allen von ihm nach 1945 ausgefüllten Personalfragebogen und geschriebenen Lebensläufen verschwiegen. […] Im Ergebnis des Verschweigens seiner GFP-Zugehörigkeit konnte der Angeklagte als Kriegsgefangener in Gorlowka bei Stalino, wo er sich überwiegend während der Gefangenschaft befand, als Mitglied des antifaschistischen Lagerkomitees tätig sein und sich später auch zeitweise die Mitgliedschaft in der SED erschleichen.

Der Angeklagte war als GFP-Angehöriger auf sowjetischem Gebiet durch seinen Dienstgrad als Unteroffizier von Beginn der Okkupation an einer der Gruppenfunktionäre der GFP-Gruppe 580. Er war ständig mit einer Pistole 08, einem Karabiner K 98 sowie zeitweilig mit einer Maschinenpistole bewaffnet. Als Wirtschaftsleiter war er ab Oktober/November 1941 für die Beschaffung der Verpflegung und die Verpflegung der GFP-Gruppe 580 sowie die der in ihren jeweiligen Gefängnissen befindlichen Sowjetbürger verantwortlich. […]«

Vorwort aus:

Jörn Lehweß-Litzmann: Die Gründer der DDR-Luftfahrt
288 Seiten, 14,95 Euro, militärverlag, Berlin 2010, ISBN 978-3-360-02703-0

Die Luftfahrtgeschichte der Deutschen Demokratischen Republik begann nach zweijähriger Vorbereitung 1952 und endete im Jahre 1992 durch Auflösung der Luftstreitkräfte seiner Nationalen Volksarmee (NVA) und durch die politisch bestimmte Liquidation der in Berlin ansässigen staatlichen, d. h. volkseigenen Fluggesellschaft *Interflug* (ab 1990 Interflug GmbH i. G.).

Darin eingebettet war auch ein sechsjähriges Intermezzo (1955 bis 1961) eines viel beachteten Flugzeug- und -triebwerkbaus. Es endete, weil Zusagen aus Moskau über den Bezug von Maschinen aus der DDR zurückgenommen wurden. Ohne den sowjetischen Markt aber gab es keine hinreichende ökonomische Basis für eine erfolgreiche Produktion von Flugzeugen »Made in GDR«.

Dass die DDR sich nicht nur im Spannungsfeld mit der Sowjetunion befand, die sowohl Besatzungs- als auch Führungsmacht im Osten war, sondern auch in den globalen Kalten Krieg eingebunden war, bekam sie auch in der Luftfahrt zu spüren. Das Unternehmen war per Ministerratsbeschluss vom 1. Mai 1955 als »Deutsche Lufthansa« (DHL) ins Leben getreten. Damit knüpfte man an die *Deutsche Luft Hansa Aktiengesellschaft* an, welche 1926 gegründet und bis 1951 liquidiert worden war. Doch nach acht Jahren war mit der Deutschen Lufthansa (Ost) Schluss. Diverse Boykottmaßnahmen des Westens und juristische Auseinandersetzung wegen des Namens führten zum Rückzug. Am 1. September 1963 wurden die beiden Luftverkehrsbetriebe der DDR, die Deutsche Lufthansa und die am 18. Sepember 1958 gründete Interflug, Gesellschaft für internationalen Flugverkehr mbH, in einem volkseigenen Betrieb unter der Firmenbezeichnung *Interflug* zusammengeführt. Damit endete auch das Lufthansa-Intermezzo.

Trotz aller politischer, wirtschaftlicher und technischer Hindernisse entwickelte sich das Flugwesen der DDR stetig. Das war vor allem dem Können, der Einsatzbereitschaft, der Disziplin und dem bedingungslosen Enthusiasmus aller an dem sehr arbeitsteiligen Prozess beteiligten Mitarbeiter zu danken. Dabei spielte die Gründergeneration mit ihren Erfahrungen und Schicksalen in den

MILITÄRVERLAG

Stürmen der ersten Hälfte des 20. Jahrhunderts natürlich eine herausragende, vielleicht sogar die entscheidende Rolle.

Trotz aller Widrigkeiten der Weltpolitik erkämpfte sich die Luftfahrtgesellschaft *Interflug* in den ersten 20 Jahren ihres Bestehens den Spitzenplatz unter den Gesellschaften der sozialistischen Staaten hinsichtlich der wirtschaftlichen Nutzung der technischen Ressourcen, der Qualität der Flugdurchführung und Instandhaltung sowie der Flugsicherheit. Auf einigen Gebieten wurde sogar die Weltspitze bestimmt, etwa bei der Ausbildung des Luftfahrtpersonals, beim Wirtschaftsflug (Agrar- und Kranflug) und auch dem Sportflug.

Im internationalen Maßstab wurde die *Interflug* der DDR zu einem anerkannten Luftfahrtunternehmen. Sie verband nicht nur Berlin mit vielen Ländern der Welt, sie war auch stets präsent, wenn Hilfe und Solidarität gefragt war. Nach der »Wende« wurde gerade ihr Renommee der *Interflug* zum Verhängnis. Die sogenannten Mitbewerber, im Bunde mit der Politik, schafften sich einen erfolgreichen Konkurrenten vom Halse, indem man diesen in die Zwangsliquidation führte.

Mit den in diesem Buch gezeichneten Porträts möchte ich als Zeitzeuge an einige Flieger und Flugtechniker erinnern, die maßgeblich am erfolgreichen Weg der Luftfahrt der DDR beteiligt waren. Ich stelle sie in die Geschichte des 20. Jahrhunderts, um deutlich zu machen, warum Piloten wie etwa mein Vater aufgrund der im Nazireich und während des Zweiten Weltkrieges gesammelten Erfahrungen sich sehr bewusst in den Dienst eines sozialistischen Luftfahrtunternehmen stellten und ihr Bestes dafür gaben. Manch einer wird nach der Lektüre der Porträtsammlung weitere verdienstvolle Persönlichkeiten nennen, die ich nicht oder nur beiläufig erwähnte. Sie haben alle recht. Ich musste mich beschränken. Vertreter des Agrar- und Industrieflugs oder der Flugsicherung kommen hier nicht vor. Ihre Würdigung steht also noch aus.

Die behandelten Lebensläufe erheben nicht den Anspruch auf Vollständigkeit, und da sie überwiegend auf Berichten von Angehörigen, von einstigen Freunden und Kollegen fußen, kann ich mich nicht für den Wahrheitsgehalt jede Begebenheit verbürgen. Wir kennen die Ungenauigkeiten und subjektiven Verschiebungen bei der Oral History, der mündlich überlieferten Geschichte.

An einigen Stellen habe ich Informationen mit meinen Erfahrungen und vergleichbaren Darstellungen verglichen und interpretiert. Manches wurde im Interesse des Lesbarkeit verkürzt oder weggelassen.

Leseprobe aus:

Horst Steigleder: Die Kriegsmarine und der Ostfeldzug
320 Seiten, 19,95 Euro, Militärverlag, Berlin 2010, ISBN 978-3-360-02702-3

Die Niederlage im Ersten Weltkrieg erschütterte das politische und wirtschaftliche System Deutschlands. Sie vermochte aber an seinem Wesen nichts zu ändern. Die herrschenden Kreise und ihre militärischen Exponenten gaben das Ziel, die Vorherrschaft in Europa und in der Welt zu erringen, nicht auf. Das Versailler Diktat sollte so rasch und so konsequent wie möglich revidiert werden.

Führende Vertreter der kaiserlichen Flotte wie Großadmiral Tirpitz und Admiral Scheer sowie andere Admirale und Offiziere der Marine konnten ihre Niederlage im Seekrieg gegen Großbritannien und die schmachvolle Auslieferung der deutschen Hochseeflotte in Scapa-Flow nicht verwinden. Für sie war das neue demokratisierte Staatsgebilde nur eine Republik auf Zeit. Großadmiral Tirpitz schrieb in seinen 1919 beendeten Memoiren, dass es für Deutschland nur einen Weg gäbe, sich aus der »jetzt eingetretenen Versumpfung und Zuchtlosigkeit [...] zu einem neuen Leben zu erheben, wenn es beizeiten zur Besinnung kommt und gemäß seinen alten Überlieferungen die Kräfte erkennt, die es groß gemacht hatten.«

Die alsbaldige Abschaffung der republikanischen Staatsform, die Rückkehr zu dem »Grundprinzip unseres alten Staates« über die Zerschlagung demokratischer Errungenschaften war der Wunsch nicht weniger ehemaliger kaiserlicher Marineoffiziere und deren Gefolgsleute aus dem Unteroffizierskorps. Diese hatten sich schon im November 1918 an der Niederschlagung der Aufstände in Kiel, Wilhelmshaven und Berlin beteiligt. Die Marinebrigaden Erhardt, von Loewenfeld und die aus Decksoffizieren bestehende »Eiserne Marinedivision« kamen ab Januar 1919 – nunmehr unter dem Mandat der sozialdemokratischen Regierung – als Freikorps in allen Teilen der Republik zum Einsatz, um Volkserhebungen niederzuschlagen. Admiral Assmann, ein späterer Mitarbeiter im Oberkommando der Kriegsmarine, schrieb später über diese Freikorps: Das waren vor allem »Männer, die anständig geblieben waren und auch im Zusammenbruch ihrem Vaterland die Treue hielten [...]. Ohne ihre Unterstützung

MILITÄRVERLAG

wäre es der neu gebildeten sozialistischen Regierung wohl nicht möglich gewesen, das Reich vor dem Bolschewismus zu retten«.

Auch an dem Versuch im März 1920, den Großgrundbesitzer Kapp in den Sattel zu heben, waren zahlreiche Marineoffiziere beteiligt. Der am 13. März 1920 veröffentlichte Aufruf von Kapp an das deutsche Volk entsprach völlig den »Ordnungsvorstellungen« ehemaliger kaiserlicher Marineoffiziere, zu denen der zu jener Zeit amtierende Chef der Admiralität Admiral von Trotha und Kapitän zur See Raeder – der spätere Großadmiral Hitlers – gehörten. [...]

Wie viele andere Offiziere fand Raeder eine Wiederverwendung in der neuen Marine, deren Grundstein am 16. April 1919 durch das von der Nationalversammlung verabschiedete Gesetz über die Bildung einer *Vorläufigen Reichsmarine* gelegt worden war. [...]

Angesichts der geringen Seestreitmacht, die der Weimarer Republik zugestanden worden war, konnte sich die Marine nur in einem bescheidenen Rahmen bewegen. Schon am 16. April 1919, also noch vor Besiegelung des Versailler Vertrages, hatte die Nationalversammlung die Aufgaben der kleinen Marine formuliert. Diese sollte die deutschen Küsten sichern und durch Minenräumen sowie Wahrnehmung seepolizeilicher Aufgaben einen sicheren Seeverkehr und die ungestörte Ausübung der Fischerei ermöglichen.

In den Vorstellungen der Führer der Reichsmarine, die sich von Anfang an weder mit einer begrenzten Marine noch mit deren engen Aufgabenstellung zufrieden geben wollten, existierten aber bereits weitergehende Projekte. Admiral Michaelis, der seit dem Weggang von Trotha die Geschäfte der Marineleitung führte, machte in einigen Denkschriften an den damaligen Reichswehrminister im Sommer 1920 darauf aufmerksam. [...]

Die Führung der Reichsmarine hatte zu jener Zeit Polen als Gegner in Betracht gezogen, das nach Erlangung seiner staatlichen Selbständigkeit eine Flotte aufzubauen begann. Dadurch wähnte Berlin den Seeweg nach Ostpreußen bedroht.

Auch der junge und auf schwachen Füßen stehende Sowjetstaat musste dafür herhalten, um den Ausbau der deutschen Marine zu verlangen. In diversen Denkschriften fanden sich darum neben Argumenten für den Schutz der Seeverbindungen nach Ostpreußen auch Hinweise, wie die Möglichkeit einer Landung »russischer Bolschewiken auf Rügen mit der Absicht, die Weltrevolution auf Deutschland auszubreiten«, zu verhindern wäre.

Bildnachweis

Archiv des Autors (32, 34, 38, 41, 76, 100, 104, 118, 122, 123, 124, 125, 133, 136, 142, 158, 164, 184, 187, 192, 203, 204, 240, 248);
Archiv des Militärverlages (9, 12, 14, 16, 22, 39, 46, 48, 52, 53, 54, 58, 59, 62, 68, 70, 71, 72, 75, 82, 84, 88, 89, 93, 95, 107, 146, 147, 148, 149, 150, 151, 152, 153, 154, 155, 156, 172, 174, 176, 181, 185, 193, 196, 197, 198, 199, 201, 202, 205, 209, 211, 217, 218, 226, 229, 235, 236, 244, 251, 252, 254);
Archiv Ralf Rudolph (167, 168, 169, 173, 175, 179, 180, 182, 231);
Robert Allertz (119, 120, 121, 128, 255)

ISBN 978-3-360-02700-9

1. Auflage
© 2010 Militärverlag, Berlin

Umschlaggestaltung: Buchgut, Berlin unter Verwendung
eines Fotos von picture alliance/dpa
Druck und Bindung: GGP Media GmbH, Pößneck

Ein Verlagsverzeichnis schicken wir Ihnen gern:
Das Neue Berlin Verlagsgesellschaft mbH
Neue Grünstraße 18, 10179 Berlin
Tel. 01805/30 99 99
(0,14 Euro/Min., Mobil max. 0,42 Euro/Min.)

Die Bücher des Militärverlages und des Verlages Das Neue Berlin
erscheinen in der Eulenspiegel Verlagsgruppe

www.militaerverlag.de